NEGROS GIGANTES

NEGROS GIGANTES

As personalidades que me fizeram chegar até aqui

Criador do podcast:
Negro da Semana

ALÊ GARCIA

LATITUDE°

© 2022 Alê Garcia
em acordo com MTS agência
© 2022 VR Editora S.A.

Latitude é o selo de aperfeiçoamento pessoal da VR Editora

DIREÇÃO EDITORIAL Marco Garcia
CONCEPÇÃO DE PROJETO E EDIÇÃO Marcia Alves
PREPARAÇÃO Juliana Bormio de Souza
REVISÃO Luciane H. Gomide
PROJETO GRÁFICO E CAPA Thiago Limón
ILUSTRAÇÕES DE MIOLO Thiago Limón
FOTO DE CAPA Victor Ferreira Vivacqua
DIAGRAMAÇÃO WAP Studio

Dados Internacionais de Catalogação na Publicação (CIP)
(Câmara Brasileira do Livro, SP, Brasil)

Garcia, Alê
Negros gigantes: as personalidades que me fizeram chegar até aqui / Alê Garcia. – Cotia, SP: Latitude, 2022.
ISBN 978-65-89275-26-8

1. Autoconhecimento 2. Cultura negra 3. Desenvolvimento pessoal 4. Personalidades negras 5. Relatos pessoais I. Título.

22-113135 CDD-305.8092

Índices para catálogo sistemático:
1. Personalidades negras: Identidade social:
    Relatos pessoais   305.8092
Eliete Marques da Silva – Bibliotecária – CRB-8/9380

Todos os direitos desta edição reservados à
VR EDITORA S.A.
Via das Mongólias, 327 – Sala 01 | Jardim Colibri
CEP 06713-270 | Cotia | SP
Tel.| Fax: (+55 11) 4702-9148
vreditoras.com.br | editoras@vreditoras.com.br

Para João e Nani,
amor e incentivo para eu fazer tudo o que faço.

"Você não pode ser aquilo que não pode ver."

Marian Wright Edelman

"Eu acredito que quando pessoas negras contam suas histórias nós podemos mudar o eixo do mundo."

Beyoncé Knowles-Carter

SOBRE O AMOR E A CAPACIDADE
DE BUSCAR NOVOS MUNDOS

Por Paulo Scott

Este livro é descomunal, é sensível, acessível, necessário. Este livro é um feito. Seu autor, Alê Garcia, estabelece uma narrativa de entrecruzamentos de perspectivas que se alinha de modo singular à incrível revolução que vem acontecendo nos últimos anos, à presença de vozes e mentes negras que articulam um discurso capaz de enfrentar, como ainda não se havia percebido antes na História, a lógica racista estrutural que fixa a ordem socioeconômica estrutural deste país – adoecido desde a sua origem colonial – chamado Brasil.

Ao escrever de maneira segura e original sobre o processo de compreensão do mundo que nos cerca, ele consolida um olhar que nos explica a possibilidade que atravessa as contingências do nosso modelo civilizatório, que, desde os primeiros anos da república – do golpe militar que instituiu o nosso estranho e tortuoso molde republicano –, se constituiu sob o compromisso de não dar trabalho, não dar educação, não dar dignidade, não dar paz às pessoas ex-escravizadas (ex-escravizadas do ângulo jurídico formal), às pessoas de pele escura.

Homem negro nascido no sul do país, na mesma Porto Alegre em que nasci, ele desvela as idiossincrasias e a mítica de um dos bairros mais emblemáticos na nossa cidade: a Restinga (um bairro tão cheio de simbologias, quando o assunto é o conflito entre classes, da opressão de uma classe contra outras, quanto o meu bairro Partenon).

Há passagens que me fizeram repensar, passagens em que, instigado, fui ao Google pesquisar – o que eu achava que sabia, mas que Alê mostrou que eu não sabia –, passagens que me comoveram e passagens que me fizeram chorar. Este é um livro que me explica, que me traz ensinamentos, me destrava memórias, como as da vez em que – de maneira semelhante ao relatado pelo autor – eu e meu irmão, recém-mudados para uma nova rua, de melhores condições urbanas e maiores privilégios e no mesmo bairro Partenon, onde éramos a única família negra, fomos a uma festa de aniversário de um vizinho – talvez da família com melhores condições financeiras de toda a rua. Na festa, havia apenas crianças brancas, fomos discriminados, e meu irmão menor foi ofendido por um menino mais velho do que nós, o que me levou a pegá-lo pela mão e sairmos da festinha infantil muito antes do horário que nossa mãe iria nos buscar. Esse tipo de lembrança somente um bom texto pode nos fazer reviver e, por sua vez, voltar a enfrentar. Naquele tempo, nos meus 7 anos de idade naquela festa e seus parâmetros imprevisíveis para mim, ainda não sabia dizer: vou ficar.

Alê Garcia é uma voz e uma inteligência que vai ficar. Ao falar de seus ídolos, dos exemplos e das inspirações que o ampararam, e amparam, ele nos revela um olhar forte, potente, uma maneira alegre e sagaz de enfrentar a vida. Muito bonito o que ele diz sobre a música e sobre a literatura, sobre os palcos e o cinema.

Como legítimo morador do Partenon (você sai do seu bairro, mas o seu bairro nunca sai de você), sempre amei a Restinga; a Restinga que nos deu este autor, que – explorando estéticas variadas, como a do jornalismo, da crônica, da literatura de testemunho (sempre lembrando que o traço mais marcante da leitura do testemunho é o registro do sobrevivente), do relato cru, da análise acadêmica, da intuição – escreveu este livro fundamental.

Temos aqui um marco da literatura não ficcional, um livro que atualiza inteligências que a razão suicida da elite branca (elite é por si só uma palavra problemática, designa os que se colocam, e assumem o direito de se colocarem, acima dos demais) deste país sempre procurou invisibilizar, tornar periféricas, excêntricas, mas que, nos últimos anos, têm se mostrado cada vez mais urgentes e incontornáveis.

Um livro de amor, da capacidade de buscar outros mundos.

Um farol imenso para esta e para as futuras gerações também.

Obrigado, Alê Garcia.

Nosso povo e nosso país, a alegria e a vida, tenha toda certeza, agradecem.

Paulo Scott
Nasceu em Porto Alegre, em 1966. Escritor e professor universitário, publicou doze livros. Recebeu os prêmios Machado de Assis, da Fundação Biblioteca Nacional, APCA, Açorianos de Literatura, entre outros, e foi finalista de prêmios como Jabuti e prêmio São Paulo de Literatura.

SOMOS

Vamos fazer uma revolução.
Vamos nos retratar com graça e com responsabilidade.
Vamos amar o lugar de onde viemos.
Vamos nos amar.
Vamos conhecer e creditar criações negras.
Vamos conhecer, investigar e nos inspirar em cada passo dos negros que
    vieram antes de nós.
Vamos entender que toda nossa evolução é um esforço colaborativo e
    coletivo.
Vamos conhecer que muitos de nós foram e são heróis: alguns
    sobre-humanos, outros humanos.
E que todos nós só queremos ser livres e felizes.
Gordos, magros, LGBTQIA+.
De pele mais clara ou mais escura.
Somos negros e vamos fazer uma revolução.
Vamos nos compreender e fazer com que compreendam que, se a
    revolução não vier, o mundo, como o mundo deve ser, não existirá.
Por isso, vamos fazer uma revolução.
E entender que o mundo não está certo
    enquanto todos não souberem quão grande nós, negros, somos.
Porque somos gigantes.
Negros gigantes.

PARA O ENTENDIMENTO DE UMA REALIDADE

O nosso encontro nestas páginas vai ser mais rico se você souber de onde as histórias da minha infância e adolescência vieram. Eu cresci em um local chamado Restinga, bairro de Porto Alegre criado nos anos 1970 para mandar para bem longe — para tornar invisíveis — mulheres e homens negros que vinham do interior e, na opinião da elite local, enfeiavam o centro da capital do Rio Grande do Sul.[1]

Eu cresci em uma periferia no estado do Rio Grande do Sul.

É o sul do Brasil, lugar que boa parte do país acredita só ter sido construído por alemães e italianos.

Na década de 1980, época em que eu era criança, a Restinga estava evoluindo para além daquele projeto original do Departamento Municipal de Habitação: uma enormidade de casas idênticas, espelhos colocados um em frente ao outro. Só a partir daquele momento os moradores, que financiavam suas casas a perder de vista pela Caixa Econômica Federal, começavam a fazer brotar diferenças entre suas residências, personalizando-as. Um substituindo a cerca de arame por um gradeado, outro levantando um muro de tijolos à vista para pôr fim aos moirões de concreto e um terceiro, quem sabe, marcando a fachada com

---

1 "Na capital gaúcha, a partir da segunda metade do XIX, o maior contingente de negros se encontrava nas cercanias da cidade, no Areal da Baronesa, na Cidade Baixa, imediações da atual Rua Lima e Silva, e nas chamadas Colônia Africana e 'Bacia', atuais bairros Bonfim, Mont'Serrat, Rio Branco e Três Figueiras. Nestes territórios negros desenvolveram-se imensamente os cultos afro-brasileiros. No caso destas últimas áreas tratava-se, em sua origem (em torno da época da abolição), de uma 'zona insalubre, localizada nas bordas de chácaras e propriedades que ali existiam, de baixa valorização e de pouco interesse imediato para seus donos, que foi sendo ocupada por escravos recém-emancipados'. Mais tarde, habitando em cortiços e 'avenidas', isto é, conjunto de famílias negras ocupavam um mesmo espaço e valiam-se de serviços sanitários e de fornecimento de água coletivos. Deste modo, os negros constituíram os segmentos populacionais que caracterizariam os denominados pioneiros do solo urbano, já que seguiriam ocupando as áreas menos nobres da cidade, sem a mínima ou com precárias condições de infraestrutura urbana ou, então, distantes e de difícil acesso viário. Consolidaram, assim, inúmeros territórios negros urbanos, a exemplo da Colônia Africana, da comunidade da Luis Guaranha, no Areal da Baronesa, além de ocuparem os seguintes espaços urbanos: Navegantes, Santana, Partenon, Ilhota, Vila Santa Luzia, Vila Maria da Conceição, Vila dos Marítimos, Vila Jarim, Vila Mirim, Rubem Berta, Vila Grande Cruzeiro, Vila Grande Pinheiro, Cohab Cavalhada, Jardim Dona Leopoldina, Vila Restinga Velha e Vila Nova Restinga." (BITTENCOURT JR., Iosvaldyr Carvalho. "Negro em preto e branco: história fotográfica da população negra de Porto Alegre". *In*: SANTO, Irene (org.). *Territórios Urbanos*. Porto Alegre: Do Autor, 2005.)

uma janela circular de vidro jateado colorido. Algum tempo adiante e outros começaram a levantar lajes e segundos pavimentos.

Há um livreto oficial da Prefeitura de Porto Alegre sobre a formação daquele lugar. *Memória dos Bairros: Restinga*. Quarenta folhas grampeadas, capa dura repleta de selos institucionais — Secretaria Municipal da Cultura, Fundação Educacional, Social e Comunitária, Secretaria Municipal de Obras e Viação, Prefeitura Municipal — e a coisa só começava mesmo depois de uma lista de agradecimentos, sob a coordenação de algum antropólogo entusiasmado: o problema da sub-habitação, o problema do processo de industrialização, o problema do êxodo rural. Tudo isso era consequência da expansão da indústria nos anos 1940, que fez com que milhares de agricultores ficassem sem trabalho e fossem para a capital do estado em busca de melhores condições de vida.

Problemas atrás de problemas, para enfileirar o que era o problema maior para a elite de então: famílias inteiras tomando o centro da cidade com sua incapacidade de construir habitações agradáveis aos olhos.

Que tais moradias, abaixo das necessidades mínimas condizentes à dignidade e ao conforto humanos, são habitadas em sua maioria por pessoas negras é fato bem documentado. O que não impediu que fosse afirmado, já que nossa sociedade foi encalacrada, durante anos, pelo mito da "democracia racial" — tão corajosamente analisado e desmascarado por Florestan Fernandes, que o "Brasil tem atingido um alto grau de assimilação da população de cor dentro do padrão de uma sociedade próspera". Como se esta "população de cor" não fosse tolerada somente nestes locais: moradias sub-humanas.

Anani Dzidzienyo, em seu estudo *The position of blacks in brazilian society*, é taxativo em encerrar a discussão sob um ponto de vista que, ainda que datado de 1971, reverbera com intensidade na condição das pessoas negras ainda hoje: "Atualmente, a posição do negro no Brasil só pode ser descrita como sendo virtualmente fora da sociedade vigente. Ele está quase completamente sem representação em qualquer área envolvendo poder de decisão".[2]

---

[2] DZIDZIENYO, Anani. *The position of blacks in brazilian society*. Report n. 7. London: Minority Rights Group, 1971.

Racismo e aporofobia, aversão às classes pobres, estavam em total vigor no fim dos anos 1960. Para o poder público, era preciso encontrar uma forma de sanar a presença de pessoas negras, aquele cancro que tomava conta da capital gaúcha.

A solução: remover, a partir de 1966, todas aquelas pessoas — que se aglomeravam em zonas centrais da cidade, formando as vilas Theodora, Marítimos, Ilhota e Santa Luzia — para um lugar distante 22 quilômetros do centro urbano: a Restinga. Um lugar sem luz, sem água, sem esgoto, sem estrada, sem escola, sem atendimento médico.

Restinga que, segundo o dicionário Aurélio Buarque de Holanda Ferreira, significa "pequeno arroio com as margens cobertas de mato, sanga". Ali perto, realmente, passava o Arroio do Salso, e suas margens seriam cobertas por pessoas indesejadas pelo Poder Público, deslocadas de maneira traumatizante e brutal sob o irônico e "inspirador" *slogan* "Remover para Promover".

No livreto da prefeitura sobre o nascimento do bairro, você pode ver fotos em preto e branco de mulheres jovens banhando crianças em bacias do lado de fora de malocas de madeira, mulheres idosas carregando baldes d'água na cabeça, homens de tez acinzentada usando o barro fresco como refrigerador para garrafas de vidro de Pepsi-Cola, *closes* em bocas escuras e enrugadas mastigando dentaduras inexistentes.

A Restinga começou assim, usando um método coerente com a lógica do capitalismo: o feio, o negro deve ser ocultado, segregado, escondido. E essa premissa, como Abdias Nascimento deixa claro em O *genocídio do negro brasileiro*, faz parte de uma ideologia oficial que ostensivamente apoia a discriminação econômica por motivo de raça.

Felizmente, na década de 1980 e nas seguintes, a comunidade da Restinga se organizou e se projetou para um lugar muito longe disso. Tornou-se uma das comunidades essencialmente negras mais importantes do Brasil. Local respeitado por um grupo como o Racionais MC's, celebrado a cada uma das vezes em que iam lá fazer *show*. Sede da escola de samba Estado Maior da Restinga, a mais importante da cidade. Reduto de resistência política, de líderes locais que influenciaram e influenciam as eleições municipais. Um exemplo de autossuficiência, empoderamento e evolução.

E foi nesse lugar, entre livros, discos e amigos, que forjei parte fundamental de quem eu sou.

AÍ ESTÃO ELES. Chegam balançando braços compridos demais, flanando dentro de camisetas falsificadas e gigantescas onde se lê *Los Angeles Lakers*, *Chicago Bulls*, *Utah Jazz*; tacos de madeira apoiados nos ombros e munhequeiras atoalhadas nos pulsos, como se David Robinson fossem. Mal saíram do bairro, mas aparentam ter sido enviados direto de uma quadra de basquete do Brooklyn. Parecem caminhar em câmera lenta, suor brotando por baixo daquelas peças de roupa de tecido sintético. E aquela é a luz do quase crepúsculo que se infiltra por entre o espaço que suas pernas deixam a cada passo, banhando suas panturrilhas de ouro luminoso e revelando um time de rapazes corpulentos, já ostentando uma formação muscular que só alguns poucos anos mais tarde contribuirá drasticamente para o aumento da taxa de natalidade entre as adolescentes no bairro. Mas não agora. Agora ainda são garotos cujo único interesse é o de humilhar seus adversários estourando suas latas de óleo com rebates formidáveis e rindo de forma impiedosa. Eles vêm mascando chicletes e vertendo guaraná vagabundo do bico da garrafa.

Eles estão prontos para começar seu espetáculo, e eu — que sou magro e pequeno demais aos 10 anos, pernas finas, calção de malha, camiseta Sulfabril desbotada, concentrado demais em manter um besouro com as patas desesperadamente viradas para o alto, cachos repletos de cacos de tijolos, cabeça repleta da imagem da minha vizinha da casa em frente — praticamente me estendo sobre as caliças de que é feita a calçada para apreciar tudo.

Seus corpos têm o ritmo malemolente de um gingado que parece demonstrar algum tipo de comunhão oculta com as ruas. Eles são rápidos e ardilosos, capazes de sacar *raps* de dentro de seus bonés de abas retas, e são jovens e talentosos. Acham que são algo a se admirar, então estão sempre prontos para dar um *show*. Por isso, falam alto e cospem e sacodem os braços compridos. Por isso, gritam palavrões impunemente.

— E aí Odair, sarará do caralho! Chega aí, porra!

Isso é uma saudação. E antecede um intrincado esquema de rebates de mãos um tanto de vezes e em formas diversas: deslizadas, estapeadas, entrelaçadas e por aí vai. Nós dos dedos às vezes colidem dolorosamente, mas eles fingem que não. E esse é o som que se escuta quando as palmas de suas mãos se encontram. Depois disso, eles se abraçam, com um impacto de peitos que, sem sombra de dúvidas, afinal, todos podem ver, lhes restitui uma masculinidade que talvez o jogo de mãos complexo demais (eles pensam às vezes) tenha retirado parcialmente.

Aí está o *dream team* do jogo de taco da minha rua. Uma rua que tem nome de acesso: Acesso G. Restinga, Porto Alegre: um garoto branco chamado Nilo, ombros largos como se carregasse um uniforme de futebol americano por debaixo da pele, cabelos escuros e encaracolados. Ele é o senhorio de um depósito pustulento de protuberâncias que se abriga em cada uma das suas faces, o que lhes dá a mesma vermelhidão que suas coxas têm quando são o alvo de boladas desencontradas. Há também um garoto chamado Bita, que obviamente não se chama Bita. Ninguém sabe sua verdadeira idade. Seu rosto tem vincos de camurça enrugada que podem fazer com que tenha tanto 14 quanto 34, a cabecinha pequena no topo de longas pernas lustrosas pelo óleo de babosa — um ritual que sua mãe insiste para evitar o acinzentado na pele, mas que não evita o constrangimento na rua. Ela gosta de chamá-lo *luzidio*, seus amigos preferem *brilhoso*. E há este outro, Heleno, troncudo e rijo como se feito de um músculo só, dos calcanhares cascorentos à cabeça de fios engruvinhados: um movimento do dedo dos pés pode ser percebido nas veias dos braços, saltadas como pistões acionando seus bíceps. Enfiado dentro de calções Adidas, ele quase não tem pescoço, o que contribui para certo aspecto de aríete, detalhe insuficiente, no entanto, para evitar que olhos femininos pousem sobre ele por mais tempo do que indicaria mera curiosidade.

A experiência de acompanhar um esporte que não se pode ver pela TV porque ele simplesmente não existe, ou melhor, só existe num lugar como a Restinga, com regras que praticamente mudam a cada semana conforme a conveniência dos jogadores, é algo que não se pode deixar de vivenciar, caso se tenha a oportunidade. Por alguns minutos, você é tipo um espectro, rondando em torno dos protagonistas para compreender como se encena aquelas jogadas e como se pronuncia aquele dialeto, termos cuspidos que me chegavam aos bocados, semana após semana. As velhas, que se prostram nas calçadas de calça em frente às suas casas, em cadeiras de praia corroídas pela ferrugem de veraneios seculares, mas com lembranças mais puras da infância, não parecem muito interessadas em presenciar bate-boca de gueto, tacadas enciclopédicas ou em tentar descobrir qual a probabilidade de uma bolada lhes acertar os óculos. Então, começam a recolher suas cadeirinhas e a estapear o pó de suas bundas antes de entrarem para casa.

Mas esses caras enrolam por tanto tempo até começar o jogo, que parecem estar esperando uma plateia chegar. Eles não estão olhando em volta, mas comportam-se como se estivessem sendo admirados. Se estendem infinitamente naquele ritual de alongamento, colocação meticulosa das latas de óleo nos paralelepípedos, amarração de camisetas nas cabeças e batidinhas com os tacos no chão como se ídolos de beisebol fossem. E naquele ritual, que tem menos de concentração do que de marra, eles passam entoando o que parecem ser hinos, *"Então, quando o dia escurece / Só quem é de lá sabe o que acontece/ Ao que me parece prevalece a ignorância / E nós estamos sós / Ninguém quer ouvir a nossa voz."*[3]

O que é que eles estão cantando? — pergunta-se o garoto magrelo, cachos repletos de cacos de tijolos. No caso, eu.

Quem vai me responder, sem que eu ao menos formule minha pergunta em voz alta, não é nenhum daqueles garotos negros. É o Zé da Baé. E para contar quem é Zé da Baé, preciso que você saiba que existiu um refrigerante chamado *Baré Cola*. Agora, saiba também que existiu um garoto com uma disfunção chamada *inserção anteriorizada do freio lingual*, a clássica "língua presa". E ele era assim: branco, cabelo tigelinha, braços magros passeando livremente dentro de uma camiseta gigante sempre fedendo a mofo, porque ele nunca deixava que ela secasse durante o tempo necessário. Zé da Baé, então, era só um garoto que falava engraçado o nome de um refrigerante que todos tinham que pedir quando iam ao boteco do Ramirez ou simplesmente quando tinham que comentar, de forma gratuita "Que puta vontade de tomar uma Baré Cola, caralho!". "Falava engraçado" porque tinha a língua *presa*: e o resultado da sua disfunção virou seu apelido, como um cartão de apre-

---

[3] PÂNICO na Zona Sul. *Holocausto Urbano*. Compositor e intérprete: Racionais MC's. São Paulo: Zimbabwe Records, 1990.

sentação — deixando claro desde o princípio que tipo de zoação se devia cometer com ele.

Só que esse garoto tinha algumas obsessões: Sugarhill Gang, Grandmaster Flash & The Furious Five, Public Enemy, W.N.A., Run-D.M.C., Beastie Boys. E, consequentemente, Thaíde e DJ Hum, Racionais MC's e tudo o que veio a constituir o *rap* nacional: suas companhias no seu processo de extravasar dores incompreensíveis aos outros.

Foi esse garoto, surgindo do meu lado como um corte malfeito num filme, que me respondeu, sem que eu perguntasse.

— Cê tá ligado que "Pânico na Zona Sul" tá na coletânea *Consciência Black Volume 1*, da Zimbabwe Records, né?

Quando ele solta essa informação, de forma aleatória, o próprio *dream team* segura o jogo para ouvir aquela aula que não era para ser uma aula, mas somente uma informação não solicitada dirigida a mim.

— Você é aquele cara novo lá da rua, né? —pergunta um deles.

O garoto de cabelo tijelinha sacode a cabeça e continua:

— Racionais vai ser o maior grupo de *rap* do Brasil. Se liga! Uns caras de um lugar parecido com esse. Capão Redondo, São Paulo.

Zé da Baé nunca teve chance de saber que foi o primeiro a me abrir as portas para o que era Pedro Paulo Soares Pereira. Nem quando me emprestou suas primeiras fitas K-7, tanto da coletânea na qual Racionais se lançaram, quanto do primeiro trabalho do grupo, o EP *Holocausto Urbano*. Por causa dele vim a conhecer esse sujeito dono de versos impregnados de Brasil. Um cara da periferia. Um artista que me fez parar para entender o que ele *realmente* queria dizer quando disse "orgulho negro é uma coisa que assusta o brasileiro". Ali, ouvi pela primeira vez. Mais tarde, tive os mais diversos exemplos. E, talvez, o mais notório deles tenha sido dado por outro artista, Wilson Simonal: o *crooner*, o fenômeno musical capaz de encher estádios nos anos 1970, com negros e brancos disputando ingressos para ouvir sua voz. Como não ficar orgulhoso de si mesmo, da sua excelência, de quem você é, mesmo quando outros insistem que *você não é*? Simonal foi essa pessoa, repleto de orgulho pelo que ele, homem negro, tinha de sobra — talento, carisma absurdo, resiliência em frente aos "nãos" —, e do que fazia com aquilo — uma carreira de sucesso, dinheiro, mansões, carros e mulheres. Mas quem está preparado para um negro orgulhoso de si mesmo, quando historicamente nos ensinam que negros devem ser apequenados, submissos? O Brasil nunca esteve preparado. Por isso, cada vez que uma pessoa negra assim surge, aquele que é considerado *brasileiro médio* (ainda que em um país com 56% de pessoas negras) — o branco, classe média — se assusta.

Para falar de orgulho negro, para falar do país sob o ponto de vista ao qual brasileiros não estavam acostumados — o ponto de vista daquele que vive a periferia diariamente —, é que Pedro Paulo Soares Pereira, mais conhecido como Mano Brown, uma das principais vozes dos Racionais MC's, está entrando nos nossos ouvidos desde quando ele ainda era um garoto de 18 anos. Mas já são mais de 30 anos de uma carreira marcada pelo feito de ter guiado o único grupo nacional de *rap* capaz de vender mais de 1,5 milhão de discos oficialmente no Brasil até hoje. Isso sem contar os outros mais de 4 milhões na conta da pirataria.

Este Brasil em que eu conheço Racionais, em que eu conheço Mano Brown, é um país no qual em qualquer mesa de bar você encontrava especialistas — regados a destilados e fermentados — muito certos sobre os rumos de uma nação prestes a eleger sujeitos chamados Collor, Afif ou Maluf como os primeiros presidentes diretos de uma nação pós-ditadura. Eu via esses *especialistas* em mesas de latão nos bares da Restinga. E, como em qualquer periferia, o que nunca faltou na Restinga foram bares. E aí está um dos motivos de Mano Brown cantar que "periferia é periferia", um lugar no qual "se quiser se destruir está no lugar certo, tem bebida e cocaína sempre por perto".[4]

Esse Brasil em que eu conheço Mano Brown, em 1989, arrasta consigo o peso de quase quatro séculos de escravidão, uma herança de desigualdade econômica, repressão social e racismo estrutural que continua firme até hoje, forte como um verso de *rap* bem rimado. Um Brasil em que estava vicejando um novo momento do samba, cujo terreno de

---

[4] FIM de Semana no Parque. *Raio X do Brasil*. Compositor e intérprete: Racionais MC's. São Paulo: Zimbabwe Records, 1993.)

cultivo foram os quintais das casas suburbanas, disputando a hegemonia da *black music* entre a população negra das classes populares. Nesse cenário, muito por obra dos discos de vinil que meu pai — amigo de uma funcionária de uma distribuidora de discos — trazia para casa, eu acompanhava a ascensão do *rock* nacional. Foi também nesse período de abertura política que muitas escolas de samba começavam a desfilar seu interminável rosário de enredos de crítica social.

O que significa você ser uma criança negra da periferia e ver nascer o *rap*, com a sua necessidade de fala e tomada da palavra, para vocalizar uma ferida nunca fechada do legado escravocrata e tendo que se fazer relevante, ainda encurralado por uma estrutura de opressão?

"Orgulho negro é uma coisa que assusta o brasileiro", disse Mano Brown.

Eu estava vivenciando o orgulho negro ao viver em uma comunidade negra como a Restinga e sentindo o orgulho negro crescer em mim, porque estávamos construindo nossa fala, criando nossa própria narrativa.

A construção de nossa narrativa, no entanto, passa a acontecer, nos períodos seguintes, aos trancos e barrancos. Acarretado pela derrota de Lula para Collor na eleição de 1989, o Brasil nesse momento é época de refluxo dos movimentos sociais nos bairros populares. E os anos decorrentes daí são marcados por uma violência generalizada do Estado contra setores populares e marginalizados.

Vamos listar? Em 2 de outubro de 1992, uma intervenção da Polícia Militar de São Paulo na Casa de Detenção resultou na morte de 111 detentos.

Na madrugada de 23 de julho de 1993, oito crianças e adolescentes (dos quais apenas dois eram maiores de 18 anos) foram assassinados em frente à Igreja da Candelária, no Rio de Janeiro. Os assassinos: policiais e ex-policiais. Apenas um mês depois disso, houve o massacre no bairro de Vigário Geral, zona norte do Rio de Janeiro.

É a crônica dessa bestialidade, de quem decide, com calibres em punho, o que é certo ou errado, que os Racionais estão nos contando, desde 1989, desde "Pânico na Zona Sul". E eles estão nos contando porque não havia mais ninguém interessado em contar:

"Justiceiros são chamados por eles mesmos
Matam, humilham e dão tiros a esmo
E a polícia não demonstra sequer vontade
De resolver ou apurar a verdade
Pois simplesmente é conveniente
E por que ajudariam se eles os julgam delinquentes
E as ocorrências prosseguem sem problema nenhum" [5]

Há uma tensão acumulada na sociedade brasileira, cujos resultados são fenômenos como o arrastão nas praias cariocas; a violência da rivalidade entre gangues nos bailes *funks* dos subúrbios; e a disputa entre facções por pontos de venda de drogas, em seus confrontos constantes com a polícia.

Coloca aí nesse caldo também um contexto de desemprego recorde, remoções de moradores de áreas urbanas (como nasceu a Restinga), a favelização e o crescimento das periferias e das torcidas organizadas. E é no meio disso tudo que nós vemos o movimento *hip-hop* ascendendo, como uma referência de identidade da juventude da periferia, que cresce em bairros com índices de assassinatos comparáveis às regiões mais violentas da Colômbia.

O bairro Jardim Ângela, em São Paulo, é considerado o mais violento do mundo. E junto com os bairros do Jardim São Luís e do Capão Redondo configuram o que se denominava Triângulo da Morte.

Individualismo, tensão, insegurança, desesperança, instinto de sobrevivência: está aí o cenário de um tecido social completamente arregaçado, um cenário caótico, no qual o *rap* nacional está engatinhando, dando seus primeiros passos nos encontros dos jovens nas estações centrais do metrô em São Paulo.

É importante ressaltar que, neste momento, o movimento *hip-hop* absorve um legado importante deixado pela *black music* que, a despeito da crítica de vários sambistas da época, exerceu grande influência sobretudo na juventude negra e pobre moradora dos bairros populares entre as

---

[5] PÂNICO na Zona Azul. *Holocausto Urbano*. Compositor e intérprete: Racionais MC's. São Paulo: Zimbabwe Records, 1990.

décadas de 1970 e 1980. Este é o palco onde surge o *rap* crítico, questionando discursos de prosperidade da época, absorvendo as mensagens de Malcolm X e Public Enemy. É nesse cenário que Ice Blue, Edi Rock, KL Jay e Mano Brown se unem e, inspirados pela fase racional de Tim Maia, formam o Racionais MC's.

Parte desse conhecimento veio do garoto de cabelo tijelinha. Mas a maioria, preciso confessar, veio da minha incursão sobre quem eram, afinal, esses sujeitos de rimas rápidas e *flow* pesado, durante os meses seguintes aos que os conheci.

— Ice-T, LL Cool J, Run-D.M.C., cês tão ligados? Não fosse estes caras, não sei se Racionais existiria não!

Era Zé da Baé mais uma vez nos fazendo ouvintes de seu conhecimento enciclopédico. E ele estava certo. Foi por causa desses artistas que, no concurso do Asa Branca, em Pinheiros, bairro de São Paulo, Mano Brown, à época chamado D.C. Brown ("Do Capão Brown", já que ele é originário do Capão Redondo), e Ice Blue estrearam no palco, como B.B. Boys. Os versos já falavam de violência (*"Tem polícia na parada/ Nem se liga na real/ A farda é uma jaula/ Onde só cabe um animal"*[6]). Isso tudo sobre uma base rápida, de um disco do *rapper* Tone Loc.

Enquanto isso, na zona norte de São Paulo, onde a dupla Edi Rock e KL Jay frequentava bailes *black*, Edi Rock tinha começado a abrir *shows* para Thaíde & DJ Hum e MC Jack, os grandes nomes da época. O produtor cultural Milton Sales conhecia as duas duplas, e achou que fazia todo sentido juntá-las – além de iniciar um processo de conscientização política delas.

A ideologia esteve presente desde as primeiras vezes que esse quarteto se trombou, no apartamento de um alemão chamado Hans, no edifício Copan, centro de São Paulo, para gravar *rap*, sob o convite de Milton Sales, que agitava a cena na época, unindo a rapaziada que frequentava a região da São Bento, antiga meca dos fãs de *hip-hop* na cidade, e a casa noturna Clube do Rap, na Bela Vista.

A partir desse primeiro encontro, começaram a rolar as diversas de-

---

6 B.B. BOYS é Nosso Nome. Compositor e intérprete: B.B. Boys. Mano Brown e Ice Blue, provavelmente 1988.

mos até o convite do selo Zimbabwe Records, em 1988, para que participassem da coletânea *Consciência Black Volume 1*. E já nessas primeiras gravações apareceriam "Pânico na Zona Sul" e "Tempos Difíceis".

Na Restinga, até hoje, se você perguntar o que é o jogo de tacos, provavelmente vai ouvir que é quase uma forma de arte, um desdobramento do beisebol feito de tacos esculpidos à mão, latas de óleo de cozinha e bolinhas de tênis, um jogo simples o bastante para ser apreendido em uma sucessão de tardes quentes e repleto de macetes que somente a participação frequente nas rodadas encenadas quase todos os dias ali na minha rua poderia oferecer.

Se você perguntar, no entanto, para qualquer um, quem é Pedro Paulo Soares Pereira, certamente a resposta vai ser o silêncio. Agora, pergunte quem é Mano Brown, e muita gente vai lhe dizer que é um dos cem maiores artistas da música brasileira, segundo a revista *Roling Stones*.

Originalmente Paulinho Brown, devido ao seu hábito de cantar sobre batidas do James Brown, tornou-se "Mano" por causa de uma ambiguidade em "Fim de Semana no Parque", de seu primeiro álbum, *Raio X do Brasil*, na qual o *rapper* dizia "Malicioso e realista, sou eu mano, o Brown".

O *rapper* nasceu em 22 de abril de 1970, em São Paulo. Filho de dona Ana, negra, falecida em 2016, e de pai branco que nunca conheceu, Brown cresceu na periferia, no bairro do Capão Redondo, extremo sul da cidade de São Paulo. Foi aos 17 anos que escreveu seu primeiro *rap*, mesmo período em que começou a frequentar o Metrô São Bento, onde aconteceram os primeiros encontros entre os artistas de *rap* de São Paulo.

O Ice Blue, a metade da dupla de *rap* B.B. Boys, era seu amigo de infância, Paulo Eduardo Salvador. Os B.B. Boys participavam de alguns concursos e eventos e chamam a atenção do público, com letras que descreviam o cotidiano violento da periferia. Mano Brown inspirava-se em Thaíde e outros compositores que frequentavam a São Bento.

Thaíde é um dos primeiros *rappers* brasileiros que ele vê cantar na televisão e que esboça uma crítica social em suas letras. Depois que Brown e Ice Blue se juntam a Edi Rock e KL Jay, o produtor Milton Sales inicia um processo de conscientização política dos *rappers*.

Sobre Milton Sales, Mano Brown falou: "Ele dizia que eu tinha de usar meu talento para mudar as coisas, igual ao Bob Marley fez na Jamaica. Lutar pelo oprimido. Era disciplina de esquerda. Ele e Malcolm X foram os caras que me ensinaram as coisas mais importantes de política".

"Quando li Malcolm X, senti que era negro mesmo", disse Mano Brown. "Apesar da minha pele mais clara, de o meu pai ser branco, essa é a minha vida. Levava vida de negro mesmo. Entendi que a gente era apenas uma estatística, por mais que gostasse de se sentir especial. As coisas começaram a fazer sentido. Foi um murro na cara."[7]

Essa mentalidade já se faz presente desde as primeiras faixas que escreve e grava, como "Pânico na Zona Sul". Some esse *rap* aos *raps* principais de cada um dos quatro discos de estúdio da banda — sem contar os diversos álbuns ao vivo, coletâneas, EPs e *singles* —, músicas como "Fim de Semana no Parque", "Capítulo 4, Versículo 3", "Fórmula Mágica da Paz", "Diário de um Detento", "Vida Loka", "Eu Sou 157", "Jesus Chorou", e você entende por que Mano Brown é o principal compositor dos Racionais MC's e autor dos maiores clássicos do grupo.

Como é que um artista como Mano Brown, de São Paulo, podia ressoar de maneira tão forte em moleques negros de uma periferia, no extremo sul do Brasil? Por que, mesmo após ter gravado o seu primeiro disco, Mano Brown era o cara que passava por dificuldades financeiras que só se aplacaram sete anos depois, com o estouro de *Sobrevivendo no Inferno*? Estava ali o sujeito que almejava ser como Malcolm X, mas que enfrentava uma batalha por dia para sobreviver. Era o tipo de batalha semelhante à batalha de tantas outras famílias negras ali onde eu cresci.

Para Mano Brown, foi o *rap* e o casamento cedo, aos 18 anos, que o salvaram do crime e de passar fome. Brown se casou com Eliane Dias, hoje na linha de frente dos negócios do grupo. Mas, ainda assim, esse foi um período tenso para Brown e os demais integrantes dos Racionais, que, inflamados com Malcolm X e os Panteras Negras, decidiram se preparar para uma guerra. Compraram armas, aprenderam a lutar, se consideravam subversivos do mundo.

---

[7] "Os quatro pretos mais perigosos do Brasil", Revista *Rolling Stone*, 6 dez. 2013.

Depois do EP *Holocausto Urbano*, com seis músicas, Mano Brown e os Racionais MC's gravam outro EP, *Escolha o Seu Caminho*. Lançado em 1992, poderia ser resumido em apenas uma palavra: reação. Se no disco anterior o inimigo é "o outro", neste álbum os Racionais pretendem mostrar que os negros podem ser seus próprios inimigos também, acomodando-se em ideias preconcebidas de como um negro pobre deve viver e se comportar. E isso fica claro neste diálogo inicial do *rap* "Negro Limitado", em que há uma voz que questiona os atos e outra que quer permanecer imobilizada:

"Aí mano, cê tá dando febre, certo, cê tem que ter consciência
Ah, mano, que negócio de consciência que nada, mano, negócio de negro
Consciência não tá com nada, o negócio é tirar um barato, morô, mano?
Pô mano, vamos pensar um pouco
Que pensar que nada, o negócio é dinheiro e tirar uma onda" [8]

Esse é o disco em que a questão racial é tratada de forma mais enfática, e há até um tom professoral nas letras, com Brown e Edi Rock despertando os negros que estão brigando por quase nada e acomodados.

Sempre avessos à TV, na música "Voz Ativa", presente nesse mesmo disco, os Racionais apontam a televisão como uma das culpadas por deixar a população sem vontade de lutar. O *rap* é uma ode ao resgate do orgulho e da autoestima do negro. Isso é muito claro em um trecho que nos diz:

"Acreditarmos mais em nós,
independente do que os outros façam.
Tenho orgulho de mim, um rapper em ação.
Nós somos negros, sim, de sangue e coração" [9]

Esse disco traz letras tão diretas quanto o anterior, *Holocausto*

---

[8] NEGRO Limitado. *Escolha Seu Caminho*. Compositor e intérprete: Racionais MC's. São Paulo: Zimbabwe, 1992.

[9] VOZ Ativa. *Escolha Seu Caminho*. Compositor e intérprete: Racionais MC's. São Paulo: Zimbabwe, 1992.

Urbano, expondo toda a insana lógica que é a vida nos bairros pobres de uma grande cidade. Ou seja, minha realidade.

Mas, certamente, foi o seu disco seguinte, *Raio X do Brasil*, o que definitivamente tirou o *rap* dos guetos e tornou o nome Racionais MC's uma entidade do gênero no país, abrindo caminho para programas de TV — como o *Yo MTV* —, programas de rádio e para um sem-número de outros *rappers*. Porque estava tudo lá: crônicas sobre drogas, violência estatal, preconceito racial e social, tudo dito sem meias palavras ou meias verdades. E, numa comparação entre este e o EP anterior, *Raio X* é mais bem escrito, com letras mais longas e mais contundentes. E musicalmente, com *samples* de Curtis Mayfield, Marvin Gaye, The Meters e Tim Maia enriquecendo a base para suas rimas, mostra uma evolução dos Racionais MC's também como produtores.

É a grande consagração do grupo, principalmente por causa dos *raps* "Homem na estrada", "Mano na Porta do Bar" e "Fim de Semana no Parque", retrato extremamente apurado dos desejos de qualquer criança periférica em se divertir, ainda que o lugar em que vive não ofereça o menor recurso para isso:

> *"Automaticamente eu imagino*
> *A molecada lá da área como é que tá*
> *Provavelmente correndo pra lá e pra cá*
> *Jogando bola descalços nas ruas de terra*
> *É, brincam do jeito que dá*
> *Gritando palavrão é o jeito deles*
> *Eles não tem videogame, às vezes nem televisão*
> *Mas todos eles têm um dom*
> *São Cosme, São Damião*
> *A única proteção"* [10]

É muito notória a forma clara como, desde seus primeiros trabalhos, Mano Brown e os Racionais MC's estabelecem o que vai se tor-

---

[10] FIM de Semana no Parque. *Raio X do Brasil*. Compositor e intérprete: Racionais MC's. São Paulo: Zimbabwe Records, 1993.

nar a gênese do *rap* nacional, cujo traço marcante passa a ser o de grito-denúncia do conjunto de injúrias, preconceito e perdas que negros e pobres sofrem cotidianamente no país. E eles já fazem isso no início dos anos 1990, captando a experiência brasileira com uma lente muito original.

Mano Brown e os Racionais MC's foram fundamentais para me fazer contestar a visão cordial e conciliatória com que a sociedade sempre tentou impor o mito da democracia racial. Imagine o que é ser um menino negro na periferia da capital de um estado que sempre glorificou tão somente os imigrantes italianos e alemães como pilares culturais, subjugando a importância dos negros em sua formação. Os quatro membros dos Racionais — e ter o *rap* como ferramenta educativa e informativa — foram fundamentais para que eu construísse uma imagem mais realista do que significa ser um negro no Brasil. Uma identidade para o negro pobre, periférico, que precisa lutar por seus direitos e ganhar o dinheiro de cada dia: imagem muito distante daquela alegoria do negro alegre e festivo, que se praticava até então e que a mídia sempre adorou nos empurrar. Em contrapartida, os *raps* dos Racionais sempre trouxeram à tona a imagem de um negro que, embora nessas condições, não deve aceitar a subjugação. Isso é parte fundamental do meu orgulho negro, parte fundamental da construção da minha autoestima. E qualquer ouvinte é capaz de identificar e se sensibilizar com os ecos de um discurso tão forte assim.

Acompanhar a sua trajetória — já que Mano Brown e os Racionais MC's se tornam o combustível musical da minha pré-adolescência (ao contrário dos meus amigos brancos, que estavam ouvindo os sucessos brancos daquele momento: Kid Abelha, Lulu Santos, Mamonas Assassinas e outros tantos) — foi o alicerce musical da minha formação.

E é paradoxal que os *raps* dos Racionais deixem a periferia em direção aos bairros burgueses, cuja contraposição em relação à favela é apresentado em "Fim de Semana no Parque", no qual Brown descreve as "carangas do ano" dos *playboys* que passaram a ser ouvintes do grupo, em um paradoxo que dura até hoje, mas extremamente inteligível à medida que a cultura periférica se torna parte da cultura *mainstream*.

Em contrapartida a essa ascensão, 1993 e 1994 são os anos em que o grupo sofreu com atentados a tiros exatamente no bairro onde cresci, a Restinga, bem como em Indaiatuba, no interior do estado de São Paulo. Foi em 1994 também que o grupo foi detido pela Polícia Militar durante um *show* no vale do Anhangabaú, em São Paulo, acusados de incitar o crime e a violência com sua música.

No final de 1997, Mano Brown, Edi Rock, Ice Blue e KL Jay lançam *Sobrevivendo no Inferno*, e a partir daquele momento o *rap* e a música brasileira nunca mais seriam os mesmos.

É preciso entender o cenário mundial quando esse disco foi lançado. Naquele período, o que vicejava na televisão brasileira eram os programas sensacionalistas policialescos. Os cartéis dominavam inúmeros países latino-americanos, como os cartéis de Cali e Medelín, as favelas cariocas estavam dominadas pelo narcotráfico enquanto o povo favelado se encontrava no fogo cruzado entre polícia e traficantes. Os Estados Unidos privatizavam seus presídios, os conflitos no Oriente Médio começavam se intensificar com a intervenção do imperialismo enquanto o fundamentalismo islâmico ganhava força. E, no Brasil, a repressão se dava dentro de estrutura racista que atingia o povo negro, pobre e periférico. Era sobre tudo isso que os Racionais cantavam o grito de resistência da periferia. A chacina do Carandiru foi tema da principal música do álbum, "Diário de um Detento".

> *"Cada detento uma mãe, uma crença*
> *Cada crime uma sentença*
> *Cada sentença um motivo, uma história de lágrima*
> *Sangue, vidas e glórias, abandono, miséria, ódio*
> *Sofrimento, desprezo, desilusão, ação do tempo*
> *Misture bem essa química*
> *Pronto: eis um novo detento"*[11]

Na combinação de uma história de séculos de escravatura, exclusão e segregação social, racismo institucional combinado com o momento

---

[11] DIÁRIO de um Detento. *Sobrevivendo no Inferno*. Compositor e intérprete: Racionais MC's. São Paulo: Cosa Nostra, 1997.

econômico, os conflitos de classe e racial, o papel de controle social cumprido pelos presídios era e ainda é de transformar os muros da cadeia em masmorras do esquecimento, para guardar "o que o sistema não quis" e esconder "o que a novela não diz".

Sobrevivendo no Inferno é o primeiro trabalho lançado pelo selo próprio do grupo, Cosa Nostra, e vendeu mais de um milhão de cópias. A primeira faixa do disco é uma versão para "Jorge da Capadócia", de Jorge Ben Jor, e é a primeira regravação registrada pelos Racionais MC's até então.

É um trabalho repleto de referências a trechos bíblicos, já começando pela capa, com sua cruz em fundo preto, e a frase do Salmo 23, capítulo 3: "refrigere minha alma e guia-me pelo caminho da justiça". A música "Capítulo 4, Versículo 3", além do título, traz essa referência bem presente também em verso:

"E a profecia se fez como previsto
1997 depois de Cristo
A fúria negra ressuscita outra vez
Racionais, capítulo 4, versículo 3"[12]

Mas o que é isso o que os Racionais estão propondo? Eu sou só um adolescente absorvendo o que ícones negros gigantes que admiro estão me oferecendo. Então, religiosidade, um olhar para o cristianismo, é uma busca que devo fazer também? Muito além de uma compreensão do que essas referências bíblicas querem me dizer, o que mais me impactou nesse trabalho foi a sofisticação literária da sua proposta — o contraponto do sofrimento de um Jesus Cristo que nos é imposto em uma falsa branquitude em relação ao sofrimentos de negros periféricos no Brasil, todos os dias.

O que é a Igreja, o que é o cristianismo, o que é o "aleluia" no refrão frente àquelas estatísticas sobre violência policial contra o jovem negro e sua marginalização na sociedade?

---

[12] CAPÍTULO 4, Versículo 3. *Sobrevivendo no Inferno*. Compositor e intérprete: Racionais MC's. São Paulo: Cosa Nostra, 1997.

"60% dos jovens de periferia sem antecedentes criminais já sofreram violência policial.
A cada quatro pessoas mortas pela polícia, três são negras.
Nas universidades brasileiras apenas 2% dos alunos são negros.
A cada quatro horas, um jovem negro morre violentamente em São Paulo." [13]

Desse alinhamento ou metáfora do cristianismo, pulamos para "Fórmula Mágica da Paz", que contrapõe versos que descrevem uma realidade dura com refrãos que expressam sonho de mudança por meio de um elemento mágico. É um *rap* que retrata a vida de alguém sem perspectiva na periferia, mas que não desiste de encontrar uma solução, ainda que por uma fórmula que já não é mais pela fé:

"Eu vou procurar, sei que vou encontrar, eu vou procurar,
Eu vou procurar, você não bota mó fé, mas eu vou atrás
(Eu vou procurar e sei que vou encontrar)
Da minha Fórmula Mágica Da Paz". [14]

Em 2002, álbuns diversos e tantos *shows* feitos, o grande tema é o disco Nada Como um Dia após o Outro Dia. No mesmo ano e em 2006, você só têm coletâneas ao vivo: *Racionais ao Vivo* e *1000 Trutas, 1000 Tretas*, respectivamente. E é provável que um dos símbolos mais relevantes deste novo momento do Mano Brown e dos Racionais MC's seja a emblemática entrevista que Brown concedeu à revista *Rolling Stone*, em 2009, na qual o *rapper* já expõe um discurso mais maleável, contando a vontade de querer deixar de ser um refém da imagem que ele mesmo ajudou a disseminar. Brown ainda concede entrevistas ao Jornal da Tarde, em 2006, e a programas da TV Cultura, como Ensaio, em 2003 e o Roda Viva, em 2007. Nesse mesmo período, tornam-se mais comuns as

---

[13] CAPÍTULO 4, Versículo 3. *Sobrevivendo no Inferno*. Compositor e intérprete: Racionais MC's. Racionais MC's. São Paulo: Cosa Nostra, 1997.

[14] FÓRMULA Mágica da Paz. *Sobrevivendo no Inferno*. Compositor e intérprete: Racionais MC's. Racionais MC's. São Paulo: Cosa Nostra, 1997.

apresentações dos Racionais em clubes de classe média e alta, pelo alto cachê pago nesses eventos.

Nesse intervalo, a criação da produtora Boogie Naipe, sob comando de Eliane Dias, esposa de Mano Brown e prima de Ice Blue, profissionaliza ainda mais os negócios do grupo. Eles também passam a contar com uma assessoria de imprensa e, em 2010, Mano Brown grava uma participação na faixa "Umbabarauma", de Jorge Ben, numa campanha promocional da Nike para a Copa do Mundo de 2010. Uma das justificativas de Brown — porque, no Brasil, sempre acham que artistas vindos da periferia precisam de justificativa para ascenderem — foi o alto cachê pago, que lhe permitiu comprar a sede da sua produtora, além da oportunidade de gravar com seu ídolo, Jorge Ben.

Para mim, este é só um movimento natural e muito bem-vindo para artistas que batalharam tanto em suas carreiras. Tê-los como exemplo da capacidade de ascensão, a partir do seu talento e do seu trabalho, partindo de onde partiram, sempre foi um elemento fortemente motivador na minha vida. E inspiração e motivação passaram a ser, a partir do momento em que lancei meu podcast, *Negro da Semana*, os meus maiores propósitos de vida.

Muita coisa mudou no Brasil desde *Nada Como um Dia após o Outro Dia*. Em 2014, depois de doze anos desde seu último disco de estúdio, o grupo mais importante de *rap* do país nunca esteve perto do silêncio. No período, tivemos a chance de perceber e ouvir todos os clichês eleitorais de como as coisas se tornaram mais ricas, justas e distribuídas. *Cores e Valores*, disco que os Racionais MC's lançam naquele ano, é o relato intrínseco de que "somos o que somos" e que nosso futuro é nebuloso, pelo menos em questões sociais e étnicas — como continuamos vendo muito bem ainda hoje.

Mas o *rap*, em 2014, se tornou um dos estilos mais populares no Brasil, independente da classe social. Projota surge rimando *quarenta reais* com *Racionais* e tocando seu *rap* de violão na trilha sonora da novelinha *Malhação*, da Globo.

Racionais MC's, que ganhou *status* de celebridade em festivais como Lollapalooza, Virada Cultural e apresentações na MTV, ganhou outro público, elevou seu *status* e ganhou uma merecida "carteira cheia de dólar". E tudo isso se reflete em *Cores e Valores*, que, com cerca de 32 minutos, em 15 músicas interligadas em poucos segundos e aspecto de *mixtape*, é igualmente polêmico com o histórico do grupo.

A sonoridade mudou. Temos um som bastante influenciado pelo *hip-hop* norte-americano, que foge do *rap* cru que sempre marcou a trajetória dos Racionais. Pega um som como "O Mau e o Bem", provavelmente a única balada de verdade feita pelo grupo em sua discografia, com seus toques de Sampa Crew e elementos que a colocariam dentro de um *lounge* de desfile de moda ou num momento romântico na balada, embora com uma letra que é uma espécie de radiografia da trajetória do grupo.

Independente das divisões de opinião sobre esse disco, ele abre precedente pra um olhar mais amplo que deve ser dado a esse grupo tão importante: será que o público fiel que os abraçou em seus momentos mais críticos e políticos se manteve junto nessa nova abordagem sonora?

Será que o público — além de mim, admirador fiel — permanece abraçando a obra de Mano Brown e dos Racionais MC's, os "quatro pretos mais perigosos do Brasil", reconhecidos em sua importância ao ter o disco *Sobrevivendo no Inferno* incluído na lista de leituras obrigatórias do Vestibular 2020 da Unicamp, ao lado de nomes como Luís de Camões e Ana Cristina Cesar?

Esse público, abraçando ou não o novo momento dos Racionais, deve ao menos concordar em uma coisa: a potência e o sucesso dos Racionais MC's devem-se à capacidade que esse grupo tem de fazer reverberar uma obra artística de qualidade indiscutível, em conjunção com dinâmicas intrínsecas ao movimento *hip-hop*. Uma música que sempre me impulsionou e me enche de orgulho, como se fosse produzida por meus irmãos. Mas, aliás, esses quatro sujeitos negros e periféricos como eu não são meus irmãos?

Eu estou certo de que são meus irmãos, sim, esses quatro artistas capazes de compor uma obra que é uma das experiências mais bem-sucedidas nas últimas décadas. Esses quatro sujeitos negros que sempre tomaram posições artísticas por meio de opiniões e rupturas, musicais e políticas.

O então ineditismo e a potencialidade das formas musicais e literárias presentes no *rap* dos Racionais MC's surgiram em um contexto político e social infelizmente propício a uma manifestação que só poderia ser explicitada da forma como Mano Brown e os Racionais conseguiram: com grandiosidade, com virulência, com imponência e causando desconforto, muito desconforto.

Dado o momento político, social e econômico que continuamos vivendo, não resta dúvida quanto à necessidade de que se mantenham condições para que continuemos a criar e para que possamos ter sempre acesso a um discurso e uma realização artística tão relevante e impactante quanto a que Mano Brown e os Racionais MC's têm nos presenteado há mais de trinta anos.

A existência de um grupo como o Racionais MC's e de um artista como o Mano Brown foi fundamental para eu acreditar em contestação e em cobranças sociais. E na potência e na grandiosidade negra.

Mano Brown foi fundamental para eu me sentir o *negro perigoso* — e, portanto, poderoso — como aqueles quatro negros dos Racionais MC's mostraram e mostram tantas vezes ser.

SÁBADO É UM DIA INFERNAL EM QUALQUER SUBÚRBIO. Não há uma praça com bebedouros ou pontos de vaporizadores de água para se refrescar numa tarde quente como esta. Também não há sorveterias com sabores que não sejam o napolitano de sempre ou os picolés aguados de abacaxi que nem em mil anos parecerão uma opção considerável.

Descendo a Avenida Nilo Wolff, em um sábado como este, o que se vê são as quadras públicas do centro comunitário onde garotos negros lustrosos de suor em camisetas grandes demais, mas que fazem parte do estilo NBA de ser, treinam arremessos e jogadas *à la Globetrotters*.

O que se ouve é o zumbido de velhas máquinas de lavar roupa e dos carros com caixas de som acopladas no teto gritando ofertas dos supermercados do bairro.

Entre uma freada e outra, palavrões que escapam das jogadas de basquete malsucedidas e um cheiro azedo dos restos de frutas da feira, continuamente esmagados por pneus. Também se veem crianças fazendo guerra d'água com as mangueiras acionadas no máximo, mas sem poder correr muito, porque as mangueiras são curtas e remendadas com fita isolante, de forma que ficam um tanto irritantemente perto de suas mães, que estenderam cadeiras de praia na calçada e não estão muito contentes em ter que gritar o nome delas a cada vez que uma borrifada de água as atinge.

A poucos metros dali, o que irá parecer, se alguém estiver observando a cena que se passa na minha casa, com minuciosidade suficiente a fim de, talvez, construir um compêndio das atividades comunitárias de um subúrbio no final dos anos 1980, é que aquilo é uma espécie de churrasco coletivo de integração, considerando a quantidade de moleques da vizinhança que se misturam aos meus parentes naquela tarde infernal.

É um subúrbio num sábado quente. Restinga, Porto Alegre, Rio Grande do Sul. Negros mais velhos jogam canastra sob a sombra das árvores de joão-bolão nas calçadas das casas vizinhas; crianças brincam de pique, mas não há hidrantes jorrando água e nem violência contra vitrines de lojas ou pizzarias de italianos ou *Fight The Power* escorrendo de caixas de som invisíveis. Não estamos num filme do Spike Lee, ainda que, anos depois, ao vermos um filme do Spike Lee, pensemos: estávamos num filme do Spike Lee.

Se aquilo de fato tornar-se um compêndio das atividades comunitárias de um subúrbio no início dos anos 1990, é claro que muitos terão um argumento antropológico para *explicar* o "evento" e seu aparente sucesso: que o predomínio de famílias de uma mesma realidade social justifica a facilidade de interação; que o alimento é um agregador natural; que a coincidência de crianças de uma mesma faixa etária entre as diversas famílias converte-se em elemento unificador. Alguém irá mais longe e dirá que o grande segredo está na trilha sonora que ecoa das caixas de som do aparelho três em um National girando o disco de vinil, som que escapa pela janela da garagem da minha casa, onde meu pai é o assador oficial — salgando e espetando carne, cuidando da qualidade do assado da costela e da picanha, cortando nacos de salsichão e oferecendo a todos.

Eu não discordaria em considerar a trilha sonora como o grande sucesso daquele evento. Daquele, de todos os anteriores e dos eventos futuros, desde que os discos de vinil começaram a se multiplicar na minha casa e a se assemelharem, nas fotos, nas letras, nas melodias e, muitas vezes, nos artistas: negros que se pareciam comigo, se pareciam com os meus parentes, se pareciam com os pais de todos os moleques daquele subúrbio.

Aquela trilha sonora era, definitivamente, alguma coisa mágica.

Ao menos era o que eu, do alto dos meus 11 anos de idade, achava, a cada vez que ouvia ressoar dos alto-falantes do nosso três em um:

"Todos os galos cantaram
Todas as chuvas caíram
Todos os gatos brigaram
Todos os ovos frigiram
Todas as camas rangeram
Teu corpo nu só dormia
Ao lado o meu fervilhada
Na madrugada tão fria...".[1]

---
1 FOGUEIRA de uma Paixão. *Dignidade*. Intérprete: Leci Brandão. São Paulo, 1987.

E a partir dali, e a partir de um "entendimento" que veio por audição, *entender* Leci Brandão — e hoje contar sua história, no fim das contas, do alto da minha limitação, que ainda não me permite compreender toda a vastidão que uma artista desta grandiosidade tem — é, no mínimo, a minha forma de apreender como histórias de mulheres negras, mesmo repletas de todas as limitações que lhe são impostas, podem iluminar as reflexões da nossa sociedade sobre relações raciais, relações de gêneros e de educação.

E isso é o que eu, felizmente, compreendo hoje.

E ainda que não o compreendesse, a maravilha que foi ouvir uma mulher como Leci Brandão tão cedo — porque fazia parte de uma daquelas dezenas de discos de vinil que meu pai, felizmente, tinha em nossa casa — começou a forjar minha essência e meu amor, que só veio a crescer, naturalmente, pela cultura e pelos artistas negros. E adentrar nesse território do samba, tão próximo de ter descoberto a maravilha a potência do *rap*, era como me refrescar em outro manancial de possibilidades: rítmicas, vocais, harmoniosas. E não é que isso fosse mais ou menos poderoso que o *hip-hop* — era somente outra coisa, e era outra coisa maravilhosa que nós, negros, criamos e tornamos as potências que são, até hoje.

Ouvir aqueles artistas negros passou a ser como ouvir a mim mesmo, dizendo coisas que eu nem sabia que me deveriam ser ditas. Isso porque nossa semelhança sempre foi tamanha que, tão natural quanto julgar qualquer um deles — Leci Brandão, Arlindo Cruz e tantos outros — como se fossem parentes meus, era entender que eles estavam me dizendo algo, nas suas letras, na sua melodia, na sua poesia. Estavam me dizendo e continuam a nos dizer hoje. Felizmente, Leci Brandão continua a nos dizer.

"Todas nós, mulheres negras, temos a mesma história" foi algo que Leci Brandão já disse. Talvez isso, hoje, seja um resumo do pensamento dessa artista que sempre teve uma atuação política em suas obras musicais e também encontrou na política de carreira uma forma de lutar por suas crenças.

Quando se tem 11 anos, como eu tinha, pensar, entender e buscar absorver a trajetória de Leci Brandão quase sempre é lhe plantar o rótulo de um ser excepcional — e nós sabemos que ela, de fato, o é.

No entanto, só mais tarde, obviamente, tive maturidade para entender como é preciso ter cuidado com denominações que se pretendem a-naturais, pois isso pode alimentar a ideia de que todas as outras mulheres estão destinadas a comporem uma massa anônima, na sua insignificância, fazendo-nos esquecer das forças sociais e históricas que colocam as mulheres em algumas posições e não em outras.

É a soma e a força dessas mulheres, em seus diferentes papéis e representações, alguns espetaculosos, outros não, que — juntas — tecem a história do que são as mulheres negras no Brasil. E o momento agora é de tecer a história desta, Leci Brandão da Silva, nascida no momento e local em que o Brasil começava a delinear a importância que as vozes femininas teriam na música popular brasileira: Rio de Janeiro, em 12 de setembro de 1944. O nome, Leci, é proveniente do nome de sua mãe, Lecy de Assumpção Brandão. Sua mãe, no entanto, Lecy com Y.

Neta, filha e afilhada de três mulheres mangueirenses, sua avó era pastora da Mangueira, assim como sua mãe e madrinha. E o Morro da Mangueira passou a ser um lugar muito frequentado por Leci, ainda que tivesse nascido no bairro carioca de Madureira e sido criada em Vila Isabel. Esse foi o início das informações geográficas sobre o cenário do samba no Rio de Janeiro — informações que foram cruciais para que, uma vez adulto, eu fizesse questão de visitar esses lugares, ansioso por absorver a magia e cultura que os cercavam.

O pai de Leci, Antônio Francisco da Silva, era funcionário público administrativo no Hospital Souza Aguiar, enquanto sua mãe era servente e zeladora de escola pública. Levavam uma vida humilde, mas cercada por uma certa fartura proveniente do emprego estável de seus pais. E foi seu pai, segundo Leci já contou, a sua principal influência musical.

Ele era um contumaz comprador de discos, transitando entre diferentes estilos. Assim, na casa de Leci Brandão se ouvia chorinho, Jacob do Bandolim, Waldir Azevedo, Carmen Costa, Jamelão, Ruy Rey e sua orquestra, Angela Maria, mas também se ouvia ópera, se ouvia Bienvenido Granda, Louis Armstrong, Peter York, Doris Day, entre outros estilos que tomavam conta dos domingos em família, feitos de música, amigos e almoços fartos, de macarrão com galinha, feijoada ou rabada. É lá no Rio, anos antes, um cenário absolutamente similar ao que eu cresci, em Porto Alegre, anos depois — da variedade musical à diversidade gastronômica.

Era uma época em que Leci Brandão ouvia de tudo, incluindo o *rock*, dançando ao som de Elvis Presley, Little Richard, entre outros. Porém, no ano em que ficou em segunda época na escola, seu pai quebrou todos os seus discos de *rock*, atribuindo a eles a má *performance* escolar.

Já o samba era algo mais intrínseco, muito mais natural ao cotidiano da comunidade em que Leci cresceu. Era um gênero que Leci ouvia a caminho dos ensaios da Mangueira, privilegiada testemunha daqueles artistas tocando seus instrumentos. E foi assim, a partir de observação, que Leci Brandão também começou a tocar alguns instrumentos: primeiro o pandeiro, depois o tantã — este muito por influência dos terreiros de umbanda frequentados por sua mãe, onde Leci via os *ogãs* tocando os atabaques.

Os instrumentos de percussão se tornam, a partir desse momento, presentes em sua vida e marcaram o trabalho posterior de Leci Brandão, de forma muito natural, porque o aprendizado se deu, também, de forma muito natural. Tão natural quanto foi para mim me identificar com essa história na medida em que a conheci, vendo ali tantas similaridades com os terreiros que eu também frequentei na minha infância — terreiros de tias-avós mães de santo —, nos quais a percussão dos atabaques era tão fascinante quanto "a batucada dos nossos tantãs", como cantaria Fundo de Quintal.

Quando Leci Brandão tinha 19 anos, seu pai sentiu-se mal e foi levado para o hospital, com um problema no coração. Os problemas cardíacos foram resolvidos, mas formou-se um coágulo no cérebro, que fez com que morresse na recuperação.

E esse foi um momento em que, sem a figura do pai, tornou-se mais difícil a situação financeira da família. Por questões burocráticas, sua mãe não teve direito à pensão. Se, enquanto o pai estava vivo, havia muitas visitas, festas e fartura, com a morte dele as pessoas começaram a se afastar, com medo de que a família de Leci pedisse algum tipo de ajuda.

Nessa época, não houve ajuda de ninguém, o que parece ter sido importante para que a visão de Leci Brandão sobre o mundo se tornasse um pouco mais endurecida. Leci foi obrigada a buscar emprego e levou muito tempo nessa procura.

Formada no colégio Pedro II, que contava com grande prestígio, achava que seria fácil empregar-se, agora que estava formada. Mas deparou-se com o racismo que tornava a cor da sua pele um impeditivo para as vagas de emprego para as quais se oferecia.

Depois das entrevistas, era sempre reprovada no que chamavam de exame psicotécnico. Tais reprovações foram lidas por Leci como motivadas por ser uma mulher negra.

Ela entendeu bem cedo que, quando lia nos anúncios *Precisa-se de moça de boa aparência*, não se tratava de mera referência à vestimenta formal ou a uma moça bem arrumada somente. Aquela descrição era um eufemismo, um modo sutil de barrar as aspirações dos negros, em geral, e das mulheres negras, em particular.

O primeiro emprego foi então conseguido por meio do irmão de uma amiga que estudou com ela. Foi em uma empresa de processamento de dados. A importância do capital social, de ter estudado em uma boa escola, e conhecido pessoas que, ao contrário dela, não moravam no subúrbio, e podiam indicá-la, se mostrou presente desde cedo — e assim, no Brasil, tem se mantido até então. Como esse é um fator crucial na ascensão do negro em nosso país, não é? Da mesma forma se deu comigo: foi a partir da possibilidade de estudar na Pontifícia Universidade Católica do Rio Grande do Sul (porque, antes, fui contratado para trabalhar lá e, como tal, contava com quase 100% de desconto para cursar o ensino superior), que tive acesso social às pessoas e aos lugares que me permitiram entrar no mercado publicitário — e, depois, no mercado literário. E poucos lugares podem ser mais elitistas do que os mercados publicitário e literário gaúchos.

Em 1965, então com 21 anos, Leci Brandão conheceu um moço negro da Marinha, no centro de Belford Roxo, município do Rio de Janeiro. Leci se apaixonou por ele, que se tornou seu primeiro namorado. Um dia foi à casa dele de surpresa, pois queria levar um presente para sua então sogra. Saiu de Realengo, Zona Oeste do Rio de Janeiro, para encontrá-lo.

Ao chegar, uma moça que ela não conhecia abriu a porta. A mãe dele a recebeu muito bem, mas Leci notou a estranheza que se estabeleceu no ambiente, com sua visita inesperada.

No dia seguinte, Leci recebeu uma ligação do então namorado, revelando-lhe que a moça que ela havia visto no dia anterior estava grávida e que ele iria se casar com ela. Tal revelação desencadeou a primeira grande desilusão amorosa em Leci.

O sentimento de grande tristeza manteve-se por cerca de cinco anos. Foi algo que a marcou profundamente. Mas foi esse sentimento, também, o responsável por desencadear em Leci Brandão uma veia produtiva, transformando essa decepção amorosa em sua primeira canção.

A canção, que nunca foi gravada, chama-se "Tema do amor de você". É um samba no estilo bossa nova, que predominava no Brasil daquela década, como um sinônimo de modernização do país.

Depois dessa canção, Leci passou a escrever muitas outras, observando o seu entorno. Era quase como um jornalismo musical. Suas músicas já eram narrativas do seu tempo e isso se torna evidente em diversas de suas letras — mas é importante frisar que o amor foi e continua sendo um dos elementos centrais de suas composições.

Após ter composto as primeiras canções, Leci passou a receber convites para se apresentar. Encantados pela crítica de suas composições, amigos diziam que o que Leci fazia eram canções de protesto. Ela participava de festivais diversos até que, em 1969, apresentou-se no programa *A Grande Chance*, de Flávio Cavalcante, na TV Tupi.

Naquele ano, já havia trabalhado na Datamec, uma empresa de processamento de dados, e, em seguida, depois de passar em um concurso para a Telefônica, trabalhava como atendente de consertos.

O programa da TV Tupi tratava-se de um festival. E Leci ganhou destaque nas duas primeiras fases, o que levou a Telefônica a se pronunciar dizendo que ela seria promovida por ser tão talentosa. Entretanto, Leci não ficou em primeiro lugar na terceira fase do concurso, o que fez com que ela não fosse promovida. O desencanto foi tão forte pela promessa não cumprida, que Leci não conseguia mais trabalhar na Telefônica. Foi trabalhar, então, em uma fábrica em Realengo.

Na fábrica, trabalhava examinando balas de festim para o Exército. Era um serviço em uma oficina de revisão que funcionava como uma espécie de controle de qualidade das balas. Uma função muito suja e pesada, que desenvolveu nela calos nas mãos.

Um dia, sua mãe foi levar um material da escola em que trabalhava até a Secretaria da Educação, no centro da cidade. Quando foi assinar o protocolo de entrega, a secretária percebeu que ela tinha o mesmo nome da mulher que tinha se apresentado no programa de TV da Tupi.

Ao notar a semelhança de nomes, perguntou se Dona Lecy conhecia Leci Brandão. Dona Lecy respondeu que era a mãe de Leci. A secretária questionou então sobre a promoção prometida pela Telefônica e Dona Lecy lhe contou que isso não havia sido feito como prometido.

Quando soube da não promoção, a secretária disse que ia contar para a Dona Paulina Gama Filho, filha do ministro Gama Filho, pois ela havia ficado muito emocionada com as apresentações de Leci na televisão. Sua mãe conversou então com Dona Paulina, que pediu para conhecer Leci Brandão pessoalmente.

Ao saber disso, Leci pegou um ônibus e foi para a casa da família Gama Filho, no Leblon, bairro da Zona Sul. Ao ver as mãos de Leci cheias de calo, Dona Paulina começou a chorar, pois ficou incrédula com o fato de que, sendo tão boa compositora, ninguém a tivesse ajudado. Chamou seu pai, que perguntou quanto Leci ganhava. Ao ouvir que ela recebia em torno de 70 cruzeiros, falou que lhe pagaria 300 cruzeiros para trabalhar em algumas das secretarias da Universidade Gama Filho.

Estavam no mês de novembro. Ele pediu, então, para Leci avisar aos seus chefes atuais que trabalharia até o último dia do mês, porque em dezembro começaria na Gama Filho.

Leci, emocionada, foi chorando do Leblon até Senador Camará, pois aquele foi um acontecimento muito forte e o aumento no salário possibilitaria que ela vivesse em condições muito melhores com sua família.

Na Gama Filho, Leci passou, portanto, a conviver com figuras que entendia ser importantes para o desenvolvimento de sua carreira. Não tendo tanto incentivo da família para seguir na profissão musical, conheceu estudantes, professores e funcionários que a incentivaram muito a seguir na carreira, mas que também a fizeram cursar Direito por um curto período.

Um episódio em que Leci impressionou a todos com seu talento musical ocorreu durante uma roda de samba, que acontecia no refeitório compartilhado por todos na faculdade. Era dia de jogo da Copa do Mundo de 1970, ano em que a seleção brasileira venceu. Em comemoração, Leci Brandão começou a cantar na roda de samba. Ela cantou "Disparada", canção que, em 1966, foi interpretada por Jair Rodrigues e ganhou, junto com "A Banda", de Chico Buarque, o festival de música popular brasileira da TV Record.

Ao cantar essa música, os estudantes e as outras pessoas presentes teriam ficado alucinados.

Em 1970, Leci se apresentou no Primeiro Festival de Música da Universidade Gama Filho. Apresentou-se cantando "Cadê Mariza", música que a fez ficar em segundo lugar e que foi gravada posteriormente em seu primeiro LP, *Antes que Eu Volte a Ser Nada*, em 1975.

Na letra, Leci retrata a história de uma passista que não apareceu mais nos ensaios e da qual o mestre-sala sentia falta. Morena, empregada doméstica em Ipanema, Mariza troca os ensaios da escola de samba pelas capas de revistas.

A música foi muito bem recebida, chegando a ser comparada com as canções de Chico Buarque. Quando obteve esse resultado no festival, Zé Branco, tesoureiro da ala dos compositores e amigo de sua madrinha, teve a ideia de levar Leci para a ala de compositores da Mangueira.

Após a entrada de Brandão para a Mangueira, sua carreira foi progredindo rapidamente. Tal década é vista como um momento em que o samba "caiu na moda" novamente. Tanto no circuito universitário, quanto em espaços públicos, já que na década de 1960 havia tido um retrocesso de vendas de discos de samba.

Em entrevista dada em 1979 à *Revista Veja*, Sérgio Cabral, jornalista e crítico musical, que se torna uma espécie de padrinho artístico de Leci, diz que tanto em São Paulo quanto no Rio de Janeiro as gafieiras estavam tomando o lugar que antes era das discotecas. Havia um número novo considerável de sambistas, dentre os quais Beth Carvalho, Jorge Aragão, Nei Lopes e Wilson Moreira.

Em 1973, Leci compõe a música "Quero Sim", com Darci da Mangueira, que também era da ala de compositores. Nesse ano ela foi apresentada pela filha do músico e compositor Donga ao jornalista e crítico musical Sérgio Cabral.

Em 1974, Leci já estava cantando no Teatro Opinião às segundas-feiras, enquanto trabalhava também na Gama Filho. No Opinião, o convite, a princípio, foi feito para cantar apenas às segundas, mas Leci fez tanto sucesso que logo entrou para o elenco fixo, ficando ao lado de Dona Ivone Lara e outros sambistas.

Conforme a própria Leci já contou, o seu diferencial nesse momento da vida profissional com relação a outros artistas era ser "uma menina negra, humilde, cantando na Mangueira", ou seja, Leci chamava atenção não apenas por ser uma mulher, a primeira a ser oficialmente da ala de compositores da Mangueira, mas também por vir da classe popular e ser negra. Diz que as pessoas falavam que iam ao Opinião para ver uma garota magrinha da Mangueira que cantava músicas de protesto maravilhosas.

No entanto, ela não pensava necessariamente suas músicas nessa categoria, pois para ela tratava-se apenas de retratar o seu cotidiano. Da mesma maneira que Leci não pensava "vou fazer uma música de protesto", e aquilo era apenas consequência do que vivia, para mim, ouvir Leci Brandão com 11 anos não era uma decisão totalmente consciente. Há na arte subjetividade o suficiente para que a obra do artista se conflua com o momento em que vivemos. Isso aconteceu entre mim e Leci Brandão, num momento em que eu só queria ouvir suas músicas porque elas me diziam algo, mesmo que eu não soubesse o que era. Talvez ouvir aquela mulher — tão fisicamente parecida com primas e tias minhas, mas com tanto talento quando abria a boca — encontrasse em mim reconhecimentos inconscientes. Ou talvez eu esteja racionalizando demais. Ou, ainda, eu só, como tantos outros, ficasse efetivamente tocado com letras como esta:

"E na hora que a televisão brasileira
Distrai toda gente com a sua novela
É que o Zé põe a boca no mundo
E faz um discurso profundo
Ele quer ver o bem da favela
Está nascendo um novo líder
No morro do Pau da Bandeira".[2]

Chama atenção o fato de, tanto Dona Ivone Lara, quanto Leci Brandão não aparecerem de forma constante ou clara nos trabalhos que tratam do período da ditadura militar no país e nas músicas de protesto. Também é nítido o fato de essas duas mulheres negras não costumarem ser citadas a respeito de sua presença no elenco do Teatro Opinião, que existia em Copacabana, no Rio de Janeiro, em que todos aqueles considerados "subversivos" se encontravam, na década de 1970.

Diante disso, há uma música de Leci Brandão intitulada "Ritual" que aparece no seu LP de 1975, em que é clara a crítica aos intelectuais que frequentavam o Opinião, sem ter intenções reais de prestar atenção ou entender as letras das canções que estavam ali.

Leci demarca na letra dessa canção a diferença que havia entre aqueles que frequentavam o Opinião e eram membros das escolas de samba, que comumente residiam no morro, dos outros, os intelectuais que não "se misturavam" com o seu pessoal.

"Ele nunca foi mais curioso
Pra entender a sua letra
Ou mesmo ouvir sua canção
Porém faz pose pra gritar maravilhoso
Se você é o convidado especial do Opinião

---

2 ZÉ do Caroço. Intérprete: Leci Brandão. Leci Brandão, 1985.

Isso é mal!
Isso é mal!
Porém
Faz parte de um ritual

[...]
Ele sempre teve preconceito
Pro sambista não deu jeito
Nunca foi de misturar
Mas outro dia viu o moço com jeitinho
Pegar Nelson Cavaquinho e convidar para jantar." [3]

Em 1974, por intermediação de Sérgio Cabral, Leci foi lançada no *show* "Unidos do Pujol", em Ipanema. Nele também estavam presentes Dona Ivone Lara e Alcione. Naquele mesmo ano, Brandão gravou o seu primeiro compacto, o que fez Pedro Gama Filho lhe dar uma "licença sem vencimentos". Para poder se dedicar à música integralmente, portanto, Leci deixou o seu cargo na universidade, bem como o curso de Direito.

Em 1975, Leci participou do *Festival Abertura*, da Rede Globo, sendo finalista com o samba "Antes que Eu Volte a Ser Nada", o que rendeu a Leci a assinatura com a gravadora Marcus Pereira e o lançamento de seu primeiro LP com o mesmo título da música:

"Deixa eu me achegar no teu barraco
Escutar o teu cavaco
E cuidar da tua roupa.

Deixa eu ir contigo à batucada
Te abraçar na madrugada
Desse encontro não me poupa.

---

[3] RITUAL. *Questão de Gosto*. Intérprete: Leci Brandão. 1986.

Deixa eu me aprumar
Me entregar a tanta coisa
Pra ser nada".[4]

Leci Brandão teve o privilégio de conviver com Cartola, um dos diversos gênios do samba presentes no lançamento do primeiro LP de Leci, na quadra da Mangueira. Nesse evento, ainda estavam nomes como Nelson Cavaquinho e Paulinho da Viola.

Quando Cartola lançou seu disco, Leci passou a fazer alguns *shows* junto com o artista, em uma casa chamada Jogral. Logo, isso se tornou uma miniturnê, que envolveu ainda o Sesc, em São Paulo, o Teatro Payol, em Curitiba, o teatro da universidade, de Belo Horizonte. Essa série de *shows* resultou no convite para fazer o programa *Ensaio*, com Fernando Faro, gravado em 1974 e que, anos depois, viraria um DVD pela então gravadora Trama.

Nos anos de 1976, 1977 e 1978, Leci gravou, respectivamente, os discos *Questão de Gosto, Coisas do Meu Pessoal* e *Metades*.

Em 1976, o LP foi gravado pela Polygram, gravadora multinacional, momento em que Leci diz que *sua carreira começa de fato*.

Do LP de 1977, a canção "Ombro Amigo" virou tema de abertura da novela *Espelho Mágico*, da Rede Globo. Canção que Leci diz ter sido direcionada ao *gay people*, como se dizia na época.

Leci já contou ter sofrido muitas críticas por essa música, mas que tinha muita honra de ter sido uma das primeiras mulheres desse país a ter respeito por todas as pessoas.

O *eu* poético nessa letra parece encarar a importância de uma rede de amigos como apoio para sobreviver à não aceitação da homossexualidade, o temor e as possíveis agressões que poderiam vir a acontecer.

"Você vive se escondendo
Sempre respondendo
Com certo temor

---
[4] ANTES que Eu Volte a Ser Nada. *Antes que Eu Volte a Ser Nada.* Intérprete: Leci Brandão. 1965.

Eu sei que as pessoas lhe agridem
E até mesmo proíbem
Sua forma de amor
E você tem que ir pra boate
Pra bater um papo
Ou desabafar

E quando a saudade lhe bate
Surge um ombro amigo
Pra você chorar
Num dia sem tal covardia
Você poderá com seu amor sair
Agora ainda não é hora."[5]

O esconder-se, o temer e a proibição parecem estar encaixados em um momento presente, no qual ainda não é hora de assumir-se. No entanto, o *eu* poético sugere que no futuro será possível andar de mãos dadas com o seu amor, o que acontecerá em um momento que não haja mais covardia.

Em novembro de 1978, em uma entrevista ao jornal *Lampião da Esquina*, perguntada se o seu relacionamento com o "homossexual, entendido, povo gay" era platônico ou participante, Leci respondeu "platônico e participante". "Em que sentido?", perguntam, e Leci responde:

"Quer ver? Por exemplo, o fato de eu ser homossexual é uma coisa que não me incomoda, não me apavora, porque eu não devo nada a ninguém. A gente já é marginalizado, de cara, pela sociedade. Então, a gente se une, se junta, dá as mãos. E um ama o outro, sem medo nem preconceito. É um negócio maravilhoso, que eu estou sentindo de cabeça, realmente. É o mais produtivo mergulho que eu já dei em mim mesma e na vida!".

Sua declaração, porém, não deixaria de ser severamente sancionada. Em novembro de 1980, o mesmo jornal *Lampião da Esquina*

---

5 OMBRO Amigo. *Coisas do Meu Pessoal*. Intérprete: Leci Brandão. 1977.

publica, na página 2, uma carta na qual Leci afirma que não desfilará pela Mangueira. Denuncia que fora vítima de discriminação por parte de um dirigente "Primeiro-Ministro" que estaria preparando um Ato visando a sua expulsão "logo após o carnaval". Ela que, segundo afirmou, por sete anos teve participação intensiva, divulgando o nome da escola.

Em 1980, lançou o LP *Essa Tal Criatura*. A canção de mesmo nome chamou muita atenção e foi inscrita pela gravadora para concorrer no Festival MPB 80, da TV Globo.

Em novembro do mesmo ano, Leci foi escolhida para representar o Brasil, no Japão, no *World Popular Song Festival*.

No entanto, em 1981, o seu contrato com a Polygram foi rescindido por "motivos políticos", o que a fez ficar cinco anos sem gravar. Sobre essa ocasião, Leci declarou:

"Minha saída da Polygram se deu porque não aceitavam meu repertório em geral, disseram que tinha muita música política. Achavam que eu tinha um trabalho muito pesado em termos de letra, era muito contestadora, era muito preconceito sendo questionado. Falaram que eu tinha que fazer um outro som, que era para eu ir para casa e pensar em fazer outro tipo de música [...]. Cheguei em casa, peguei a máquina de escrever, peguei uma folha e fiz uma cartinha, dizendo que não queria mais continuar. Pedi rescisão de uma multinacional, ninguém faz isso e eu fiz".[6]

No período em que ficou sem gravar, Leci se sustentava fazendo aquilo que aparecia: apresentações no Sesc; *shows* em um presídio masculino em Ilha Grande, que fica ao oeste do estado do Rio de Janeiro. Participava também do projeto Pixinguinha, que começou a circular pelo país em 1977, com espetáculos de música popular brasileira acessíveis às camadas populares, entre outros.

No projeto Pixinguinha, Leci dividia o palco novamente com Dona

---

6 MARTINS, Fernanda Kalianny. A *filha de Dona Lecy*: estudo da trajetória de Leci Brandão. Dissertação de Mestrado. São Paulo: Faculdade de Letras, Filosofia e Ciências Humanas, Universidade de São Paulo, 2016. p. 98.

Ivone Lara e Gisa Nogueira, da Portela, de modo que as três ficaram conhecidas como "as damas do samba".

Depois de ficar cinco anos sem gravar, Leci assinou contrato com a gravadora Copacabana e lançou O LP *Leci Brandão*.

Dessa vez o que lhe foi pedido era que continuasse falando o que sempre falou em suas canções, mas que o fizesse com acompanhamento musical mais simples para o "povão" entender.

Antes disso, segundo Leci Brandão, seu público eram os intelectuais, o pessoal mais elitizado. Depois da gravadora Copacabana, sua música passa a ser ouvida pelo "povo", pois passou a ser pensada e produzida com muito cavaco, banjo, violão, tantã e pandeiro. Foram inseridos nos discos o clima da roda de samba, e elementos como o baião, o xote e o bumbá.

No ano de 1985, portanto, ela grava um dos álbuns de maior sucesso de sua carreira. Simplesmente chamado *Leci Brandão*, tem, no repertório, diversas músicas que se tornaram *hits* nas rádios. Estão ali, nessa preciosidade que tive o privilégio de ouvir em vinil, verdadeiros clássicos, como "Zé do Caroço", "Isso é Fundo de Quintal", "Papai Vadiou" e "Deixa, Deixa".

"Deixa ele beber, deixa ele fumar, deixa ele jogar
É melhor do que ele sacar de uma arma pra nos matar

Deixa ele gemer, deixa ele gozar, deixa ele voar
É melhor do que ele sacar de uma arma pra nos matar

Deixa ele escrever, deixa discursar, deixa ele votar
É melhor do que ele sacar de uma arma pra nos matar."[7]

Nesse momento, Leci já estava morando em São Paulo, no Hotel Jandaia. Diz-se que esse era o hotel dos artistas, e que ficava no centro. A mudança para São Paulo se deu porque ali ela encontrava mais espaço

---

[7] DEIXA, Deixa. *Leci Brandão*. Intérprete: Leci Brandão. 1985.

para sua carreira artística do que no Rio de Janeiro. De 1987 a 2002, Leci lançou outros 14 álbuns, tendo recebido o Prêmio Sharp pelo álbum *Cidadã Brasileira*, assim como pelos álbuns *Anjos da Guarda*, de 1995, e pelo CD *Eu e o Samba*, em 2008.

Em 1987, Leci Brandão lançou o álbum *Dignidade*, no qual se destacaram as canções "Me Perdoa Poeta" e a maravilhosa "Só Quero te Namorar".

Em 1984, Leci Brandão foi convidada para ser comentarista dos carnavais do Rio de Janeiro e de São Paulo, pela Rede Globo, o que fez até 1993, retomando a função em 2002.

Em 1996, Leci aceitou um desafio que a pegou de surpresa: interpretar a personagem Severina, na novela *Xica da Silva*, da extinta Rede Manchete. O convite surgiu do próprio diretor, Walcyr Carrasco. Sobre o episódio, Leci conta: "Entrei para fazer uma pequena participação, mas fiquei até o capítulo 145, e a novela teve 150 capítulos. Tirei nota dez do jornal *O Globo*, que tinha um negócio de nota 0, nota 10. E eu tirei um dez. Essa novela andou por todos os países de língua portuguesa".

Foi, entretanto, a única vez que Leci quis ser atriz. Ela diz que não poderia prosseguir, porque acredita que para atuar bem é preciso ter alguma formação, e que seu negócio é mesmo a música.

Em 1997, Leci participou da gravação do álbum *Melhores do Ano*, com o grupo Sem Compromisso. Foi aí que ela disse que a "rapaziada começou a chegar", referindo-se ao pessoal do pagode.

É interessante pensar que foi na década de 1980 que surgiu o pagode, visto por alguns como uma nova categoria de samba. O que se sustentaria pelo fato de que, apesar de continuarem próximos dos sambistas oriundos das escolas de samba, tais grupos estariam mais abertos e influenciáveis pelas práticas musicais do mercado da música.

Entretanto, para Leci, essa divisão não faz sentido. Ela diz que foi algo inventado pelas produtoras ou, de forma mais geral, pela mídia. Segundo Leci, "pagode não é gênero musical! Quando entrei para a Mangueira, os compositores da época, Comprido, Pelado, Preto Rico, eles falavam assim: sábado que vem vou jogar um pagode na quadra que vocês vão ver só. Ou seja, era um samba novo que eles tinham feito".

A aproximação com os grupos de pagode não se encerrou por aí. Muitos deles continuaram fazendo *shows* com Leci, e alguns deles foram inclusive homenageados no *show* de 40 anos de sua carreira, realizado em 2015.

Em 2006, Leci Brandão lançou o seu primeiro DVD, *Canções Afirmativas*.

Em 2010, Leci Brandão registra, pela então gravadora Trama, que havia sido fundada por João Marcelo Bôscoli, filho de Elis Regina, o CD *Eu Sou Assim*, décimo sétimo registro, que celebra os então 25 anos da sua carreira.

Esse disco foi o responsável por eu, aos 31 anos, voltar a prestar atenção na sua obra, depois que havia me atingido na infância. Gravado ao vivo, *Eu Sou Assim* tem pérolas como "Papai Vadiou", "Jeito de Amar", "Isso é Fundo de Quintal", "Zé do Caroço" e a maravilhosa, talvez o meu samba preferido de Leci Brandão, que é a perfeita "Fogueira de uma Paixão", de autoria de Luiz Carlos da Vila, Arlindo Cruz e Acyr Marques, que foi o início de meu amor por essa grande artista.

Em 2013, Leci gravou o segundo DVD, chamado *Cidadã da Diversidade*, ao vivo, que conta com preciosidades como "Valeu Demais", de Leandro Lehart.

Só que antes disso, em 2009, Leci Brandão recebeu um novo convite desafiador. O seu empresário lhe ligou e falou que ela estava sendo procurada, mas que não era para *show*. "O Orlando Silva está querendo que você seja candidata", ele disse, ao que Leci respondeu: "Não quero saber desse negócio não. Eu já tenho uma atuação como cantora".

Porém, com a insistência, Leci foi falar com a sua mãe de santo e ela lhe falou: "Seu santo está dizendo aqui que é pra você cumprir com a missão que ele está te dando, aceite o desafio". Cumpridora da religião, Leci aceitou o desafio, já nos últimos dias de filiação, e sua votação, como deputada estadual de São Paulo, pelo PCdoB, em 2010, foi de quase 90 mil votos!

Leci contou, depois, que, quando foi eleita, chorava com a sua mãe no telefone, que falava: "Minha filha, você merece".

Em 2014, a população de São Paulo a reelegeu com 71 mil votos.

A partir desse momento, e hoje, aos 77 anos de idade, Leci precisa conciliar os seus feitos como deputada e a carreira artística, diminuindo a quantidade de *shows* e concentrando-os nos fins de semana.

Segunda mulher negra, em 184 anos, a pisar na Assembleia Legislativa de São Paulo como deputada, Leci afirma e é exemplo vivo do princípio de que que empoderamento "é ter atitude".

Leci Brandão, que em 2018 foi laureada como a melhor cantora de samba do Brasil, pelo Prêmio da Música Brasileira, sempre teve, desde o início de sua carreira — mesmo com canções de amor permeando sua obra — o foco em letras que eram também denúncia social. São diversas as composições que cantam as minorias e falam de luta, o que faz de Leci também uma cantora de protesto desde o início de sua carreira, mesmo sem saber que o era. E essas eram questões da sua vida, do seu dia a dia. Não porque estavam na moda. E desde essa época, suas observações políticas chamavam a atenção da imprensa, mas também chamavam minha atenção. Sem qualquer maturidade intelectual, a conciliação única que a artista sempre conseguiu fazer entre letras contundentes com o samba envolvente, irresistível, foram se tornando importantes para mim, como possibilidades de realização poética, literária, profissional. O que era aquilo para mim, afinal? Aos 11 anos, eu não tinha certeza, mas foi o suficiente para me acompanhar por toda a vida.

Mais do que uma das primeiras intérpretes femininas a compor samba, gênero musical dominado por homens na época, Leci foi uma das primeiras compositoras feministas, defendendo uma posição menos submissa para a mulher.

Esses posicionamentos da sambista evidenciarem-se já na faixa de abertura do LP *Questão de Gosto*, de 1976, o partido-alto "Ser Mulher", com versos como "Ser mulher é muito mais que batom ou bom perfume". Com o álbum, é vista como uma das primeiras compositoras a defender em suas letras a diversidade política, racial e sexual.

"Ser mulher é muito mais
Que batom e bom perfume

Ser mulher é não chorar
Lamuriar ou ter queixume" [8]

Em alguns momentos, Leci Brandão se definiu como uma *operária do samba*, e sua defesa pela cultura desse gênero sempre foi muito clara.

Um exemplo disso aconteceu em 2016, quando ocorreu um evento de homenagem ao que seria os cem anos do samba — considerado a partir da gravação de "Pelo Telefone", de Donga e Mauro de Almeida, no dia 27 de novembro de 1916, e que é considerado o primeiro registro de um samba — o qual, depois se concluiu, na verdade, um maxixe.

Nessa data, em virtude de uma não costumeira valorização do samba, e que tinha muito de oportunismo comercial, Leci Brandão, que cunhou o termo "É comunidade!" nos seus comentários nas transmissões de Carnaval, falou: "O que eu não gosto muito é da coisa oportunista, porque agora todo mundo quer falar de samba, e tem gente falando do samba de qualquer maneira. Sempre acho que está faltando gente. As pessoas ficam mais apegadas a quem tá na mídia, quem tá na televisão, quem vai no Faustão. Acho que tem que se fazer justiça a quem sempre cantou o samba, a quem sempre respeitou o samba".

Ao escrever aqui sobre a grande artista que é Leci Brandão, é exatamente isso o que eu estou tentando fazer: justiça a uma artista gigante que sempre representou o protagonismo da cultura popular e dos excluídos. E que, para mim, foi fundamental na consolidação da capacidade artística e política de uma mulher negra, periférica, como referência de um elemento tão rico no nosso país quanto o samba.

Uma mulher que respeitou, respeita e é praticamente sinônimo dessa cultura maravilhosa cujos negros são os fundadores.

---

8 SER Mulher. *Questão de Gosto*. Intérprete: Leci Brandão. 1976.

O̲N̲Z̲E̲ A̲N̲O̲S̲ D̲E̲ I̲D̲A̲D̲E̲ — dentro de uma realidade paralela pronta para fasciná-lo, mas não aprisioná-lo, porque você é um corpo estranho, em outro bairro ao qual você nunca foi, rodeado de espessos queijos brancos no café da tarde e chocolate de um tipo que não forma uma crosta boiando na superfície do leite e jogos eletrônicos e móveis que cheiram a lavanda e pessoas que falam coisas que não se pode compreender — essa é a idade aceitável para um garoto negro descobrir que provoca aversão.

Por que eu não fiquei no conforto da realidade e dos braços da minha mãe? Por que fui penetrar naquele mundo, naquela tarde de domingo, naquele mundo no qual mesmo o que eu sabia a respeito de tramas que pareciam conter o que havia de mais irreal — e fascinante — não se igualava ao que tinha ali de mais incompreensível — e cruel?

Das diversas realidades, esta é muito mais distante, inédita talvez porque eu não tinha lido ainda os livros certos. Uma realidade imprevisível como são as boas tramas.

Mas vamos considerar assim: um escritor precisa ser muito habilidoso para conseguir envolvê-lo em sua história de maneira que você se identifique profundamente com o personagem. Identificar-se talvez seja pouco. Para que você sinta o que o personagem sente. E naquela tarde de domingo a casa da Dani estava repleta de personagens, todos inverossímeis.

Seres humanos que gravitavam ao meu redor como se flutuassem, a mão com *design* sob medida para aparar um copo pesado de bebida amarela, tilintando gelo, sem comprometer nenhuma Técnica-de-Conversação-Aleatória, os corpos em ângulos muito ágeis para não tocar em mim, caso eu me pusesse em seus caminhos. Jovens empertigados e louros demais dentro de blusas com gola rulê. Frustrados pianistas relembrando sem constrangimento lições escavadas da memória dos 5 anos de idade, quando suas avós se dedicavam a tentar imprimir-lhes algum conhecimento musical. Tiozinhos calvos só aparentemente simpáticos fazendo solenes acenos de cabeça para ninguém, talvez para o retrato da parede em frente. Senhoras reunidas em bando num canto distante da sala, apontando com o queixo umas para os filhos das outras e perguntando de que marca é o cardigã ostentado por um bebê. Crianças maiores e menores do que eu, correndo com cuidado suficiente para não chamarem a atenção das mães. Empregadas domésticas entrando em silêncio na sala com mais queijo branco, mais taças limpas e mais estranha cumplicidade comigo do que qualquer um dos presentes. Uma velha cheirando a *patchuli*. E os pais de Dani, um casal esforçado cuja disposição em parecer amistoso para com não convidados acompanhantes de convidados do aniversário de Dani se assemelhava à de alguém encurralado em um canto por um cão raivoso.

A casa estava repleta de personagens.

E o papel do não convidado cabia a mim. Que, fazendo jus à uma ignorância total e irrestrita com que eu aceitara ser conduzido até ali por meu amigo Peter, não fazia a menor ideia de tratar-se da tarde de comemoração do aniversário de Dani.

Porque o que eu respondi, quando Peter perguntou: "Ei, vamos até a casa de Dani?", não foi (o que talvez fosse a resposta certa, mesmo que pelo vício de linguagem que responder a uma pergunta com outra pergunta representaria) "Quem é Dani?".

Se tudo era parte de outra coisa, se cada segundo do dia na companhia de Peter era a senha preestabelecida para se conhecer algo novo, então este não é o tipo de questionamento que alguém como eu, ansioso para apreciar toda recôndita fenda daquele mundo, faria ante a expectativa de uma grande aventura. O que eu respondi, foi: "Vamos".

E eu fui.

Sem mais.

Aliás, este é o momento: é preciso falar sobre Peter.

Ninguém entendeu por que, em determinado momento, no qual eu devia ter cerca de 10 anos de idade, o pai de Peter surgiu em um bairro como a Restinga e comprou quatro casas contíguas na mesma quadra em que eu morava. Imagine uma quadra repleta de casas, sendo que uma está perfeitamente alinhada à casa de trás. Imaginou? O pai de Peter comprou duas casas de um lado e as duas casas de trás, transformando tudo numa coisa só: uma mansão obscenamente cobiçável, um atestado burguês encravado no subúrbio com a clareza de gomos de laranjas translúcidos erguidos ao sol. E esta foi, durante muito tempo, a novidade no quarteirão, o acontecimento da indústria civil na Restinga. Uma passagem para o desconhecido em meio ao tédio das casas uniformes, dos bares apinhados de negros jogando canastra, bebericando cachaça de butiá e diluindo, moeda a moeda, o dinheiro da semana.

A casa toda, uma declaração grandiloquente de um outro mundo possível.

Um monólito imperturbável.

Preciso dizer que a família de Peter era branca?

Isso era surpreendente pela forma como eles aterrissaram naquele grande bairro negro. Mas não era surpreendente pela forma *como eles podiam* aterrissar naquele bairro: derrubando paredes, unificando telhados, refazendo fachadas e construindo jardins. E plantando uma gigantesca piscina de fibra em uma terra onde ninguém jamais tivera uma.

O que não tardou a acontecer foi: completamente indiferente à realidade de que um mundo daquele só me concederia passagem aos pequenos bocados — arrancados com sofreguidão e se rápido o bastante fosse —, eu me apoiei no fato de ser novo demais para compreender uma possível compaixão que faria com que só me suportassem por ali. Ou princípios teóricos, que naturalmente me manteriam longe — e então comecei a me estabelecer na vida de Peter.

Talvez, das primeiras vezes, tenham permitido que eu entrasse na casa com a boa vontade de quem faz um gesto altruísta. E esperando que eu então me esparramasse pelo gramado como um lagarto aproveitando os últimos resquícios solares de cada fim de tarde. Que eu não me debatesse como um gatinho jogado à morte na piscina de fibra azul.

O fato é que logo se estabeleceu um sistema de troca, porque, mesmo sem qualquer intenção ou preparo formal, eu apresentei meu mundo a Peter. O mundo que ele também passou a habitar naquele momento. O reino descascado formado de paralelepípedos pintados à cal, existentes com a única fidelidade de serem depositórios das tampas de dedões ao fim de cada jogo de bola. Um conjunto de fachadas tediosas de residências quase idênticas, pintadas com uma falta de criatividade — branco, marrom, ocre: paredes, esquadrias, telhados, nesta ordem — que aquela mansão nunca teve.

E mais, ainda que a lembrança não seja precisa o suficiente ou que, talvez, eu não seja egocêntrico o suficiente para admitir: não é de se duvidar que eu deva ter sido aquele que tentou proteger Peter. Dos olhares prontos para o descascarem em pequenas camadas, desfolhando-o sem piedade e expondo um interior frágil demais, branco e rico como pouco se via por ali. Porque os olhares, na maioria das vezes, eram tudo o que aqueles moleques com quem eu convivia tinham. Então, como impedi-los de demorar os olhos nos tênis que eram de modelos nunca vistos, escandalosamente reluzentes e incrustados de tecnologias sem serventia alguma para os jogos na rua?

Não havia como evitar, só ser cicerone. Um condutor para que os dias de entrada de Peter naquele mundo não fossem impregnados do mesmo limo que cobria as calçadas nos dias úmidos e tornava impossível o desenho traçado a giz dos quadrados do jogo de amarelinha.

Todo esse cuidado que eu tivera, no entanto, não estava se repetindo da parte de Peter para comigo naquela tarde na casa de Dani.

Afinal, quem vai se importar com o garoto negro em uma festa onde, obviamente, ele não deveria estar?

"Muita gente ria de mim."

Anos mais tarde, eu ouvi ou li isso na biografia de diversas pessoas negras que se tornaram meus ídolos. Anos mais tarde, eu li essa exata frase em uma biografia da Ruth de Souza. Aos 11 anos de idade, eu já sabia o que era aquela sensação.

Definitivamente, minha amizade com Peter só deveria existir até o limite em que eu estivesse em perfeita segurança — e aquele lugar onde eu estava obviamente não era assim. Porque, se Peter não estava por perto — onde a porra do Peter se metera, afinal de contas? — com algum manual de instruções para me ensinar como me comportar em um lugar onde todos têm a epiderme mais alva que a minha, eu não tinha a menor ideia do que devia falar ou como deveria me sentir na hipótese de alguém surgir e perguntar, como alguém surgiu e perguntou:

Ô, mulatinho, o que é que você veio fazer aqui?

"Imagina, ela quer ser artista. Não tem artista preto."

O que é que nós viemos fazer aqui, Ruth de Souza?

Era isso o que eu perguntaria para Ruth de Souza se ela estivesse do meu lado naquele momento: eu pegaria na sua mão para que ela me esclarecesse por que eu me metera naquele lugar e me dissesse como alguém podia ser tão cruel com uma criança — pelo simples fato de ser uma criança negra.

Afinal, ela já passara por isso. Ela já foi uma criança que no primeiro ano da escola abriu seu livro escolar para se deparar com uma ilustração e argumentação sugerindo que o formato da cabeça de nós, negros, fazia com que tivéssemos o cérebro atrofiado e intelectualmente inferior ao dos demais seres humanos.

Alguém como a fenomenal Ruth de Souza, nascida apenas 33 anos após a abolição da escravatura, uma mulher negra que ousou, sonhou e tornou-se uma das maiores atrizes brasileiras de todos os tempos, a juíza negra Elizabeth que eu e todo o bairro víamos na tela na novela *Rainha da Sucata*, certamente era o alento que eu precisava naquele momento. Mas o fato é: ela é o alento que nós precisamos *a todo momento*, Ruth Pinto de Souza, nascida em 12 de maio de 1921, no bairro do Engenho de Dentro, no Rio de Janeiro, filha de Alaíde Pinto de Souza, lavadeira, e Sebastião Joaquim Souza, um lavrador cuja morte a pequena Ruth teve que suportar já aos 9 anos, depois de ter ido morar no sítio que o pai tinha em Minas Gerais. Após esse acontecimento, Ruth precisou — junto com a mãe e os irmãos — voltar a morar no Rio, em uma vila no bairro de Copacabana. E foi nesse momento que Ruth de Souza conheceu o cinema e o teatro.

> *"Quando cheguei ao Rio, a primeira coisa que me deixou encantada foi o cinema. Minha mãe me levou para ver o primeiro filme da minha vida, Tarzan, o Filho da Selva, com Johnny Weissmuller. Fiquei deslumbrada!"* [1]

Conseguir dinheiro para os ingressos era um grande sacrifício naquele momento. Mas sua mãe, dona Alaíde, não desistia de dar-lhe a

---

[1] JESUS, Maria Angela de. *Ruth de Souza*: estrela negra. Rio de Janeiro: Imprensa Oficial. p. (Coleção Aplauso Perfil.)

formação cultural que viria a definir sua vida. Quando conhecemos toda a trajetória de Ruth de Souza com sua mãe no Rio de Janeiro, aliás, vemos como se confirma o grande empenho dela em proporcionar à filha uma formação educacional no nível mais elevado possível, mesmo sendo ela uma lavadeira, com poucos recursos. Esse empenho a fez conquistar uma bolsa para a filha no colégio interno Santa Margarida Maria, no bairro da Tijuca. Era um projeto educacional orientado pela formação católica, tanto no colégio como a frequência na igreja do bairro, Nosso Senhor do Bonfim, em Copacabana, onde Ruth de Souza vivenciou a discriminação racial.

Todas as meninas frequentadoras da igreja preparavam-se para participar de um cortejo religioso, vestidas de anjo, com camisola branca e asas. A pequena Ruth de Souza também queria ser um anjinho. Mas foi proibida pelo padre Castelo Branco, que, quando soube do seu desejo, teria explodido:

"Onde já se viu um anjo preto? Não existe anjo preto!"

Ô, mulatinho, o que é que você veio fazer aqui?

Ô, Ruth, pretinha, como você quer ser um anjo, em um ambiente sob a lógica de brancos, onde eles dominam as regras, as aparências e as posses? Era um erro tão grande quanto eu me achar no direito de estar naquele lugar onde resolvera me meter, aos 11 anos. Mas, pensando bem, talvez se eu tivesse alguém para fazer algo próximo do que a mãe de Ruth fez, quando soube disso, eu não deixaria que isso me abalasse tanto. Porque ela vestiu a menina com o vestido da primeira comunhão, um véu sobre a cabeça, uma vela nas mãos e lhe disse:

"Você vai ser mais do que um anjo, vai ser Santa Teresinha de Jesus."

Foi sua mãe também quem a fez descobrir o teatro. Com ingressos que ganhava das patroas para quem lavava roupa, ela propiciou à filha a possibilidade de ver óperas, peças e outros espetáculos do Teatro Municipal. Tudo isso fez Ruth encantar-se com a arte de interpretar, assistindo a operetas, peças teatrais e filmes no Cinema Americano, que posteriormente viria se chamar Cine Copacabana. Incentivada pela mãe, mergulhou no mundo mágico das telas de cinema e dos palcos. A admiração dos tempos de infância definiria seu objetivo de vida: interpretar.

Em declarações posteriores, Ruth de Souza contou o quanto ela mesma ficava admirada com suas conquistas, os sucessos que protagonizou. Atribui a isso um *milagre*. Primeiro, porque sua família era muito pobre, de origem muito simples. Mas ela também sempre valorizou a luta por seus sonhos e o quanto isso a ajudou, em momentos em que ninguém acreditava que uma menina negra pudesse ter sonhos. Não acreditavam que ela pudesse ter sonhos.

"Imagina, ela quer ser artista. Não tem artista preto."

Imagine-se sendo primeiro em alguma coisa. Primeira pessoa a alcançar o topo de uma grande montanha. O primeiro a cruzar um oceano em um barco a vela. O primeiro atleta a levantar centenas e centenas de quilos numa disputa de halterofilismo.

Agora, imagine-se sendo o primeiro em uma disputa na qual dizem que você nem deveria estar. Em uma competição na qual você não é nem cogitado. Em um território no qual a sua disposição e paixão em fazer parte são tratadas com chacota, com risadas.

Na década em que Ruth de Souza nasceu, os palcos de teatro eram um prolongamento da realidade vivida por negros e negras no Brasil. No Rio de Janeiro, não era diferente. Nos teatros de revista, os negros eram representados por pessoas brancas que se pintavam de preto e realçavam seus lábios para caracterizarem os fenótipos atribuídos a uma pessoa negra.

Ainda assim, representados nesse hediondo *black face*, os personagens negros, personagens escravos, faziam parte de um segundo plano cênico, limitando-se a abrir ou fechar portas e realçando o branco e sua condição de benevolência. Eram somente figuras infantilizadas necessitadas de tutela de um senhor. Era um tipo de representação que procurava reduzir o papel do negro na cena teatral — ainda que o negro fosse feito por um ator branco pintado de preto.

Nada parecia o suficiente para exacerbar a condição de inferioridade e degeneração que a população já sofria, e que também chegava aos palcos na forma da exclusão de atores negros, impossibilitados de representarem a si mesmos.

Quando Ruth tinha por volta de 24 anos, as coisas não estavam tão diferentes assim: não havia espaço para o ator negro naquele momento

— no Brasil ou mesmo no panorama hollywoodiano. O primeiro grande sucesso do negro no cinema que ditava o mercado mundial veio com ...*E o Vento Levou*, de 1939, quando a atriz Hattie McDaniel, que interpretava Mammy, ganhou o Oscar de Melhor Atriz Coadjuvante! Em 1945, foi o ano em que Ruth leu uma reportagem na antiga *Revista Rio*, que anunciava a seleção de elenco de um teatro negro, e isso chamou sua atenção. Ruth atendeu ao chamado de sua vocação e ingressou no Teatro Experimental do Negro, aos 17 anos, e participou da sua estreia no Teatro Municipal do Rio de Janeiro, no dia 8 de maio de 1945.

O Teatro Experimental do Negro, grupo fundado e dirigido por Abdias Nascimento, em 1944, no Rio de Janeiro, era formado por afrodescendentes com o objetivo de denunciar o racismo e abrir espaço nos palcos para artistas negros. Seu surgimento foi resultante do estabelecimento de um amplo arco de alianças, constituído por artistas e intelectuais do Brasil e do exterior. Eram antropólogos, sociólogos, historiadores, jornalistas, atores, dramaturgos, diplomatas, entre outros profissionais: muitos deles envolvidos na luta internacional de combate ao racismo. Sem escolas de teatro naquele momento em que pudesse ingressar, Ruth de Souza viu o Teatro Experimental do Negro como o seu *milagre*. Ela tinha 17 anos e queria fazer teatro. Mas como? Com quem? Onde?

Em sua primeira visita ao grupo, eles estavam escolhendo o elenco e alguém lhe pediu que lesse um pequeno trecho da peça. Foi assim que conseguiu o papel de uma escrava na peça O *Imperador Jones*, de Eugene O'Neill. O grande problema é que o grupo não tinha dinheiro para pagar os direitos autorais da peça ao autor. Ruth, então, sugeriu escrever a O'Neill e pedir a ele para lhes conceder os direitos.

E foi o que fez Abdias Nascimento: escreveu a O'Neill, relatando a realidade do grupo. O autor lhes mandou uma carta de volta, liberando todas as suas peças para o grupo.

A história toda virou notícia na imprensa. Primeiro, pelo fato de O'Neill ter liberado os direitos autorais. E, segundo, porque a filha de O'Neil estava casada com Charles Chaplin. Naquele momento, todos os jornais estamparam a manchete: *O sogro de Charles Chaplin cedeu os direitos de suas peças para o Teatro Experimental do Negro aqui do Brasil.*

Na década de 1940, as peças que as companhias de teatro montavam eram sempre estrangeiras, principalmente as comédias francesas e italianas nas quais realmente não havia — ou havia poucos — personagens negros. E eram pouquíssimos os autores brasileiros. As montagens e a forma de representar eram muito europeias, até começarem a aparecer novos grupos. Os Comediantes foi um deles. Depois Sérgio Cardoso, com o Teatro dos Sete. E o número de companhias foi crescendo. Em função disso, as montagens foram ficando variadas e começaram a surgir papéis para atores negros, ainda que pequenos. Mas continuavam a ser os estereótipos de personagens de pouca profundidade e importância dramática, como o menino de recados, a empregada, a ama de leite, o pai João, e outros similares.

O Teatro Experimental Negro, por sua vez, veio mudar isso. Primeiro com a montagem de *O Imperador Jones*, peça de um ato sobre um ditador do Haiti, dirigida pelo próprio Abdias Nascimento. Depois, com a montagem de *Todos os Filhos de Deus Têm Asas* e *Moleque Sonhador*, ambas de O'Neill.

Na noite de 8 de maio de 1945, Ruth de Souza definitivamente entrou para a História, com a estreia de *O Imperador Jones* no palco do Teatro Municipal do Rio: era a primeira negra a se apresentar naquele importante tablado, abrindo caminho para outros artistas. Ela foi a primeira em uma disputa na qual diziam que ela nem deveria estar.

É claro que só muitos anos e muitos trabalhos depois acabei conhecendo a obra de Ruth de Souza: e quando eu a via nas novelas que eram a tela de fundo de todas as casas brasileiras, em *Mandala*, *Fera Radical*, *De Corpo e Alma*, e tantas outras, estava sempre buscando o mesmo: uma personagem negra que não fosse serviçal, que não fosse a mulata sensual e nem o estereótipo da malandragem e da beberagem. O fato é que, tratando-se de Ruth de Souza, independentemente dos papéis que ela precisou abraçar em sua carreira, ela já começara com excelência. Porque, lembre-se, ela estava em uma disputa onde não era benquista — e a cada nova fase ela rompia barreiras que eram suas, mas também de todos os negros, como ao se tornar a primeira atriz negra a protagonizar uma novela, *A Cabana do Pai Tomás*, em 1969.

Antes disso, vieram ainda outros pioneirismos, como quando o Teatro Experimental do Negro participou do Festival Shakespeare e Ruth de Souza foi a primeira Desdêmona negra, provavelmente a primeira do mundo, na peça *Othelo*.

O Teatro Experimental do Negro foi crescendo. Passou a ter peças escritas especialmente para ele. Havia um espetáculo por ano. Lúcio Cardoso o presenteou com *O Filho Pródigo*. Joaquim Ribeiro escreveu *Aruanda*, peça folclórica. Rosário Fusco, Agostinho Olavo e Nelson Rodrigues — que escreveu *O Anjo Negro* para o grupo — foram alguns dos dramaturgos que lhe presentearam com peças inéditas.

Em 1947, ano em que o grupo montou *Terras do Sem Fim*, baseada no livro de Jorge Amado, Ruth recebeu o Prêmio Revelação por sua interpretação da personagem Aíla, em *O Filho Pródigo*, dirigida por Abdias Nascimento. Este também foi o ano da estreia de Ruth de Souza no cinema, na antiga companhia Atlântida. Indicada por Jorge Amado, ela atuou no filme *Terra Violenta*. Além desse, entre seus primeiros trabalhos no cinema estavam os filmes *Falta Alguém no Manicômio* e *Também Somos Irmãos*. Neste último, ela trabalhou com Aguinaldo Camargo e Marina Gonçalves, ambos do Teatro Experimental do Negro, e com Grande Otelo.

No fim dos anos 1940, inserida nesse cenário artístico e intelectual, Ruth de Souza encontrava e frequentava os mesmos ambientes de nomes como Nelson Rodrigues, Jorge Amado, Aníbal Machado, pai de Maria Clara Machado, Álvaro Moreira, entre outros. A turma frequentava o *Vermelhinho*, café na Cinelândia, no Rio de Janeiro. Vinícius de Moraes, Aldemir Martins, Manuel Bandeira, entre outros, eram os nomes com os quais Ruth de Souza também passou a conviver.

Na época em que a Vera Cruz foi fundada em São Paulo, em 1949, Alberto Cavalcanti estava chegando de Londres para comandar o estúdio. Ele começou, então, a assistir a filmes, observar os atores e outros profissionais que poderiam ser aproveitados no novo estúdio. Depois de ver os dois filmes que Ruth havia feito na Atlântida, ele a convidou para trabalhar na Vera Cruz, onde ela se tornou uma das primeiras contratadas do estúdio, trabalhando em cinco produções.

"Imagina, ela quer ser artista. Não tem artista preto."

O que é que nós viemos fazer aqui, Ruth de Souza? Esta é a pergunta que estavam me fazendo, provavelmente em 1990, enquanto eu era considerado *persona non grata* em uma festa em que eu não deveria estar. Se essa pergunta fosse feita para você, em 1951, ano em que meus pais nasceram, você poderia responder que estava rompendo obstáculos por meio, puramente, do seu talento e sendo recompensada por isso, como ao ser indicada para viver um ano nos Estados Unidos com uma bolsa de estudos da Fundação Rockefeller.

Hesitante em partir pela primeira vez para outro país, Ruth teria sido muito incentivada por Vinícius de Moraes, além do ator Paschoal Carlos Magno, que a indicou para a bolsa. Nelson Rodrigues também foi importante naquele momento, enfatizando o quanto ela deveria ir.

Para tranquilizá-la, Vinícius de Moraes lhe entregou uma carta dirigida aos amigos dele na embaixada brasileira em Washington. Ele lhe disse que, se acontecesse qualquer coisa com ela nos Estados Unidos, deveria procurá-los.

Ruth decidiu, então, embarcar para passar um ano nos Estados Unidos. Felizmente, não foi preciso usar a carta de Vinícius, que hoje faz parte da *Toca do Vinícius*, pequeno museu em sua homenagem que fica na rua que leva o nome do poeta e compositor, no Rio de Janeiro.

Nos momentos em que pode recordar da importância de seu período nos Estados Unidos, Ruth contou o quanto a viagem foi um grande passo em sua vida, podendo aprender coisas que nunca teria a oportunidade no Brasil. Ela fez isso através do seu estágio na Karamu House, em Cleveland, bem como com as visitas às universidades de Harvard e Howard, assim como à Academia Nacional de Teatro Americano, em Nova York. A experiência lhe possibilitou tanto atuar no teatro amador americano, como desenvolver seu aprendizado em diversas atividades ligadas ao palco, tais como dramaturgia, iluminação, som e vestuário.

Logo depois de sua volta ao Brasil e do trabalho no filme *Sinhá Moça*, em 1953, Ruth se torna a primeira atriz brasileira indicada para um prêmio internacional: o Leão de Ouro, no Festival de Veneza de

1954, em que disputou com estrelas como Katherine Hepburn, Michele Morgan e Lili Palmer — para quem perdeu por dois pontos.

O filme aborda a luta abolicionista nos últimos anos de escravidão no Brasil. Sabina, personagem de Ruth, organiza uma fuga da fazenda onde é mantida. Numa cena-chave, é agredida pelo capataz no lado de fora da casa-grande, enquanto a sinhá toca piano no lado de dentro. Ao se desvencilhar do opressor, a personagem altera a expressão facial, ergue a cabeça, modula o caminhar e segue até a senzala. O caráter determinado da atriz se traduz na postura de resistência na história.

A interpretação de Sabina é saudada por se recusar a compor um retrato tolo da personagem. De acordo com a atriz, "aquela mulher não era assim. Ela tinha um olhar. Ela sabia pensar". A personagem foi responsável por tornar Ruth a primeira artista negra a aparecer na capa da então importante revista *Manchete*.

Muitas das personagens das peças e filmes nos quais Ruth de Souza trabalha ao longo das décadas de 1950 e 1960 remetem à resistência do corpo e à vivência negra na sociedade brasileira. Entre elas, a representação da escritora Carolina Maria de Jesus, autora do livro *Quarto de Despejo: Diário de uma Favelada*, publicado em 1960. A obra foi adaptada para o teatro no ano seguinte, e Ruth, ao lado da própria Carolina e do jornalista Audálio Dantas, visitou a Favela do Canindé, onde a escritora morou, para compor as experiências narradas no livro.

Eu só fui descobrir Ruth na TV no final dos anos 1980, mas a atriz está presente nos teleteatros na televisão, em obras da Tupi e Record, desde os anos 1950. Porém, a primeira telenovela veio em 1965, *A Deusa Vencida*, de Ivani Ribeiro, na TV Excelsior. E ela fez isso sempre continuando a conciliar sua carreira no cinema, tendo participado do famoso filme O *Assalto ao Trem Pagador*, de Roberto Farias, em 1962 — trabalho que lhe rendeu o prêmio Saci de Melhor Atriz Coadjuvante.

A contratação para o elenco da Rede Globo, em 1968, para protagonizar A *Cabana do Pai Tomás*, veio com algumas contradições: sua personagem, Cloé — casada com o personagem-título, interpretado pelo ator branco Sérgio Cardoso, que usava o recurso do *black face* para dar vida ao personagem negro —, é uma mulher escravizada e resistente às opressões de um grupo de fazendeiros. Porém, apesar do papel central, o nome de Ruth de Souza não encabeçava os créditos na abertura, o que foi uma óbvia comprovação do preconceito ainda vicejante sobre os artistas negros.

Isso não impediu que a obra se tornasse um sucesso de crítica — mas não de audiência —, dando início a uma trajetória que lhe possibilitou fazer mais de 30 novelas na TV Globo. Entre as de maior destaque, *O Bem-Amado*, de 1973, *Helena*, de 1975, *Sinhá Moça*, nas duas versões — de 1986 e de 2006 —, e, ainda, *Memorial de Maria Moura*, em 1994.

Em 2018, Ruth de Souza participou de *Mister Brau*, série estrelada por Lázaro Ramos e Thaís Araújo, e também da série baseada no livro de Edney Silvestre, *Se Eu Fechar os Olhos Agora*.

Ela permaneceu contratada pela emissora até sua morte, no dia 28 de julho de 2019, aos 98 anos, após um período hospitalizada, no qual tratava uma pneumonia.

"Imagina, ela quer ser artista. Não tem artista preto."

Afinal, quais influências levaram a jovem Ruth de Souza a tornar-se atriz? Qual foi o alcance das doutrinas raciais no Brasil, nas décadas de 1930 e 1940, durante a primeira parte da chamada Era Vargas, o entreguerras e a ascensão e queda da Alemanha, com seu projeto nazista? Naquele cenário, quais eram as possibilidades de surgimento de uma estrela afrodescendente? E por que a jovem Ruth de Souza não surgiu de uma companhia convencional da época, mas sim de uma companhia experimental para afro-brasileiros?

Ruth de Souza cresceu e se formou como atriz tendo um amplo arco de alianças composto por dramaturgos, escritores, políticos, pintores, acadêmicos e ativistas políticos. Todos dispostos a colaborar na ação antirracista de criar espaço para atores afrodescendentes em dramas, comédias ou textos clássicos. E isso tudo é fundamental para entender a trajetória de Ruth — compreender como havia, naquele meio em que ela estava inserida, principalmente o meio teatral, mais liberal, pessoas empenhadas em uma representação artística diversa.

Ao sair dessa esfera e ingressar no cinema, no grande circuito teatral e depois na TV, Ruth de Souza passou a ter um público cada vez maior e mais diversificado. Sua profissionalização a conduziu a disputas por espaços fora da arena política da militância negra. Seu desafio passou a ser o de inscrever seu nome no firmamento das grandes atrizes brasileiras.

Ruth já afirmou em entrevistas que sua entrada no Teatro Experimental do Negro não era para se tornar uma intelectual negra, apesar das lutas políticas encabeçadas pelo grupo. Mas ela entrou, pois queria ser atriz.

O princípio de realizar um sonho é uma presença muito forte em quase toda a biografia da atriz. E o impacto que sua etnia tinha sobre a possibilidade ou não de realização desse sonho é algo sempre muito contundente na sua fala; como quando, na infância, começa a perceber, ouvindo dos mais velhos, que talvez seus sonhos fossem irrealizáveis: menos pelo fato de ser pobre do que pelo fato de ser negra.

Sobre isso, ela disse:

"Eu descobri que criança e adolescente negro sofrem duas vezes mais, porque têm os mesmos sonhos, os mesmos desejos que os demais, mas não têm tudo o que querem. Quando eu dizia, por exemplo, que queria aprender a tocar piano, respondiam: 'Que absurdo! Como a filha da lavadeira quer aprender piano?'. Eu gostava de música, também adorava cinema e queria ser artista. Então, diziam: 'Imagine, querer ser artista. Não tem artista preto'."

Foi essa artista preta que, em comemoração aos seus 40 anos de carreira, foi homenageada pelo Centro de Integração da Cultura Afro-Brasileira em cerimônia realizada no Palácio do Planalto, em 1985, com a participação do então presidente José Sarney.

Foi essa artista preta que, em 8 de abril de 1988, ganhou a Comenda da Ordem do Rio Branco por seus serviços prestados à arte brasileira.

Foi essa artista preta que, em 1989, recebeu do Ministério da Cultura o prêmio Dulcina de Moraes, na categoria teatro, por sua contribuição ao desenvolvimento da cultura brasileira.

Foi essa artista preta que, em 2004, ganhou o maior prêmio do cinema brasileiro: o Kikito de melhor atriz no Festival de Cinema de Gramado, dividido com Léa Garcia, por sua atuação em *Filhas do Vento*, filme dirigido por Joel Zito de Araújo.

Foi essa artista preta que, em 2010, foi agraciada pela Assembleia Legislativa do Rio de Janeiro com o prêmio Almirante Negro João Cândido, ao lado de outras 16 personalidades por sua atuação em defesa dos direitos humanos da população afro-brasileira.

É inegável o quanto, com seu pioneirismo na dramaturgia, Ruth de Souza contribuiu com a reconfiguração do imaginário cultural brasileiro em relação à população negra.

Por estrear nos palcos menos de seis décadas após a abolição da escravatura, a atriz teve que superar preconceitos para tornar-se a figura importante na cultura popular que se tornou, ícone da representação e representatividade da mulher negra na dramaturgia do país, deixando um legado, uma história incrível e portas abertas para todos os realizadores negros seguintes — e para qualquer pessoa negra.

Ao estar em todos os lugares onde pretendia estar, para fazer o que mais desejava, mesmo naqueles onde não era bem-vinda, Ruth de Souza nos inspira à resposta que deve ser dada a qualquer um que questionar uma pessoa negra:

O que é que você veio fazer aqui?

"Eu vim fazer o que eu quiser."

EU PODIA FICAR DURANTE HORAS INTERMINÁVEIS dentro da minha pequena bolha invisível. Lá era o lugar que eu preferia habitar, ignorando o mundo repleto de louras de maiô e insetos gigantes dos programas infantis de televisão. Do lado de dentro de casa, raios catódicos coloridos; do lado de fora, o acinzentado dos operários erguendo um prédio perto o suficiente para sentir o trepidar das marteladas.

Os girassóis do pátio debruçavam-se sobre as retangulares vidraças multicoloridas do pequeno quarto em que eu me enfurnava e eram as únicas testemunhas de meu mergulho nas ilustrações por demais divertidas e grotescas daqueles cartuns que tinham virado uma obsessão, e que eu copiava de forma inclemente, tentando aperfeiçoar um gosto natural pelo desenho, que fez com que eu me aventurasse por um inconcluso curso de arquitetura e urbanismo e me acompanha até hoje — naquele momento, minha obstinação era por reproduzir em sequência as ilustrações de cartunistas como Aragonés, Don Martin e Dave Berg, protagonistas das minhas pilhas de revistas *Mad*. Quando me cansava deles, decidia mirar meus esforços artísticos na capa de alguma pré-histórica edição da *Playboy* — encontrada na mesma maleta onde meu pai empilhava velhos documentos, no meio de fotos em sépia de prováveis parentes e originais de certidões e comprovantes de pagamento —, inchada pela umidade e devidamente camuflada entre minhas coleções de quadrinhos de inocentes heróis superpoderosos, personagens infantis e qualquer outra coisa que se contasse em forma de tiras sequenciais — *Novos Titãs, Recruta Zero, Calvin & Haroldo, Turma da Mônica, X-Men, DC 2000, Chiclete com Banana*. Eu então me aplicava à sutileza da correta pressão do lápis 6b sobre o papel sulfite, emulando, com tiques a intervalos regulares sobre a superfície, a complexidade do desenho dos pelos pubianos daquelas deusas bidimensionais, em seus tons nunca completamente regulares, em suas densidades nunca totalmente lineares. E naquela dedicação que tinha um quê de autocontrole celibatário, lutava contra o volume que insistia em crescer na minha bermuda de tactel — um inimigo à minha empreitada artística, esperando só um vacilo na minha genuína e diletante busca de autoexpressão.

Eu podia flanar ininterruptamente entre essas morosas distrações naquelas tardes quentes, dentro da minha bolha: os quadrinhos, as ilustrações. Invariavelmente, no entanto, como um gato fascinado pela luz *laser*, a minha atenção sempre era despertada de forma quase automática para Grande Biblioteca — o espaço sagrado da minha mãe.

Era a Grande Biblioteca, na verdade, um conjunto de prateleiras ao alcance das minhas mãos — que também tinham morada no mesmo pequeno quarto, que era de todos e não era de ninguém —, que se exibiam lombadas chamativas e ansiosas ao tato, os volumes grossos: pretensiosos calhamaços de iluminuras estrangeiras, onde se imprimiam os chamarizes quase impronunciáveis de nomes grandiosos. Steel, Fitzgerald, Roberts, Robins, Sheldon, Dickens, Christie, Highsmith, Isherwood, Nabokov, Stern. Europeus. Brancos.

Uma galeria de ilustres desconhecidos ladeando-se de maneira como não fariam se fossem todos convidados para uma mesma festa. Uma organização sem qualquer pudor intelectual, como eu descobriria mais tarde: exemplares de literatura comercial irmandados àqueles considerados clássicos que exigiriam uma, duas, três leituras atentas.

O que havia em comum entre todos eles, além da proximidade geográfica e desfeita de lógica organizacional, era o fato de estarem todos ansiando por minhas mãos e olhos.

Aqueles livros estavam me chamando, todos os dias.

E eu atendi àquele chamado, e passei a desencavar exemplares cheirando a mofo da parte de trás de uma primeira fileira de livros, edições com certeza esquecidas por minha mãe, ou escondidas por meu pai; enfiadas ali por um motivo mais importante que a apelativa e discutível qualidade gráfica de suas capas com títulos em dourado. Mas eu, como um esfomeado, não me fazia de rogado à curiosidade, devorando aquelas páginas com a mesma impetuosidade que Deus, certamente, preferia ver aplicada em objetivos mais nobres. Porém, era o que era: eu, mergulhando em tramas repletas de amores desfeitos, amantes insaciáveis, vinganças elaboradas. Antes das cinco da tarde, já tinha me intoxicado com uma quantidade absurda de respirações ofegantes, coxas luzidias, cabelos loiros esvoaçantes, frêmitos descompassados, faces rosadas e colos desnudos. Também algumas doses de um sistema de justiça do qual não tinha a menor noção, mas me entusiasmava um tanto pela ideologia desmedida de promotores obstinados e psicopatas metódicos e herdeiros milionários e mulheres sonhadoras.

Se fosse confessar o que eu tinha ao fim do dia, no entanto, era uma avalanche de tédio burguês infinito, burgueses brancos flanando por algum país europeu e elucubrações burguesas e brancas embaladas por doses de xerez.

Por que eu me sentia tão ridículo em não conseguir retirar nada dali, daquela literatura *tão branca*?

Anos mais tarde, eu teria a oportunidade de pedir indicações de livros de autores negros para um professor negro na escola e ainda precisaria suportar um puxão de orelhas: "Alessandro, não perca tempo criando uma obsessão com a negritude. Pare de se preocupar ou de querer só ler sobre isso. Você vai se deparar com os autores que tiver que se deparar. Livros não são para mandar *mensagens*. Se alguém quer mandar uma mensagem, usa os correios".

Mas eu já estava criando uma obsessão. Ao menos por encontrar algo que fizesse sentido para mim, diferente de todo aquele tédio europeu, todo aquele existencialismo e discurso burguês que não traziam nenhum tipo de identificação comigo e com minha vida.

E foi assim até o dia em que me deparei com aquele exemplar que trazia uma imagem muito diferente das loiras luzidias dos romances de banca de revista que minha mãe tinha aos montes. Também era distante das figuras dos moços de tez rosada que estampavam alguns daqueles livros com sobrenomes como Stendhal ou Brontë na capa.

No título, *O Olho Mais Azul*.

Mas como aquele título se contradizia tanto às meninas negras retintas que apareciam na fotografia da capa? E quem era aquela outra pessoa negra, a mulher que aparecia na foto em preto e branco da segunda orelha do livro: professora de literatura na Universidade de Princeton? Premiada com o National Book Critics Circle Award e com o Pulitzer. A primeira mulher negra a receber o Nobel de Literatura. O NOBEL de Literatura! Aquela mulher, que parecia minha mãe, que parecia comigo?

Foi o bastante para esquecer qualquer coisa que não fosse aquela mulher, Toni Morrison e entrar no primeiro livro que foi o prenúncio da minha submissão. A uma irrealidade — alimentada pela realidade: a ficção literária que, naquele momento, me pegou pela mão, como o garotinho que eu era (e não deixei nunca de ser) e passou a me conduzir durante todo o sempre.

Ali eu entendi o que era escrever prosa como quem faz poesia.

Depois eu entenderia a busca de Toni Morrison pela construção de sua própria musicalidade na prosa, que se estabelece como sua busca de "desenvolver uma maneira de escrever que fosse irreversivelmente negra", como ela disse em entrevista a Paul Gilroy:

> "Os negros americanos eram sustentados, curados e nutridos pela tradução de sua experiência em arte, sobretudo na música. Isso era funcional... Meu paralelo é sempre a música porque todas as estratégias da arte estão aí presentes. Toda a complexidade, toda a disciplina. Todo o trabalho deve passar por improvisação de modo a parecer que você jamais tocou nele. A música deixa a gente faminta por mais. Ela nunca nos dá o conjunto todo. Ela bate e abraça, bate e abraça. A literatura devia fazer o mesmo. Tenho sido muito enfática a esse respeito. O poder da palavra não é música, mas, em termos de estética, a música é o espelho que me dá a clareza necessária... As maiores coisas que a arte negra tem a fazer são estas: ela deve possuir a habilidade para usar objetos à mão, a aparência de utilizar coisas disponíveis e deve parecer espontânea. Deve parecer tranquila e fácil. Se ela fizer você suar é que algo não está certo. Você não deveria poder ver as emendas e costuras. Sempre quis desenvolver uma maneira de escrever que fosse irreversivelmente negra. Não tenho os recursos de um músico, mas eu achava que, se fosse realmente literatura negra, ela não seria negra porque eu era, nem mesmo seria negra por causa de seu tema. Ela seria algo intrínseco, inato, algo na maneira como era organizada — as sentenças, a estrutura, a textura e o tom — de sorte que ninguém que a lesse perceberia. Utilizo a analogia da música porque você pode viajar pelo mundo inteiro e ela

ainda é negra... Eu não a imito, mas sou informada por ela. Às vezes eu escuto blues, outras vezes spirituals ou jazz e me approprio dela. Tenho tentado reconstruir sua textura em meu texto — certos tipos de repetição —, sua profunda simplicidade... O que já aconteceu com a música nos Estados Unidos, a literatura fará um dia, e quando isso acontecer estará tudo terminado". [1]

Ali eu conheci uma literatura árdua, sem concessões e sem facilitações, e que, mesmo muito após sua leitura inicial (e necessária releitura), se manteve como um travo na minha língua, um quê de amargor que mesmo a sutileza das suas palavras tão belas não se interessava fundamentalmente em me justificar.

E quanto mais eu lia Toni Morrison, mais eu me dava conta do que ela estava construindo. Seria tão mais fácil *saber* sobre o que ela estava escrevendo se sua literatura fizesse concessões imediatas para o raivosismo.

Porque Toni Morrison estava escrevendo *sobre* e *para* a comunidade negra. Estava falando do racismo e suas consequências. Estava escrevendo sobre mulheres negras e dos males a que têm sido expostas ao longo dos séculos.

Então, por que seu texto não era simplesmente recheado de ódio? Por que seus personagens negros não eram, tão somente, sujeitos unilaterais desprovidos de maiores fragmentações comportamentais? Por que aquelas pessoas negras — violentas, carinhosas, viciadas, trabalhadoras — tinham tantas nuances e complexidades?

Aquilo era outra coisa, muito além do que eu já vira antes.

Aquilo era escrever sem fazer concessões, sem facilitar. Mas ainda assim, sendo muito preciso: libertando a ela mesma, libertando-nos da *obrigatoriedade* de achar que personagens negros devem ser escritos de alguma forma específica e libertando seus próprios personagens — indo ao encontro do que disse Don DeLillo em uma carta a Jonathan Franzen, de que "escrever é uma forma de liberdade pessoal. Liberta-nos da identidade de

---

[1] GILROY, Paul. Living Memory: An Interview with Toni Morrison. *In: Small Acts.* Londres: Serpent's Tail, 1993. p. 175-82.

massa que vemos tomar corpo à nossa volta. No fim, escritores irão escrever não para ser heróis fora da lei de alguma subcultura, mas sobretudo para se salvar, para sobreviver como indivíduos".

E aquele momento, aquele livro, foi a descoberta de que era possível criar personagens que não fossem só e totalmente negros desesperados, raivosos e violentos — amargos, como tão amargos e inacreditáveis são os pressupostos de inferioridade que sempre quiseram nos impugnar. E sobre esses pressupostos é interessante lembrar o que nos conta Antonio Candido, quando diz que o romance é um certo tipo de relação entre o ser vivo e o ser fictício, e que o personagem, portanto, é "a concretização deste".

Toni Morrison invadiu minha bolha naquela tarde quente para me contar, aos meus 13 anos, como se retrata a experiência das pessoas negras na literatura da forma mais excelente que alguém já fez. E que, a partir dali, eu tentaria toda a minha vida repetir.

Fazia alguns meses que meu pai chegara em casa com uma gigantesca máquina datilográfica Facit. E meus pais já tinham aprendido que era melhor não entrar no quarto enquanto eu estivesse catando milho naqueles teclados, me fascinando a cada segundo, durante todos os dias da temporada de existência da máquina naquela casa, fissurado na magia daqueles tipos imprimindo ruidosamente no papel sua característica livresca, sua fonte Times New Roman que me levava a crer que eu estava produzindo algo menos vergonhoso do que o que eu vinha dividindo apenas comigo mesmo em blocos de diários. Então, fazia algum tempo que eu teclava e concatenava palavras sem muita clareza, nem um pouco certo do que estava fazendo — apenas produzindo uma música desagradável e persistente — que, com algum sucesso, poderia chegar a algum lugar, dando sentido ao fato de que "não há, portanto, um primeiro texto escrito em alguma parte e transmitido por uma musa ao escritor atento, mas uma lenta aglutinação de elementos que, depois de algum tempo, devem ser escritos".[2]

Mas, então, Chloe Anthony Wofford, a Toni Morrison, nascida em 18 de fevereiro de 1931, em Lorain, Ohio, nos Estados Unidos, resolvera

---

2 WILLEMART, Philippe. *Criação em Processo: ensaios de crítica literária*.

tocar uma música suave nos meus ouvidos, diferente de tudo o que eu já ouvira — e, aos 13 anos de idade, cada descoberta fascinante parecia uma verdade absoluta. Mas aquela verdade absoluta entrou em ação para obliterar meus dias. Obliterar minha vida.

Foi a partir de *O Olho Mais Azul* que entendi o poder de devastação que o desprezo racial causa. Mesmo que esse desprezo seja "casual", mesmo que seja arraigado pelo "costume" — ele é desintegrador, ele é agressivo social e domesticamente. Ele é rotineiro, ele é excepcional, algumas vezes monstruoso. Mas, sob a literatura que Toni Morrison é capaz de construir, ele nos é apresentado em exercício de neutralidade: manter o olhar de desprezo dos personagens sobre Pecola, a protagonista desse livro — e sobre qualquer menina negra na sua mesma vulnerabilidade — sem, no entanto, se tornar cúmplice. E sabotando, aos poucos, as razões desse desprezo.

Respirando à vontade agora, Pecola cobriu a cabeça com o acolchoado. A náusea, que ela tentara impedir contraindo o estômago, veio rápido, apesar da sua precaução. Lá veio a vontade de vomitar, mas, como sempre, ela sabia que não vomitaria.
"Por favor, Deus", sussurrou na palma da mão, "por favor, me faça desaparecer." Fechou os olhos com força. Pequenas partes do seu corpo se apagaram. Ora lentamente, ora de chofre. Lentamente de novo. Sumiram os dedos, um por um. Depois os braços, até os cotovelos. Os pés agora. Sim, era bom aquilo. As pernas, de uma vez só. Acima das coxas era mais difícil. Ela precisava ficar completamente imóvel e fazer força. O estômago não ia. Mas, por fim, também desapareceu. Depois o peito, o pescoço. O rosto também era difícil. Quase lá, quase. Só restavam os olhos, bem, bem apertados. Eram sempre os olhos que sobravam. [3]

O olho mais azul é um livro generoso ao extremo. Porque dá voz a um ser incapaz de compreender a violência tão "natural" que lhe envolve

---

[3] MORRISON, Tony. *O Olho Mais Azul*. Tradução de Manoel Paulo Ferreira. São Paulo: Companhia das Letras, 2003. p. 48 e 49.

— e tudo em uma linguagem que vai revelando sorrateiramente um segredo terrível, destrinchando a desestabilização e a destruição da vida de uma menina negra, como se fosse tão somente algum evento corriqueiro, um mexerico sobre alguém dentro da família, da vizinhança.

A universalidade da dor de uma pessoa negra é tão atemporal que chegou a mim mesmo contando uma história passada nos anos 1940, momento em que também garotas negras e pobres ganhavam de presente bonecas brancas de olhos azuis e tomavam leite em canecas estampadas com o rosto da atriz mirim Shirley Temple — o *ideal* da beleza: branca e de olhos azuis. É por causa desse ideal que Pecola, filha de um negro alcoólatra e violento, reza para ter os olhos azuis.

Ela pensa com isso poder apaziguar seu sentimento de aversão por si mesma, por causa da aversão que sente dos outros em relação a ela — aquela menina tão pequena e frágil.

Um sofrimento assim não é terrível demais? Mas é o que Toni Morrison faz: nos apresenta declarações indizíveis sendo ditas finalmente — como se um bando de mulheres fofocando pudesse amainar a ruptura da natureza de Pecola, pudesse amenizar o vazio em Pecola. Toni Morrison cria familiaridade com o leitor sem assustá-lo com declarações bombásticas ou repentinas. Por mais que haja coisas terríveis para se contar. "Cá entre nós."

Só consegue escrever assim alguém com tal devoção à literatura, e a literatura sempre foi uma paixão na vida de Toni Morrison, leitora ávida desde a infância. Segunda dos quatro filhos do casal Ramah e George Wofford, cultivou gosto especial pelos escritores Jane Austen, Tolstói, Flaubert e Dostoievsky — alguns, os mesmos brancos que me caíam nas mãos com mais facilidade que qualquer autor negro (pois, na minha escola, não se falava que Machado de Assis era negro), antes que eu descobrisse Toni Morrison. O importante é que até que pudesse desenvolver sua própria literatura e fazer outra coisa que não fosse a reprodução do que aqueles europeus faziam, Toni Morrison pôde reforçar seu gosto pela leitura e pela cultura africana, porque seu pai narrava para ela e seus três irmãos contos folclóricos da comunidade negra, repletos de músicas, rituais e mitos.

Em 1949, Toni Morrison ingressou na Universidade de Howard, em Washington, para estudar Inglês, onde se graduou em 1953. Fundada em 1865, a Howard é uma das universidades historicamente negras de mais alto nível dos Estados Unidos. Depois disso, ela continuou seus estudos na Universidade Cornell, onde obteve o título de mestre em Filologia Inglesa. No mesmo ano, passou a dar aula na Texas Southern University, em Houston. De lá, passou a lecionar na Universidade Howard, onde conheceu Harold Morrison, arquiteto jamaicano que também lecionava na mesma universidade, com que se casou em 1958.

Seu casamento terminou em separação, em 1963. E dessa união nasceram seus dois filhos, Harold e Slade. Após a separação, Toni mudou-se com os filhos para Syracuse, em Nova York, onde começou a trabalhar como editora para a Random House — até mudar-se para a cidade de Nova York, em 1968, e se tornar a primeira mulher negra a ocupar o cargo de editora-chefe de uma das maiores editoras do mundo.

Seu trabalho foi fundamental para tornar a literatura negra popular nos Estados Unidos, publicando autores como Henry Dumas, Toni Cade Bambara, Angela Davis e Gayl Jones, entre outros.

Paralelamente, ela ainda continuou a lecionar inglês na Universidade Estadual de Nova York e na Universidade Rutgers.

E foi em 1970, quando ainda era editora-chefe da Random House, que Toni publicou seu primeiro romance, exatamente o primeiro livro dela que vim a descobrir: *O Olho Mais Azul*. Uma obra que nasceu como um conto, quando ela começou a se dedicar à ficção enquanto fazia parte de um grupo de poetas e escritores que se encontravam na Universidade Howard para discutir literatura. Em um desses encontros, Toni Morrison apresentou um conto sobre uma garota negra que sonhava em ter olhos azuis. Estava ali a base do que eu viria a ter em mãos muitos anos mais tarde, um livro surpreendentemente ignorado por crítica e público na ocasião do seu lançamento. O que não impediu em nada a continuidade da escrita de Toni Morrison, com seus cerca de 11 romances, 9 livros de literatura infantil, alguns livros de não ficção, contos e uma peça teatral.

Em 1973, ela lançou seu segundo romance, *Sula*, livro que foi indicado, dois anos depois, ao National Book Award. E seu terceiro livro, *Song of Solomon*, lançado em 1977, teve repercussão internacional e ela venceu o National Book Critics Circle Award, importante premiação britânica.

Logo depois de *Song of Solomon*, Toni lançou o romance *Tar Baby*, em 1981. Mas foi a partir de 1987, quando lançou *Beloved*, lançado no Brasil como *Amada*, que a escritora passou a ter ascensão e reconhecimento ainda maiores em sua carreira. Quando foi anunciado que o romance não havia vencido o National Book Award e nem o National Book Critics, houve o protesto de 48 críticos literários e escritores negros.

Posteriormente, o livro foi adaptado para o cinema, estrelado por Oprah Winfrey e Danny Glover, e tem como base a história real de Margareth Garner, ocorrida poucos anos antes da guerra civil norte-americana, que, como outras escravas de seu tempo, cometeu infanticídio.

A consagração definitiva estava destinada a Toni Morrison, no entanto. Em 1993, ela se tornou a primeira — e única — escritora negra a receber o Prêmio Nobel de Literatura. Segundo a organização da premiação, por que a autora "dá vida a aspectos essenciais da realidade americana".

Preciso confessar algo: toda pessoa negra que eu conheço imediatamente imagino como um familiar. Por conveniência estética ou por — sabe-se lá — ligação ancestral. Não conhecemos nossos antepassados. Nossa memória africana nos foi roubada, não é? Então, qualquer pessoa negra pode vir a ser um familiar meu. Com Toni Morrison, lógico, não foi diferente. Ainda mais para o pequeno *psicopata literário* que eu estava me tornando quando a descobri. Se havia aquele desejo, num misto de consciência e inconsciência, de que eu queria me tornar um escritor, até então ele era disfarçado no batuque que eu fazia na máquina datilográfica como se uma brincadeira fosse. Mas, atenção: aquele batuque na máquina já estava a *anos-luz* dos pequenos romances juvenis que eu compunha em cadernos pautados, com caneta esferográfica, utilizando meus colegas da escola como personagens homenageados nos verdadeiros pastiches das tramas aventurescas que eu surrupiava de autores como Marcos Rey e José Rezende Filho, meus autores-heróis da Coleção

Vagalume — aquele compêndio de clássicos que eu devorei de cabo a rabo na biblioteca da escola.

Se eu quiser ser bem franco, preciso assumir que eu estava me tornando um menino acostumado a mirar páginas em branco enroladas na velha Facit por minutos ininterruptos, repleto daquela certeza de que o ato de pousar os dedos nas teclas nos instantes seguintes iria me presentear com o que há de mais recompensador para quem não consegue escrever coisa alguma. Se eu pudesse escrever um parágrafo, um só parágrafo que fosse, que justificasse todas as leituras que eu vinha acumulando, então talvez eu fosse capaz de sobreviver dignamente e achar que eu não era uma completa farsa de 13 anos com um futuro miserável pela frente. Esse era o dramático Alê da pré-adolescência, possivelmente muito contaminado por toda aquela leitura depressiva que eu vinha consumindo até então, antes de Toni Morrison. Porque, com ela, passou a ser outra coisa: me identificar com algo que não era a literatura de ascendência europeia — própria dos autores considerados parte da chamada *alta literatura* —, porque sua literatura é profundamente afrocentrada. E aquilo, junto com o destaque absurdo que ela sempre deu à memória nas suas obras, bateu forte em mim. Eu entendia o resgate da história que ela trazia, como a possibilidade de recorrer a registros orais que eu porventura conseguisse sobre minha própria história. Algo que, com sorte, poderia se desenvolver para o que ela sempre fez nos seus livros: preservar, ou resgatar, um passado que os brancos (e muitos negros) gostariam de esquecer, mas que é necessário que conheçamos. Um exemplo importante desse resgate acontece no romance *Amada*, que associa a dimensão do sofrimento e da humilhação vividos durante a escravidão à lenda e à magia do imaginário africano.

Ao longo de sua carreira, Toni Morrison foi trabalhando em seus livros uma série de temas recorrentes. Eles derivam tanto do fato de ser uma *pessoa* militante, e que escreve voltada para a comunidade afro-americana, quanto do fato de ser mulher. E esses temas estão, direta ou indiretamente, conectados com outros assuntos importantes, mas que aparecem em maior ou menor grau, tais como: a pobreza, a perda da inocência, incesto, abuso sexual, loucura, preconceito racial e o mito da cor e da beleza brancas.

Com Toni Morrison, me apaixonei e me identifiquei com sua literatura (e alimentei lá no fundo do meu coração a nossa possível familiaridade sanguínea), porque, além de estupenda, construída com uma musicalidade na prosa, ela também é marcada pela utilização de características autobiográficas, devido à influência das narrativas de escravos; pela utilização de fatos históricos, organização das obras e pelo uso da multiplicidade de vozes narrativas. A forma como apresenta uma cronologia de maneira não linear, como alguém que cata destroços históricos que conseguiu resgatar, a habilidade de intercalar diferentes formas narrativas, também foram fundamentais para que ela se tornasse tão impressionante para mim. É fácil pegar como exemplo o uso que ela faz da intertextualidade em alguns de seus livros, nos quais vemos como a inserção de determinados estilos de textos tem diferentes funções. No romance *O Olho Mais Azul*, a utilização de uma cartilha de alfabetização, popular entre 1930 e 1970 nos Estados Unidos, serve de contraste entre a vida da família da cartilha e a da personagem Claudia, que dá morada a uma Pecola então abandonada:

Esta é a casa. É verde e branca. Tem uma porta vermelha. É muito bonita. Esta é a família. A mãe, o pai, Dick e Jane moram na casa branca e verde. Eles são muito felizes. Veja a Jane. Ela está de vestido amarelo. Ela quer brincar. Quem vai brincar com Jane? Veja o gato. Está miando. Venha brincar. Venha brincar com a Jane.[4]

[...]

Nossa casa é velha, fria e verde. À noite, um lampião de querosene ilumina uma casa grande. Os outros aposentos ficam no escuro, povoados por baratas e camundongos. Os adultos não conversam conosco — dão-nos instruções. Emitem ordens sem fornecer informações. Quando tropeçamos e caímos, olham de relance para

---

[4] MORRISON, Toni. *O Olho Mais Azul*. Tradução de Manoel Paulo Ferreira. São Paulo: Companhia das Letras, 2003. p. 7.

nós; se nos cortamos ou nos machucamos, perguntam se estamos malucas. [5]

É um conjunto de técnicas, mas também de soluções subjetivas, de *estilo*, que trabalham sempre em prol da denúncia da situação do negro na sociedade, num intercâmbio entre passado, presente e o futuro que pode nos aguardar.

No posfácio do livro, Toni escreve:

Tínhamos acabado de entrar na escola primária. Ela disse que queria ter olhos azuis. Olhei-a, imaginei-a com eles e senti uma repulsa violenta pela aparência que visualizei caso o desejo fosse atendido. O pesar em sua voz parecia pedir comiseração e fingi comiseração, mas, perplexa com a profanação que ela propunha, fiquei furiosa com ela. [6]

Temos comiseração pela personagem, mas temos também a motivação de tentar descobrir quem olhou com tal aversão para Pecola Breedlove, criança e negra, e lhe fez desejar com tal ardor os olhos azuis mais intensos.

Essa foi a motivação de Toni Morrison também, porque Claudia MacTeer, que narra O *Olho Mais Azul*, é alter ego da autora, e, não obstante o fato de ter os mesmos 11 anos da sofrida Pecola, resiste bravamente à supremacia étnica e social que lhe é imposta, com impulsos incontroláveis de desmembrar bonecas brancas. E odiar com o fundo do coração tudo o que a atriz mirim Shirley Temple representava então, com seus cabelos loiros e cacheados e graciosos olhos azuis. Tão distante e servindo somente para confundir a identidade daquelas pequenas meninas negras.

Saber desse caráter autobiográfico intensifica o fato de Toni ser uma mulher negra, em uma sociedade machista e racista, que, ao optar

---

[5] Ibid., p. 14.

[6] Ibid., p. 209.

pela carreira de escritora, fez de sua obra um instrumento de denúncia das consequências da escravidão sofrida pelos negros.

Logo, por mais que sua obra tenha as peculiaridades regionais, próprias dos negros norte-americanos, ela se torna universal. Isso porque, negros, sofremos todos, devido à nossa cor; e as mulheres negras sofrem em dobro: por sua cor e pelo machismo sempre presente, nas mais diversas sociedades.

Ter contato logo cedo com uma literatura como essa moldou minhas percepções e minha alma. Familiar, ou não, eu tinha alguém com quem me identificar.

Diferente das personagens da autora, Pecola e Claudia, para quem os únicos modelos com os quais se identificar são as três prostitutas contadoras de lorotas que moram no apartamento acima do delas. China, Polaca e Maria, que cumprem unicamente a sina de vender o próprio corpo e ter as ancas sempre prontas para o sexo e um frenesi sempre ardente para as coisas da carne. Fora elas, só resta Cholly, o pai de Pecola, sempre bêbado e violento demais para qualquer ato de ternura. Por fim, a mãe, já contaminada pelo marido, está sempre pronta para responder à sua violência à altura.

Para aquelas meninas, não há exatamente mais ninguém próximo que lhes seja modelo naquela América branca, naquela gélida cidade de Lorain, Ohio, onde lhes aguarda um futuro de grandes progenitoras e exímias donas de casa. Para limpar e manter em ordem a casa dos outros.

Para mim, houve vários modelos. E, felizmente, Toni Morrison surgiu cedo em minha vida, rompendo a minha bolha, para se tornar um dos mais importantes de todos.

Tenhapenademim

ELza
EU SÓ QUERO QUE
CANTE PARA SEMPRE
E PARA SEMPRE

É COMO UM CORPO ESTRANHO ALOJADO ALI, uma pústula em uma pele muito macia e desejável sobre a qual não há nada a fazer além de lavar com água gelada e esperar até que se vá, sozinha como veio. Aquele corpo indesejado são as ruínas de uma casa velha. Escombros abandonados depois que tudo o que se podia tirar dali foi devidamente despojado e então só restaram rasgos de concreto pontiagudo e ripas de madeira apontando indecorosamente para o céu com o qual não harmoniza — nem com as casas ao redor, orgulhosas de suas pinturas em cores vibrantes —, muito distante de tudo ali que ainda parece carregar uma aura de esperança, impondo-se aos olhos de quem quer que passe em frente, na sua obscenidade pútrida. Não havia mais quem caminhasse em torno com uma boa lembrança a ser acalentada pela casa. Não há recordações de alguém que tenha dito "Nossa, mas lembro de momentos tão felizes aqui".

A memória da população na Restinga, como qualquer periferia, quase sempre é composta com a mesma displicência com que entulhos vão sendo jogados nas ruas e tomando conta delas. Impossível saber quando aquela casa se tornou morada de papeleiros, pessoas que só passavam por ali, nem pertenciam ao bairro, mas ao verem a casa abandonada devem ter pensado: "Que bom! Uma casa abandonada. É onde vamos morar".

E foi ali, com a casa tendo se tornado morada dos papeleiros, que começou sua sina desarmoniosa em relação às outras casas todas, que eram tão bonitas e caiadas e bem cuidadas, e tornou-se objeto frequente de conversa, principalmente entre vizinhos mais próximos, em sua mal disfarçada indignação em relação às *personas non gratas* que se converteram em seus forçosos companheiros de comunidade. E eles eram quatro — quatro pessoas a respeito das quais ninguém fez questão de tomar conhecimento. Eram só quatro vislumbres esguios que mal se viam em movimentação durante o dia; quatro sombras que entravam e saíam de mansinho daquela casa, tentando não criar muita movimentação além da necessária para montar sua carroça e percorrer ruas durante um dia inteiro para abastecer-se de qualquer coisa com algum valor reciclável. Quatro membros de uma família alimentada de sua própria porção de consciência indicativa de alguma esperança; cada um deles agarrando-se ao seu próprio fiapo de realidade e amparando-se nos outros para tornarem crível a si mesmo a dignidade de sua presença ali, tentando produzir uma sensação de merecer pertencer àquele lugar, na sua forma única de prestar um serviço ao lugar onde pertenciam, e a eles mesmos.

E aqueles quatro, preocupados somente em conseguir o seu ganho diário, jamais tiveram sensibilidade suficiente para se dar conta de que passaram a habitar não uma casa, mas um *cancro*, um corpo estranho não extirpado em meio à Restinga — motivo para alguns desviarem o olhar ao passarem por ali e para outros pensarem sinceramente em formas de aquela invasão interessar a líderes poderosos o suficiente para providenciarem sua demolição.

A casa, então tomada pelos papeleiros, seria só a fagulha inicial, uma espécie de "eu não te avisei?" sobre a impossibilidade de se construir uma comunidade que não vá ser destruída. Um passo extremo ao que já se via sendo formado desde então, quando as casas foram entregues: habitações misturando telhados de diferentes tipos, tijolos de inadequadas combinações, caixas-d'água de cimento amianto virando casa de cachorro e caliça se tornando calçamento.

O que aqueles quatro, na ignorância e imediatismo dos seus dias, jamais poderiam conceber é o quanto aquela sua habitação seria vista somente como um berro hediondo, um antro ao redor do qual ninguém queria estar.

Eu tinha por volta de 15 anos. E sempre, ao passar em frente àquela *maloca* — porque era assim que nos referíamos a ela —, tudo o que eu pensava era: afinal, quão pobre alguém precisa ser para ser miserável no meio de uma periferia?

Como todos nós, teriam aquelas pessoas planos, sonhos, desejos? E o que elas faziam com eles? Elas os amassavam com a mesma violência com que amassavam as latas de metal que reciclavam, esperançosos de que eles não pudessem nem mesmo ocupar espaço em uma vida que — aos olhos de todos — era meramente funcional? Eram quatro pessoas miseráveis, quatro pessoas negras, como não haveria de ser diferente. A miséria habitando dentro da pobreza.

Não demorou para eu me dar conta de que mesmo aqueles que nós, do alto da nossa sempre existente preconcepção, julgamos *não ter* pelo que se esperançar, também somos feitos de alma e sentimento e critérios estéticos. E isso me foi revelado nas vezes em que, ao passar em frente à casa, fui interceptado por aquela espécie de trilha sonora da própria condição que aqueles quatro vivenciavam. Se eu soubesse o que era metalinguagem naquele momento, teria certeza de que era aquilo o que eles experienciavam. Porque o som, ecoando da janela onde se via equilibrados uma esponja de louça e um sabão em barra, era uma espécie de pedido de socorro. Um registro sonoro de ajuda para quem quer que ainda não tivesse se dado conta da ajuda que aquelas pessoas precisavam:

"Ai, ai, meu Deus! Tenha pena de mim
Todos vivem muito bem só eu que vivo assim.
Trabalho e não tenho nada, não saio do 'miserê'
Ai, ai, meu Deus! Isso é pra lá de sofrer.
Sem nunca ter, nem conhecer felicidade,
Sem um afeto, um carinho ou amizade
Eu vivo tão tristonho fingindo-me contente
Tenho feito força pra viver honestamente".[1]

A voz é rascante, cheia de *swing*, igual A NADA que eu já tivesse ouvido antes. E, aos 15 anos, cercado por discos, eu já tinha ouvido muita coisa. Por ouvir muita coisa, bastaram aqueles primeiros versos para eu ter certeza de um fato: aquela era uma cantora negra sobre a qual eu nunca ouvira falar — a negritude era uma presença na sua voz, somada à narrativa de falta que somente uma cantora negra poderia contar. E ali, obliterado como sempre ficava a cada vez que entendia, na prática, o que era miséria, experimentei um misto estranho de sentimentos. Eu estava recebendo daquelas pessoas, que em teoria nada tinham, um presente daqueles em forma de música. Ainda que fosse um presente involuntário, porque tudo o que eles estavam fazendo ouvindo aquele samba era o que todos nós fazemos quando ouvimos música: alimentando a própria alma. Mas ali estavam eles alimentando a minha também. Antecipando,

---

[1] TENHA Pena de Mim (Ai meu Deus). *A Bossa Negra*. Intérprete: Elza Soares. Odeon, 1960.

inclusive, que minhas próximas passadas em frente àquela casa se pintassem de um sentimento diferente simplesmente pelo fato de que eles estavam me apresentando aquela que seria considerada a melhor cantora do milênio, segundo a BBC.[2] Era, talvez, uma mistura explosiva de Tina Turner e Celia Cruz. Ali estava eu sendo apresentado à Elza Soares. Uma mulher que, como só vim a saber depois, era dona de uma trajetória tão repleta de tragédias e sofrimentos que talvez se alinhassem à trajetória de sofrimento que aqueles quatro, naquela casa miserável, viviam então.

E, se você duvida disso, imagine a seguinte situação: o ano é 1943. Você é uma menina de 13 anos de idade. Não esqueça disso: 13 anos de idade. E você se aventura a tentar a sorte cantando num programa de calouros. A rádio é a Tupi, no Rio de Janeiro, uma das mais famosas emissoras do Brasil. Você não almeja ser premiada nesse programa de calouros por vaidades, mas porque você vê aquilo como uma forma possível de ganhar dinheiro para comprar remédios para seu filho recém-nascido. Isso mesmo. O seu filho, o seu primeiro filho, ao qual você deu à luz aos 12 anos. Aos 12 anos de idade.

E lá está você: num vestidinho mal-ajambrado e surrado, emprestado da sua mãe, repleto de alfinetes para se ajustar ao seu corpinho de 33 quilos. Seu penteado ostenta duas malfeitas tranças. Você sobe num palco que, mesmo sendo numa rádio, está rodeado por uma plateia, como era comum naquela época. A plateia vê você e gargalha, ri aos montes. E esse deboche é incentivado pelo apresentador, o compositor Ary Barroso, conhecido pela crueldade com que tratava os calouros. Com você não é diferente.

Setenta e cinco anos depois dessa data, imagine que você é aquela menina, e que irá dizer para uma revista famosa: "Dói ver, em 2018, o negro sendo xingado, marginalizado, sem ter o direito de ser gente".

Mas calma. Ainda estamos em 1943. E sob os risos debochados daquela plateia da Rádio Tupi, você sente sua esperança de ser premiada completamente destroçada, antes mesmo de soltar a voz. O apresentador chega até você e pergunta: "O que você veio fazer aqui?". E você res-

---

2 Elza Soares foi eleita a "Voz do Milênio", em 1999, em uma votação da rádio britânica BBC.

ponde: "Cantar". O apresentador insiste: "Mas de que planeta você vem mesmo?". E você responde, obrigando a plateia a se calar: "Venho do mesmo planeta do senhor. O Planeta Fome".

Doeu se colocar no lugar daquela menina?

Então, voltemos à verdadeira protagonista dessa história: Elza Soares, que, toda vez que contava sobre esse momento, pensava na lata d'água que costumava carregar desde pequena, equilibrada sobre a cabeça, na favela carioca da Moça Bonita. Caminhos que percorria sempre cantarolando. E foi esse gosto por cantarolar constantemente que a fez ir ao programa da Rádio Tupi, desejosa de soltar a voz como lhe era natural.

E naquele episódio, cantando no programa de Ary Barroso, aos 13 anos de idade, como o prólogo dos filmes mais emocionantes, o gongo que encerrava a apresentação dos menos talentosos, não soou para ela. Elza Soares cantou até o fim, o suficiente para ouvir de um estupefato Ary Barroso, sob os aplausos da plateia, a declaração de que acabava de nascer uma estrela.

Quando, em 2015, essa menina, então uma mulher com 85 anos, lança seu 81º registro fonográfico, um disco chamado *A Mulher do Fim do Mundo*, a definição do site Audiograma é: "Elza nos dá um soco no estômago quando abre a boca. E este é, no mínimo, um acerto de contas com um passado que lhe socou o estômago desde quando ela deveria ser somente uma criança com as preocupações únicas de ser uma criança. Ou seja, nenhuma".

Mas não foi assim para Elza da Conceição Soares, registrada Elza Gomes da Conceição, e nascida no dia 23 de junho de 1930, em uma família muito pobre na favela da Moça Bonita, atualmente Vila Vintém, no bairro de Padre Miguel, no Rio de Janeiro. A cidade, nesse período, era capital da República dos Estados Unidos do Brasil, título que ostentou até 1960, quando a sede do governo passa para a recém-construída Brasília.

Na infância, o período de brincar na rua, soltando pipa, pião e vivendo com outras crianças da sua idade, era intercalado pela ajuda à sua mãe nos serviços domésticos, levando latas d'água na cabeça. Cedo, tudo isso foi interrompido, quando foi obrigada pelo pai a abandonar os estudos e se casar, aos 11 anos de idade, com um amigo dele, Lourdes Antônio Soares, de 22 anos.

O matrimônio arranjado foi um período de muito sofrimento para ela, que ainda era uma criança, que sofria com a violência doméstica e a violência sexual a que era submetida. Aos 12 anos, Elza Soares deu à luz ao seu primeiro filho. Foi para tentar salvar essa criança, doente, que Elza Soares foi cantar no programa de Ary Barroso. O prêmio auxiliou na compra de remédios, mas o filho não resistiu e morreu.

Aos 15 anos, com o marido doente, acometido por tuberculose, Elza Soares passou a trabalhar como faxineira, encaixotadora e conferente em uma fábrica de sabão. Ela então deu à luz o segundo filho. Assim que o marido se recuperou, a proibiu de sair de casa. Não muito tempo depois, o seu segundo filho também morreu, devido à fome.

Aos 18 anos, Elza oficializou seu matrimônio, passando então a assinar Elza da Conceição Soares. Ao 21 anos, ficou viúva — seu marido morreu, devido à tuberculose, que contraiu novamente.

Hoje, dona de uma extensa e respeitada carreira que ultrapassou seis décadas, Elza é celebrada por diferentes gerações, principalmente por seus inovadores discos que significaram um momento de diálogo com um novo público, alinhado com as mensagens profundas e contemporâneas que Elza apresentava: A *Mulher do Fim do Mundo*, de 2015 e *Deus é Mulher*, de 2018. Com letras como "*Na avenida, deixei lá / A pele preta e a minha voz*"; "*Céu vai se arrepender de levantar a mão pra mim*"; os discos são parte fundamental de um processo de redescoberta mais do que merecida dessa fenomenal cantora e reforçaram a artista como porta-voz contra o racismo e ícone do feminismo.[3]

Mas todo esse processo, para chegar à consagração que teve, antes

---

[3] Segundo o *The Guardian*, "Ao longo das décadas, a artista brasileira tornou-se um marco para o samba, um dos pilares do cancioneiro de seu país e uma cantora que dividiu um panteão global com Ella Fitzgerald e Billie Holiday. Apelidada de 'voz do milênio' pela BBC em 1999, Elza conheceu o Planeta Fome como poucos: uma mulher negra nascida nas favelas do Rio, que enfrentou o racismo, o sexismo e o classismo com verve brilhante. [...] Ao longo dos anos 1960, Soares sintetizou a modernidade na música nacional brasileira, ajudando a abrir um diálogo dentro de um país que buscava construir o futuro sob a presidência de Juscelino Kubitschek. [...] Elza juntou-se a artistas da vanguarda paulistana na ópera-samba *Mulher do Fim do Mundo*, de 2015. 'Sou a mulher do fim do mundo', cantou. Em *Deus é Mulher*, de 2018, ela canta – com fúria palpável – sobre as lutas enfrentadas pelas mulheres negras na sociedade brasileira e o preconceito contra as religiões afro e a comunidade LGBTQI+, tudo em forma de sambas de ritmo quebrado. *Planeta Fome*, lançado em 2019, acena para seus primeiros dias de Planeta Fome enquanto fala sobre a fome que voltou ao Brasil nos últimos anos" (MAIA, Felipe. Elza Soares: a maior estrela do samba resumiu o espírito vivaz do Brasil. Felipe Maia. *The Guardian*, 21 jan. 2022.)

de seu falecimento, e à devida reverência que recebe hoje, envolveu perdas gigantescas, muito cedo.

Elza Soares, aos 21 anos, era uma viúva que já tinha dado à luz sete filhos, dois dos quais morreram antes mesmo de ter nome, e um terceiro que foi dado para adoção.

Para sustentar os filhos, Elza trabalhava como faxineira e doméstica, sempre nutrindo o sonho de cantar. E isso só foi acontecer quando conseguiu seu primeiro teste como cantora, na academia do professor Joaquim Negli, sendo aprovada e contratada para cantar na Orquestra de Bailes Garan e, a seguir, no Teatro João Caetano. Em 1958, aos 28 anos, Elza Soares vai à Argentina, acompanhada por Mercedes Batista, para uma temporada de oito meses, cantando na peça *Jou-Jou Frou-Frou*. Ao retornar, faz um teste para a Rádio Mauá, onde passou a se apresentar de graça no programa de Hélio Ricardo.

Em 1959, uma nova tragédia acontece em sua vida: sua filha, Dilma, é sequestrada. O casal que tomava conta da menina enquanto Elza trabalhava, sumiu, levando a bebê de apenas 1 ano de idade. Foram muitos anos de busca. Elza, sempre triste e angustiada, só reencontrou a filha já adulta. Com o tempo, elas se aceitaram como mãe e filha. Como o crime prescreveu, o casal não foi preso. Mesmo com toda revolta e dor, Elza Soares diz ter perdoado os sequestradores de sua filha, já que a criaram muito bem.

Já a carreira de Elza começou a deslanchar ainda mais nesse período, quando, por intermédio do sambista Moreira da Silva, foi para a Rádio Tupi e também passou a trabalhar como *crooner* da boate carioca Texas, no bairro de Copacabana, onde conhece a cantora e compositora Sylvia Telles, uma das maiores intérpretes da bossa nova, e Aloysio de Oliveira, compositor e produtor musical, responsável por toda carreira de Carmen Miranda no exterior. Os dois a convidam para gravar seu primeiro disco.

Mas é claro que não seria a história de Elza Soares e não seria a história de uma mulher negra se não houvesse barreiras querendo impedir a ascensão que lhe estava destinada.

A primeira gravadora de Elza Soares foi a RCA, que, nos anos 1960, não tinha nenhum cantor negro em seu portfólio. Mas eles toparam conhecer Elza Soares. E, segundo ela mesma já contou, quando a viram pessoalmente, disseram: "Ah, que pena. Ela canta muito, mas é negra".

Mas se no ano de 1960 uma gravadora recusa Elza, também naquele ano o mundo pôde abrir suas vitrolas, deitar a agulha sobre o seu LP, lançado pela gravadora Odeon, que quis a artista. Foi o ano em que todos puderam ouvir a potência estupenda da sua voz. "Se acaso você chegasse", canção do gaúcho Lupicínio Rodrigues e de Felisberto Martins, que também deu nome ao seu primeiro disco, logo alcançou grande sucesso. O registro carrega um balanço que é a mescla perfeita entre samba e *jazz*. E aqui já ouvimos Elza Soares fazer algo que marcaria sua carreira, que é o uso do *scat*, a técnica criada por Louis Armstrong e que consiste em cantar vocalizando, tanto sem palavras, quanto com palavras sem sentidos e sílabas. Isso acaba criando um efeito que remete a um solo instrumental, mas usando apenas a voz.[4]

No embalo do lançamento de seu primeiro disco, Elza Soares vai para São Paulo trabalhar no *show* "Primeiro Festival Nacional de Bossa Nova", no Teatro Record e na boate Oásis, gravando em seguida seu segundo LP, A *bossa negra*, ainda em 1960. Ao classificar sua bossa como negra, Elza Soares opõe-se à bossa branca, à bossa nova, expressão já em circulação na época. E, contrário ao estilo musical minimalista que se formava, seu estilo é formado por grande quantidade de sopros, percussões e arranjos vocais. Além disso, mesmo incluindo alguns sambas e sambas-canções românticos, é fortemente marcado por uma dicção popular e de periferia.

O lançamento de dois emblemáticos discos no mesmo ano ocorre num momento em que surgem novos protagonistas na cena cultural na-

---

[4] "A interpretação vocal de Elza assumia, desde seu surgimento em escala nacional, contornos fortemente expressionistas, teatralizados, com marcações de cena e gesticulações destinadas a realçar esse caráter da elaboração musical. A cantora parecia retomar e renovar tradições interpretativas brasileiras, inspiradas em nomes como Aracy de Almeida, Dalva de Oliveira e Ângela Maria, além de afirmar aquele interesse por um repertório plural em termos e ritmos, gêneros e época de produção. [...] Como material sonoro, a voz de Elza Soares incorpora influências do meio, trazendo a possibilidade da fusão de cultura e de diversas sonoridades e novo parâmetro vocal, como a vibração da região ariepiglótica em sua voz cantada e que a fez ser comparada com a produção sonora do cantor Louis Armstrong, porém Armstrong se utilizava do apoio das bandas ventriculares para produzir o som da sua voz, diferente de Elza Soares" (LOPES, João Carlos. *Elza Soares*: vida e obra sob o olhar da Fonoaudiologia. São Paulo: Pontifícia Universidade Católica de São Paulo, 2018).

cional. Havia o otimismo de um país na era Juscelino Kubitschek, embalado por um nacionalismo em cuja principal frente tínhamos o futebol de Pelé, Garrincha e Didi. Na cultura, o Cinema Novo, o samba de Zé Kéti e a bossa nova, a respeito da qual Elza Soares manifestou sua opinião cultural. Elza era uma das figuras marcantes desse período, uma das responsáveis pelo tom que a década de 1960 oferecia aos brasileiros.

Em 1962, como artista representante do Brasil na Copa do Mundo, que se realizava em Santiago, no Chile, cantou ao lado do representante norte-americano, Louis Armstrong. É nesse período que Elza inicia um romance com Mané Garrincha, um dos principais jogadores da seleção brasileira na Copa, e que garante a conquista da taça para o país.

No ano de 1963, Elza gravou pela Odeon o LP *Sambossa*, com destaque para "Rosa Morena", de Dorival Caymmi, e "Só Danço Samba", de Tom Jobim e Vinícius de Moraes.

Quando Elza Soares iniciou o romance com Garrincha, ele já era casado. Após um ano juntos, Elza pediu para que ele tomasse a decisão de assumi-la, ou ela o abandonaria. Ela passou, então, a ser acusada pela opinião pública de "destruidora de lares" e a sofrer constantes ameaças. Como ele demorou a tomar uma iniciativa, ela o abandou, compondo em seguida o sucesso "Eu sou a outra". Alguns meses depois, no entanto, Garrincha a procura, afirmando ter saído de casa e se separado. Reataram o namoro, mas sem revelar nada à imprensa. É o ano de 1964, quando Elza grava o LP *Na Roda do Samba*, cuja faixa-título é a principal música de trabalho.

Elza Soares, nesse momento, está realizando inúmeras apresentações pelo Brasil e aparições nas emissoras de televisão. E seus novos LPs se sucedem, rapidamente. Ela lança cerca de um LP a cada ano.

Em 1965, foi a vez de *Um Show de Beleza*, em que grava, entre outras, "Sambou, Sambou", de João Melo e João Donato, e "Mulata Assanhada", de Ataulfo Alves.

Em 1966, grava o LP *Com a Bola Branca*, no qual cantou "Estatuto de gafieira", de Billy Blanco e "Deixa a nega gingar".

Naquele mesmo ano, Elza e Garrincha decidiram morar juntos e, alguns meses em seguida, oficializaram a união, e a partir de então Elza passou a assinar como Elza Gomes da Conceição dos Santos.

O casamento dos dois foi motivo de revolta para os fãs, que continuavam acusando Elza de ter acabado com o casamento do jogador. A fim de fugirem da imprensa, ela e Garrincha venderam a casa do Rio e Elza mudou-se com os filhos e o marido para São Paulo.

Já 1967 foi o ano em que Elza apresentou o show *Elza de Todos os Sambas*. Dois anos depois, gravou novo LP: *Elza, Carnaval & Samba*.

Só que no dia 13 de abril do mesmo ano, uma nova tragédia volta a acontecer na vida de Elza Soares. Em uma viagem de São Paulo para o Rio de Janeiro, o carro dirigido por Garrincha, que estava alcoolizado, capotou na Rodovia Presidente Dutra. A mãe de Elza Soares foi arremessada para fora do veículo, morrendo na hora. Elza, Garrincha e sua filha, Sara, também no carro, sofreram leves escoriações. A cantora se desesperou, culpando Garrincha por dirigir bêbado e o casamento, que já estava em crise, ficou abalado.

Elza Soares voltou para o Rio de Janeiro com os filhos, enquanto Garrincha permaneceu em São Paulo. Depois de alguns meses separados, Garrincha voltou para o Rio de Janeiro, reatando o relacionamento com Elza. Ele comprou uma mansão e o casal voltou a morar junto. Houve uma ocasião, no fim de 1969, em que oficiais, a mando da ditadura militar, metralharam a mansão do casal, na sua perseguição aos artistas, devido à censura imposta na época. Abalados e com medo de um novo ataque, Elza, seus filhos e Garrincha se autoexilaram em Roma por seis anos.

Na Itália, Elza Soares se apresentou no Teatro Sistina, em Roma, e gravou "Que Maravilha", clássico de Jorge Ben e Toquinho, além de "Máscara Negra", outro grande sucesso de Zé Kéti. Em 1970, Elza gravava novo LP, *Sambas e Mais Sambas*, no qual registra "Tributo a Martin Luther King", de Wilson Simonal e Ronaldo Bôscoli.

"Sim, sou um negro de cor
Meu irmão de minha cor
O que te peço é luta sim
Luta mais!
Que a luta está no fim.

> [...]
> *Cada negro que for*
> *Mais um negro virá*
> *Para lutar*
> *Com sangue ou não*
> *Com uma canção*
> *Também se luta irmão*
> *Ouvir minha voz*
> *Oh Yes!*
> *Lutar por nós* [...]."[5]

"Eu era uma mulher cheia de filhos, que ainda tinha que trabalhar em uma fábrica de sabão para sustentá-los. Naquele momento percebi que estava sozinha, sem ninguém mais por mim, apenas Deus. Ali comecei a entender que eu era feminista. Na época, não se usava muito isso de se falar que era 'feminista'. E, se alguém falasse, Deus me livre, era pedrada."

Essa é uma fala da própria Elza Soares, em matéria da revista *Época*, de 2016, quando questionada sobre como descobriu que era feminista — uma denominação que, se não era utilizada na época a que Elza se refere, também foi um título muito recente pelo qual Elza Soares passou a ser conhecida nos seus últimos lançamentos.

Ainda nos anos 1970, sem qualquer ligação direta com esse movimento — ainda que o exercendo pela mulher que era e pelas composições que interpretava — Elza Soares lançou, em 1972, o LP *Elza Pede Passagem*, com músicas de Zé Rodrix, Toquinho e Vinícius de Morais, entre outros.

---

[5] "Em um dos raros momentos de protesto da carreira, com a canção 'Tributo a Martin Luther King', feita com Ronaldo Bôscoli, deu-se início a sua fatídica relação de Wilson Simonal com o Departamento de Ordem Política e Social (Dops). Na canção, esboçava suas reflexões enquanto negro, tal qual fazia o líder americano conhecido por suas ações em prol de direitos em seu país. Foi um momento de autorreconhecimento de um homem negro, em plena ascensão, usufruindo das 'benesses' da vendagem de discos, plateias lotadas, contrato publicitário com a Shell, programas de televisão (TV Tupi e Record), participação em festivais e dueto com Sarah Vaughan (1924-1990)."

Apresentou-se também no clássico teatro carioca Opinião, no *show* "Elza em dia de graça". Ainda naquele ano, fez um espetáculo de duas semanas na boate carioca Number One; cantou no Brasil Export Show, realizado na cervejaria Canecão, do Rio de Janeiro, e recebeu o diploma de Embaixatriz do Samba, do conselho de música popular do Museu da Imagem e do Som, do Rio de Janeiro.

Em 1973, gravou o LP *Elza Soares*, cantando "Aquarela Brasileira". Também realizou o show "Viva Elza", no TBC, na capital paulista, que depois percorreu vários estados.

Quando analisamos só a trajetória de lançamentos de trabalhos musicais, pensamos em uma artista prolífica, tão somente. Mas Elza Soares é uma artista fenomenal principalmente por, durante grande parte da sua vida, enfrentar as mais terríveis adversidades e seguir se mantendo com uma qualidade de produção sensacional, quebrando barreiras e modelos, trazendo suingue e sendo representativa em um gênero como a bossa nova, o samba e o *jazz*. Elza transcendia e misturava gêneros. Ela conseguiu transitar entre a popularidade e a sofisticação musical, sem perder a malandragem e a marcação rítmica do samba.

E ela veio mostrando isso a cada novo disco lançado. Foi assim também, entre 1973 e 1975, quando lançou dois LP's, o primeiro intitulado simplesmente *Elza Soares*, e , pela gravadora Tapecar, o álbum *Nos Braços do Samba*.

Durante aquele momento, com a mudança na carreira, em 1975 Elza engravida do único filho que veio a ter com Garrincha: Manoel Francisco dos Santos Júnior, apelidado de Garrinchinha e nascido em julho de 1976. Isso não impede que, em 1977, Elza Soares grave o álbum *Pilão + Raça = Elza*, seguido de *Senhora da Terra*, em 1979, e *Elza Negra, Negra Elza*, em 1980. Este último disco, em nova guinada de carreira, sai pela gravadora CBS, com músicas de compositores como Ronaldo Bôscoli, Wilson Moreira, Nei Lopes e Gerson Alves, entre outros.

Eis que, dois anos após o lançamento desse disco, depois de dezessete anos de matrimônio, o casamento de Elza e Garrincha chegou ao fim, por conta das constantes agressões físicas, ciúmes, traições e humilhações, situação na qual o alcoolismo de Garrincha teria se tornado insuportável. Garrincha teria chegado ao ponto de beber uma garrafa de cachaça por dia. Embora o jogador tivesse como um dos apelidos "A Alegria do Povo", a alegria era algo efêmero principalmente nos últimos anos de relação do casal.

Elza Soares, no período de maior dependência do jogador, percorria os bares pedindo que ninguém servisse bebida a Garrincha. E durante os últimos tempos ao lado do jogador, a carreira de Elza já estava sendo colocada de lado em nome dos cuidados com o marido e o filho do casal. Elza chegou a se apresentar em circos e pensou em abandonar o canto para trabalhar em uma creche, a fim de garantir o sustento do menino, já que o Botafogo, time no qual Garrincha jogava na época, constantemente deixava o jogador sem salário.

Após o divórcio, Elza teve que lutar na justiça pela pensão do filho e pela guarda do menino. Porém, em 1983, depois de um ano divorciado, com a saúde debilitada, Garrincha faleceu de cirrose hepática.

Nesse momento crucial, em que sua fé na música balançou, o amigo Caetano Veloso veio em seu socorro, convidando-a para cantar sua composição "Língua", no disco *Belô*. Décadas mais tarde, Caetano diria ao jornal *O Globo*: "Ela é uma potência criadora. É um esteio para o Brasil. Desde que apareceu, já apareceu com aquela afirmação do talento, da personalidade, com uma visão de mundo aguda. Isso não se joga fora".

No início deste texto, eu falei que a trajetória de Elza Soares foi tão repleta de tragédias e sofrimentos que talvez se alinhasse à trajetória de sofrimento que aquelas quatro pessoas miseráveis enfrentavam no dia a dia. Exemplo grandioso disso é o momento em que, quando a carreira de Elza voltou a ensaiar um retorno aos eixos, ela teve nova e terrível perda: no dia 11 de janeiro de 1986, seu filho, Garrinchinha, faleceu, aos 9 anos de idade, em um acidente de carro. Eles voltavam da cidade de Magé para o Rio de Janeiro, depois de visitarem a família de Garrincha. Com a chuva, o carro derrapou na estrada. Elza feriu-se sem gravidade, mas o menino ficou preso nas ferragens.

Nesse período a cantora entrou em depressão, tentou o suicídio, passou a tomar antidepressivos. Na biografia que Zeca Camargo escreveu sobre a artista, *Elza*, ela fala abertamente que subia os morros cariocas atrás de droga.

Elza declarou que, com essa tragédia, perdeu 99,9% do que era. E que só seguiu adiante movida pelo medo — e por um amor incondicional pela música. Acabou deixando o país algum tempo depois. Passou nove anos cantando nos Estados Unidos e na Europa, sem condições de viver no Brasil após uma perda de tamanha magnitude.

No ano de 1995, Elza Soares retorna ao Brasil. Dois anos depois ela volta a lançar um novo álbum, *Trajetória*, um trabalho totalmente dedicado ao samba. Os participantes e as composições deixam isso bem claro: tem Zeca Pagodinho e músicas de Chico Buarque, Guinga, Aldir Blanc e Nei Lopes. Com essa obra, Elza ganha o Prêmio Sharp de Melhor Cantora de Samba. No embalo desse sucesso e da consagração crítica, depois desse disco, Elza lança um álbum gravado ao vivo: *Carioca da Gema*.

Nessa mesma época, participa do programa "Millenium Concert", da BBC de Londres, quando é apontada pela emissora como a cantora do milênio. A revista *Time Out* a descreve como "uma mistura explosiva de Tina Turner com Celia Cruz". Porém, nesse ínterim, Elza sofre um acidente no palco de uma casa de *shows* no Rio de Janeiro: com o facho de um canhão de luz ofuscando-lhe os olhos, ela sofre uma queda de dois metros de altura, que anos depois a obrigaria a realizar uma série de cirurgias na coluna e a cantar sentada, no palco.

"Bambeia, bamboleia
É dura na queda, custa cair em si
Largou família, bebeu veneno
E vai morrer de rir
Vagueia, devaneia
Já apanhou à beça
Mas para quem sabe olhar
A flor também é ferida aberta
E não se vê chorar
O Sol ensolará a estrada dela

A Lua alumiará o mar
A vida é bela, o Sol, a estrada amarela
E as ondas, as ondas, as ondas, as ondas."[6]

Essa é a letra da música "Dura na Queda" que, embora pareça algo sob encomenda para uma artista que acabara de cair do palco, sobre ela há uma história que se soma ao panteão de histórias mágicas de Elza Soares: composta por Chico Buarque, ela deveria fazer parte de um disco do próprio cantor. Mas, segundo ele mesmo contou, ficou "achando que alguma coisa estava errada", que não iria conseguir cantar. Ele tirou a música do seu disco e incluiu outra. Algum tempo depois, uma produtora pediu uma música para ele, interessada em produzir um musical sobre Elza Soares. Ele disse que não tinha música, até se lembrar: "Pera, eu já fiz essa música pra Elza, sem saber!". Chico conta que era uma música "pra Elza cantar. E ela gravou".

Parecia realmente feita para ela, e foi. Elza é a *dura na queda* que, com esse novo álbum, finalmente sela o seu regresso. Lançado em 2002, o sensacional disco *Do Cóccix até o Pescoço*, produzido por José Miguel Wisnik, conta com músicas de Caetano Veloso, Chico Buarque, Jorge Ben Jor e outros grandes compositores da música popular brasileira. Por esse trabalho, Elza foi indicada ao Grammy Latino.

O grande mérito desse disco é devolver Elza Soares ao lugar que sempre lhe pertenceu. Nessa produção, há de tudo um pouco — samba, *funk*, *rap*, tango — e Elza passeia pela obra de grandes compositores

---

[6] "[...] lembrei agora de uma história do meu último disco. Eu estava com ele quase pronto e fiquei cismado com uma música, achando que alguma coisa estava errada, que eu não iria conseguir cantar. O disco já estava com o prazo estourado e no limite do número de músicas. Mesmo assim eu tirei essa e compus outra. Aquela ficou guardada, pra ser retomada um dia, aquela coisa. A letra repetia um pouquinho uma letra de uma música minha antiga, chamada Ela Desatinou. Era um 'Ela Desatinou 2'. Aí, olha que engraçado: eu estava em Londres fazendo um show e encontrei Elza Soares. Quando ela me encontrava, cantava [imita] 'Elzaaaa desatinooou...'. Ela fazia essa graça, e tal... Algum tempo depois, chega aqui uma produtora que queria fazer um musical sobre a vida da Elza Soares. Sentou aqui mesmo, onde a gente está, e me pediu uma música pro show. Eu disse pra ela que eu não tinha música, que eu tinha terminado um show, que não ia dar tempo de compor... aí de repente eu lembrei: 'Peraí, eu já fiz essa música pra Elza, sem saber!'. Eu tirei ela do meu disco porque não era pra eu cantar, era pra Elza cantar. E ela gravou. O engraçado é que o título da música era Dura na Queda, e a Elza tinha acabado de despencar do palco... Parecia realmente feita pra ela, e foi." Chico Buarque de Hollanda: O homem que não gosta de ouvir música. *Revista Bundas*, 19 jun. 2000.)

brasileiros. O álbum traz, também, duas composições de sua autoria: "Samba Crioula" e "A Cigarra", em parceria com Letícia Sabatella. No mesmo ano, a gravadora EMI lança a caixa *Negra*, com 12 CDs, reunindo 27 títulos de sua carreira, lançados entre os anos 1960 e 1988, além de faixas bônus.

Nada é doce e suave quando se trata de Elza Soares. Desde sua expressão dura, emoldurada por seu afro volumoso coroado com flores ou um turbante, até sua voz metálica, suas feições felinas, seu sorriso largo e rasgado, sobrancelhas desenhadas altas e arqueadas, e sua eloquência curta e grossa, aquilo que Elza transmite e sempre transmitiu, mais do que tudo, é força.

"Minhas cordas vocais estão tortas, assim como minha vida."[7]

Mais de seis décadas após ter sido aclamada no palco do programa de Ary Barroso como a nova estrela da música brasileira, nós sabemos que o Brasil deve muito a Elza Soares. A incompreensão do país com sua história e sua obra sempre foi motivo de protesto por parte da artista — e deveria ser, sempre, de todos nós. Estamos, infelizmente, acostumados a não tratar nossos gênios artísticos da maneira como deveriam. Isso se eles tiverem nascido *no lugar errado* ou *na cor errada*.

Elza, uma artista que empurrou tudo ao limite — o samba, o *jazz*, o *funk*, o samba de gafieira, a bossa nova... —, é síntese da modernidade e das possibilidades da música brasileira. Uma mulher que, mesmo em meio à toda tragédia que sempre emoldurou sua vida, nasceu e se manteve como algo novo, arejado, e que foi se sofisticando a cada nova empreitada artística. Só a partir de 2008 sua vida e obra começaram a ser pesquisadas com a profundidade merecida: a cineasta e jornalista Elizabete Martins Campos, que roteirizou, dirigiu e produziu o longa-metragem *My Name is Now, Elza Soares*, foi ponto fundamental nesse reconhecimento mais do que devido. Não à toa, a artista foi incensada como Grammy Latino,

---

[7] MAIA, Felipe. Elza Soares: a maior estrela do samba resumiu o espírito vivaz do Brasil. Felipe Maia. *The Guardian*, 21 jan. 2022.

o WME Awards e o Troféu APCA, e considerada uma das cem maiores vozes da música brasileira pela revista *Rolling Stone*, entre tantos outros reconhecimentos, e teve, também nesse documentário, sua consagração, com o filme sendo premiado em diversos festivais pelo mundo.

Porém, passaram-se muitas décadas até Elza viver seu glorioso momento artístico: só aos 80 anos a cantora fez sua estreia no Rock in Rio. Uma então octogenária moderna, antenada, contemporânea, como nenhuma outra cantora brasileira. É irônico, no entanto, que ela tenha *nascido*, para tantos, a partir de *A Mulher do Fim do Mundo*, de 2015. E ainda há muito para descobrir, diariamente, sobre a Elza do sambalanço, gênero que norteou a primeira fase da sua carreira; a Elza do *bebop* e da bossa negra; a Elza do samba, do *jazz*.

"Já passou o tempo de sofrermos caladas. Está na hora de gritar."[8]

Foi isso o que Elza Soares fez ao lançar o disco que marca sua redescoberta. *A Mulher do Fim do Mundo* reafirma a potência de sua vida e de sua qualidade artística. É irônico que, em tantos anos de carreira, seja o seu primeiro trabalho composto apenas de canções originais. O disco é um triunfo da coragem e vitalidade de quem foi tantas vezes desenganada artisticamente. Foi considerado pela Associação Paulista de Críticos de Arte como o Melhor Álbum daquele ano. O mesmo prêmio foi conceito pela *Pitchfork*, um dos sites de música mais importantes do mundo. O site diz que Elza Soares "desenvolveu uma das vozes mais distintas da MPB", explicitando que não é preciso entender a língua portuguesa para sentir o pesa de suas palavras. O *The New York Times* o colocou na lista dos dez melhores álbuns do ano, lista que incluiu, ainda, nomes como Beyoncé e David Bowie, além de ter recebido o Grammy Latino de melhor álbum de música popular brasileira.

As músicas desse álbum foram responsáveis por conquistar uma nova geração de fãs, principalmente mulheres feministas, e tomaram as

---

[8] SALOMÃO, Graziela; BORGES, Luciana. Elza Soares: "Já passou o tempo de sofrermos caladas. Está na hora de gritar". *Revista Época*, 8 mar. 2016.

a ditadura, a morte de quatro dos seus sete filhos, a violência doméstica e — como se não bastasse — um terrível problema de coluna na velhice.

A artista Elza Soares é aquela mulher para quem olharemos tardiamente, dando-nos conta do tanto que não a valorizamos como deveríamos. Alguém que sentiu o racismo e a miséria na pele e, quando teve oportunidade, jamais virou as costas para os seus: deu voz às mulheres, aos negros e à população LGBTQIA+. Todos, de uma forma ou de outra, representados entre as tantas obras incríveis da artista.

Tê-la conhecida por intermédio daquelas pessoas que nada tinham foi emblemático para mim. Elza também era uma mulher que nada tinha — além do seu talento. E ela o entregou ao mundo: com sua força de mulher negra que, mesmo tendo sofrido tanto, teve a generosidade de contribuir para o mundo muito além da música, em uma sociedade marginalizadora e repleta de preconceitos.

A história de Elza Soares é como um facho de luz em meio a tantas histórias similares que se multiplicam pelas entranhas dessa nação: pelas favelas, barracos, delegacias e vielas. Por bairros como o que eu nasci. Sua trajetória é um caminhar que comunga com a trajetória de muitos brasileiros segregados diante do olhar da elite. A voz rouca e potente da cantora brigava por isso e se reinventava devido ao amor pela vida.

Sua história e seu ambiente não eram semelhantes somente aos daqueles quatro papeleiros próximos à minha casa. Eram semelhantes a cada uma das pessoas que eu via descer os morros enlameados da Vila Bom Jesus, onde minha avó morava — mais um desses espaços para juntar pobres, que é um talento tão próprio da nossa estrutura governamental. A história, ambiente e sofrimento de Elza Soares eram a lembrança de vidas tão próximas à minha, mas seu talento e sua superação sempre foram os motivadores de para onde podemos ir.

Na canção que marcou sua consagração tardia, ela clama por cantar até o fim. É similar ao que clamam tantos desvalidos, para que tenham ao menos uma chance de serem ouvidos.

Para Elza, felizmente, em dado momento não foi mais preciso pedir.

É todo nosso o enorme privilégio de continuar ouvindo a voz dessa grande artista, sempre e sempre.

> *"E vai sair de dentro de cada um*
> *A mulher vai sair*
> *E vai sair de dentro de quem for*
> *A mulher é você*
> *De dentro da cara a tapa*
> *De quem já levou porrada na vida*
> *De dentro da mala do cara*
> *Que te esquartejou, te encheu de ferida*
> *Daquela menina acuada*
> *Que tanto sofreu e morreu sem guarida*
> *Daquele menino magoado*
> *Que não alcançou a porta de saída".*[10]

A obra que Elza Soares edificou ao longo de mais de sessenta anos de carreira é fogo, é melancolia, é sofrimento e é liberdade.

Como há de ser o samba, como é Elza Soares, e como é a mulher brasileira.

A obra de Elza empodera, toca na ferida, é aquele tapa na cara que dói, mas nos faz acordar. Suas criações mais recentes são a potencialização de uma carreira inteira: tratam de racismo, de misoginia, de transfobia.

No melhor momento de sua carreira, a voz de Elza Soares estava rouca, rasgada, e parece sempre prestes a falhar, e, exatamente por isso, mais bela do que nunca. É uma cicatriz que mostra a força de que ela precisou para enfrentar o que enfrentou, e é bela, assim como as marcas da idade no seu rosto.

Elza Soares foi uma sobrevivente. Uma mulher que chegou aos 91 anos de idade castigada pela vida de todas as formas. Uma artista cujos dias foram mais carregados de luta do que da glória merecida por seu talento absurdo e por sua devoção à musicalidade brasileira. Alguém que encarou a fome, a pobreza, o casamento na infância, o ódio das massas,

---

10 DENTRO de cada um. *Deus é Mulher*. Intérprete: Elza Soares. Rio de Janeiro: Deckdisc, 2018.

esse trabalho não é apenas uma obra de arte, mas representa de forma triunfal o grito daqueles que não têm voz, que a sociedade insiste em esconder dentro do espaço limitado de seus próprios preconceitos.

E é incrível como, ainda que tão profundo, o trabalho de Elza Soares pode soar tão familiar, tão tradicional, tão repleto de samba. Ao mesmo tempo, tão diferente e inovador.

Sua voz nesse álbum está suja, pesada, carregando seus mais de 60 anos de carreira, bem como seus então 78 anos de dor – desde sua infância difícil até a morte de seu quinto filho. E, ainda assim, é o trabalho em que Elza se mostra mais empoderada do que nunca — é o seu presente para todos nós e para si mesma, depois do tanto passado.

"A minha voz é um presente de Deus, fui beneficiada, acho que Deus olhou para mim e disse: 'Não se incomode com nada disso, não. Pode comer na sua latinha, pode dormir na sua esteira, pode ter goteira no teu barraco, porque você tem uma garganta que papai do céu te deu de presente. Fica calma porque o que é seu está reservado'." [9]

Essa é Elza Soares. Musa brasileira rebelde, forte, carioca que nunca foi a dócil Garota de Ipanema da bossa nova. O título de seu disco seguinte, *Deus é Mulher*, é indicativo da força e da provocação que sempre fizeram parte da carreira da cantora. É também o apontamento para a poesia política, crua e necessária, que invade esse álbum —uma ampliação ao universo apresentado pela artista no disco anterior: um desvendar da alma feminina, com debates sobre religião, o florescer da sexualidade e a violência urbana.

E o sucessor de *A Mulher do Fim do Mundo* é mais um ótimo álbum de Elza Soares. Com força, ótima diversidade, combinação de ritmos e uma voz impecável, a cantora consegue confrontar assuntos de extrema importância e que, normalmente, não têm sua devida atenção.

---

[9] REDAÇÃO Donna. Aos 77 anos, Elza Soares homenageia Lupicínio em show e dispara: "a velhice só existe em cabeça fraca". *Donna*, 16 dez. 2014.

ruas e as redes sociais. Canções do disco refletem o que a artista nunca teve medo de assumir: seu papel de protagonista na defesa dos direitos femininos. É difícil acreditar que uma senhora de então 78 anos tenha lançado onze faixas tão contemporâneas e tão relevantes.

Nesse disco, Elza derrama sua voz sempre magnífica em canções que abordam temas como negritude, morte, sexo, além da violência doméstica contra a mulher, como na poderosa "Maria da Vila Matilde":

"Cadê meu celular?
Eu vou ligar pro 180
Vou entregar teu nome
E explicar meu endereço
Aqui você não entra mais
Eu digo que não te conheço
E jogo água fervendo
Se você se aventurar
Eu solto o cachorro
E, apontando pra você
Eu grito: péguix...
Eu quero ver
Você pular, você correr
Na frente dos vizinhos
Cê vai se arrepender de levantar a mão pra mim".

É o 34º álbum de estúdio de sua carreira, um trabalho em que a voz de Elza Soares estabelece uma relação intrínseca com a personalidade da sua intérprete, gerando novas possibilidades à dimensão sonora que a artista é capaz de alcançar, com seu timbre carregando todas as nuances das diversas intenções desse trabalho, entregando arte sob o aspecto físico, emocional e sociocultural. Há espaço para canções com questões de gênero e raciais. Reafirmando ser a "rainha dos *gays*", Elza canta, na belíssima "Benedita," a história de uma transexual viciada em *crack*. Representando de forma visceral a voz do povo negro, do povo discriminado, mesclando ritmos de forma impecável e cercada de bons músicos,

DIAS QUENTES ERAM COMO FINAIS DE FESTAS DE CASAMENTO. Instantes abertos no tempo em que ninguém estranha ver, pelas ruas do bairro, gordos suados balançando a barriga peluda ao som de *hits* setentistas. Dias quentes são janelas de permissividade em que tudo se justifica. Meninas passeando de *shorts* apertados eram somente outro elemento a varrer a zona de visibilidade dos olhares de quem caminhava por ali. Como tiozinhos aposentados fazendo um troco com seus carrinhos de sorvete. Como moleques franzinos de calção de malha usando latas vazadas para desviar jatos d'água em hidrantes abertos. Como adolescentes fingindo que não estão vendo uma coisa que todos sabem que estão. O quarteirão parecia o *set* de um daqueles filmes que fazem a pobreza parecer bonita sob tons de sépia. *Rap da Felicidade* era a trilha que ressoava das caixas de som potentes de qualquer carro com o porta-malas aberto, exibindo aquela mistura de *miami bass* e letras pouco elaboradas e enfurecendo senhores que só queriam ouvir sossegados mais um disco do Fundo de Quintal. Os bares escancaravam suas portas com o mesmo orgulho e ostensividade de velhas mostrando dentaduras novas. As crianças saíam às ruas e não tinham hora para voltar: seus pais provavelmente tinham levado a televisão para os pátios de suas casas e — um olho nas crianças correndo desenfreadamente pelos paralelepípedos — comentavam com o vizinho o capítulo da novela, em tempo real, esparramados em cadeiras de praia, conversas aos gritos travadas sem barreira alguma pelas cercas vazadas que separavam uma casa da outra. Em altas horas da noite, velhos fedendo a Domecq podiam ser vistos sem camisa zanzando pelas ruas, arremessando garrafas vazias em direção a cachorros fugidios.

Todos têm uma ideia mais ou menos estabelecida do que é uma *comunidade*, e a opinião geral, ao longo do tempo, é que a Restinga era sinônimo disso. Há uma comoção quase inconsciente com a ideia que o nome desse bairro traz imediatamente à mente: ruas trancadas para a realização de feiras de produtores locais, mesas de compensados marteladas coletivamente para que todos possam expor sua própria coleção de livros, discos e k-7 para que os moradores todos possam aproveitar; alimentos feitos em casa que são divididos irmamente e oferecidos amarrados em papel-manteiga e barbante; o reconhecimento imediato de saber o nome de todos os seus vizinhos e, principalmente, de todas as crianças, em uma certeza de que todos agem como vigilantes do bairro, atentos à menor fagulha de perigo e à menor ameaça de que sua ideia de *comunidade* possa ser dilapidada de uma hora para outra.

Mas, então, por que ninguém conhece os caras que cruzam as ruas à noite? Por que ninguém sabe o nome dos sujeitos que ficam apinhados no alto da escadaria no fim da minha rua, emborcando vinho enfiado dentro de sacos pardos de papel até suas línguas e a calçada ficarem mais roxas do que quando os frutos de joão-bolão se desprendem dos seus galhos feito gotas pesadas? Esses caras, que parecem aves de rapina noturnas capazes de provocar tremores em homens adultos de família — se algum homem adulto de família tiver coragem de percorrer a Restinga nestas horas da noite. Por que — convenientemente — ninguém vê ou ouve nada quando alguém grita nas ruas altas horas da noite?

Da mesma forma: por que há tão poucos interessados no que se transformará essa *comunidade* se as coisas continuarem acontecendo do jeito que sempre aconteceram?

Meus 14 anos de idade, 14 anos de bairro, já são idade suficiente para saber que a Restinga, convenhamos, é como um recorte teórico de uma *comunidade* — muito distante da irmandade de vizinhos que emprestam seus cortadores de grama e espetos de churrasco sem apego. No noticiário da televisão e na cabeça de qualquer pessoa minimamente consciente, *comunidade* é só um eufemismo para *vila* ou *favela*.

Naquelas noites quentes de sábado, eu ficava acordado até tarde assistindo ao *Comando da Madrugada*, e se ali já se falou da noite perigosa de Copacabana, dos bailes *funks* das favelas cariocas, talvez um dia falassem da Restinga, essa *comunidade* negra do sul do Brasil.

A opção a ser a testemunha impassível do que a TV Manchete me oferecia era tomar o rumo até a pracinha em frente à casa de Carol, mesmo altas horas da noite, com esperança de encontrar algum conhecido por lá — talvez Vando ou o Dudu, meus companheiros naquela idade. Mas é claro que era sempre tarde demais e não havia ninguém. Então eu passava a ser um solitário Alê, me embalando sozinho num dos brinquedos semidestruídos e encontrando algum tipo de lirismo em bêbados recém-saídos do bar mais perto, que passavam cantando sambas há muito já esquecidos.

Era isso o que eu fazia nas noites de sábado.

Até o dia em que meu pai chegou em casa com um videocassete.

E havia uma pilha de fitas VHS que ele trouxe junto: somente parte do equivalente a centenas de aluguéis ganhos como cortesia da videolocadora com quem a loja de eletrônicos tinha uma parceria. Miguel, meu pai, escolheu começar a usufruir desse benefício trazendo praticamente todos os sucessos de Mazzaropi, o comediante que pais com mais de quarenta anos, na década de 90, tinham como referência máxima. Mesmo pais negros. Porque o sinônimo de comédia era consumir o que homens brancos como Mazzaropi, e seu eterno personagem caipira Jeca, tinham para oferecer, ao lado de nomes como Chico Anysio e seus não contestados *black faces* e outros tantos, como Costinha, Ronald Golias e Ary Toledo — recheando nossa vida de tolerância às piadas homofóbicas, machistas, gordofóbicas e racistas. Sim, porque Mussum e Tião Macalé estavam ocupados demais sendo tudo aquilo o que não queremos que nenhum negro seja hoje: autopiadas de negros clichês para fazer os brancos rirem nas tardes de domingo.

Eu não queria ver nada daquilo.

O que eu estava doido para assistir era àquele filme lançado quatro anos antes — 1989 — um ano ainda oficialmente pertencente àquela década bastante estranha que foram os anos 1980. E eu não estou falando dos *blazers* com ombreiras ou das polainas. Estou falando de uma década que, no Brasil, se elegeu como presidente do país um jovem herdeiro milionário de Alagoas na primeira eleição por voto direto do povo, após anos de Regime Militar. Uma década que, nos Estados Unidos, se presenteou os norte-americanos com um cenário muito pior, se comparado a quem reclama da baixa representatividade negra na Academia de Artes e Ciências de Hollywood *hoje*: naquele momento, o *mainstream* cinematográfico simplesmente aderiu à política do presidente Ronald Regan, uma política que negligenciava as questões e os problemas dos negros.

E isso era muito emblemático porque, desde 1964 até o início dos anos 1980, as políticas de ação afirmativa nos EUA passaram por um processo de crescimento gradual, tendo sido criadas e implementadas políticas antidiscriminatórias para inibir as discriminações no mercado de trabalho que levassem em consideração a raça ou a etnia, a religião, o sexo ou a origem nacional dos trabalhadores.

E foi na administração de Ronald Reagan, no entanto, que essas ações afirmativas enfraqueceram — continuando assim também durante o mandato de George Bush.

Durante esse período de subserviência hollywoodiana, poucos filmes sérios mostravam negros. Quando mostravam, os negros eram retratados de forma estereotipada em comédias frequentemente estreladas por comediantes como Richard Pryor ou Eddie Murphy. Quase sempre como *sidekick* de um amigo branco.

As coisas estavam péssimas por aqui, né Mussum e Tião Macalé? Mas as coisas também estavam ruins por lá.

Se a expressão cultural sempre foi, também, a nossa forma de resistir à opressão e de exprimir nossas experiências, o que andávamos expressando até então?

Formas musicais — como o *gospel*, o *blues*, o *jazz*, o *rock*, o *rap*, o samba, e tantos outras — ao longo de muitos anos vinham e continuavam servindo para expressar a luta e a resistência dos negros americanos. E, guardadas as devidas proporções, estruturais e culturais, também a dos negros brasileiros. Mas o que era a nossa expressão no audiovisual?

Foi preciso que os norte-americanos esperassem até 1989 (e eu esperasse até 1993) para vermos a obra de um diretor negro sobre a experiência urbana dos negros — transcodificando discursos, estilos e convenções, afirmando a especificidade da experiência negra em contraponto à cultura branca predominante. Eu estou falando de Spike Lee e de *Faça a Coisa Certa*.

Para mergulhar ainda mais profundamente na relevância de falar sobre Spike Lee — como se precisasse —, deixa eu contar para você sobre um acontecimento no meu bairro, exatamente nesse período em que eu passei a *precisar* ver e entender Spike Lee:

Alguém tinha lido no jornal que a Restinga finalmente receberia seus próprios táxis-lotação, deixando de ser refém da única linha de ônibus que servia ao bairro — uma linha formada por péssimos veículos, antiguidades motorizadas que atrasavam a todo momento, em número obscenamente reduzido nos finais de semana e que eram os responsáveis por deixarem hordas de pessoas todos os dias praguejando em voz alta nos pontos de ônibus. Somente a menção dessa possibilidade, aventada em uma matéria tão curta que não se dignara a receber uma foto ilustrativa, já arejara o coração de milhares de moradores por ali, bradando de forma quase catártica como tudo agora iria *ficar melhor*. Outro lera em seguida que a coisa toda foi cancelada; ou pior, nem se considerava a hipótese. Tudo não passara de uma série de frases de impacto aplicadas fora de contexto e que diziam respeito às promessas de um pré-candidato à vereador que ansiava em formar sua base de eleitores. Não se sabe se também fazia parte do mesmo grupo de frases mal interpretadas, o fato é que alguém insinuou que, na verdade, os táxis-lotação não seriam mais enviados por culpa da empresa de ônibus detentora da licença de exploração da única linha por ali. Noites quentes tendem a acirrar muito o ânimo de negros que se consideram injustiçados. E numa noite quente dessas, um sujeito achou aquilo uma barbaridade e resolveu exercer seu direito ao protesto de maneira bastante violenta. Embebeu sua própria camisa em vodca ou outro líquido inflamável similar, amarrou-a em torno de uma garrafa e a arremessou em direção ao estacionamento da sede da empresa de ônibus, depois de tacar fogo no tecido. Ele acertou um dos ônibus que estava abastecendo, provocando um incêndio que só começou a ser controlado depois que uma massa de moradores já se formara ao redor da sede, aos gritos de um protesto improvisado iniciado nunca se soube por quem — nem frases de efeito eles tinham, cada qual gritava seu próprio bordão sem que entrassem em consenso. Foi preciso a imprensa local surgir, transmitindo o incêndio pela TV com legendas que colocavam mais dúvidas sobre que diabos, afinal, estava acontecendo, para você se dar conta de que estava vivendo muito longe do centro da cidade. Muito mais longe do que imaginava, em um bairro que tinha mais de um filme de Spike Lee do que piadinhas davam conta.

  Talvez essa cena tenha feito você lembrar de algo. Talvez não, se não tiver assistido à *Faça a Coisa Certa*. Deixa eu refrescar sua memória: é o dia mais quente do ano e Mookie, um jovem negro interpretado por Spike Lee, levanta-se para trabalhar na Sal's Pizzeria, em um sábado pela manhã. A aparição dos vários vizinhos pinta um quadro típico das interações entre negros, italianos, hispânicos e coreanos residentes em Bed-Stuy — uma contração para Bedford-Stuyvesant, bairro central do Brooklyn, na cidade de Nova York. Ocorre que Sal, dono da pizzaria, decora seu estabelecimento com fotografias de ídolos ítalo-americanos de esportes e do cinema, o que desagrada a sua freguesia, predominantemente negra. Eis que Buggin'Out, personagem do sempre incrível Giancarlo Esposito, se dá conta disso quando entra no local para comer uma fatia de *pizza*: não há negro na *"Parede da Fama"* do descendente de italianos Sal. É esse incidente trivial o ponto de partida para um efeito dominó: lata de lixo arremessada contra o vidro da pizzaria, multidão ensandecida pelas ruas do bairro, bombas incendiárias improvisadas e um jovem negro morto pela polícia são o saldo desse conflito.

E essa é só uma sinopse extremamente simplificada, porque Spike Lee conseguiu conter em 120 minutos uma escalada de tensão social e racial que é um retrato do clima dessas questões na Nova York daquele período, mas também em outras partes do mundo — *vide* a facilidade com que testemunhamos uma manifestação, onde eu vivia, que poderia estar presente nesse filme. E ele só conseguiu isso porque tudo o que viveu, estudou e realizou até então culminou para essa habilidade de traduzir, como um etnografista talentoso dos negros urbanos, realidades contemporâneas sobre o que significa ser um negro em meio a uma sociedade de consumo e de mídia que tem suas próprias lógicas opressivas.

É por isso que os filmes de Spike Lee surgem como uma intervenção mais do que significativa, mas extremamente necessária, no sistema cinematográfico de Hollywood.

Veja bem o que significou a sua existência artística: dos anos 1920 aos 1960, os filmes realizados por diretores e produtores negros norte-americanos só circulavam em comunidades negras. Daí, por exemplo, o fato de praticamente não sabermos sobre os cineastas negros desse período. Por isso, acho fundamental destacar a presença de Tressie Souders, primeira mulher afro-americana a dirigir um longa-metragem, também escrito por ela. Isso em 1922: A *Woman's Error* (O Erro de Uma Mulher). Só a partir dos anos 1970, os movimentos civis favoreceram o surgimento de um cinema negro mais expressivo que, nesse momento, no entanto, acabou sendo tomado pelo movimento *Blaxploitation*, muito focado em questões de raça, masculinidade e sexualidade — daí a quase inexpressiva presença de diretoras negras.

Se, nos anos 1970, a *Blaxploitation* foi também uma vitrine de realizadores e atores negros, Spike Lee é o diretor que traz ao cinema norte-americano filmes com perspectivas absolutamente negras, com temáticas que vão além de tramas criminosas ou meramente sexualizadas, como era possível ver em filmes como *Coffy*, *Shaft*, *Superfly* e tantos outros que foram realizados naquele movimento cinematográfico.

Spike Lee, tratando de questões raciais, de classes e *também* sexuais, leva ao cinema americano filmes de temáticas explosivas, ausentes do cinema branco predominante e, que, em sua profundidade, põe fim ao cinema *"feito por negros para negros"*.

Se hoje cineastas como Lee Daniels (*Preciosa*), Steve McQueen (*12 Anos de Escravidão*), Barry Jenkins (*Moonlight*) e Jordan Peele (*Get Out*) são indicados a Melhor Diretor no Oscar (mas, infelizmente, até agora, nenhuma diretora negra) — ainda que NENHUM tenha ganhado, em 94 anos de premiação —, é porque tiveram o caminho pavimentado por Shelton Jackson Lee, nascido em Atlanta, na Geórgia, em 20 de março de 1957. Filho de um compositor e músico de *jazz* e de uma professora de artes e literatura negra, Spike, apelido que ganhou de sua mãe na infância, cresceu no Brooklyn, sempre incentivado por seus pais a conhecer o máximo possível sobre arte e literatura afro-americana. E foi isso o que ele fez, visitando galerias e museus, assistindo a peças teatrais: atividades frequentes na sua infância e na de seus três irmãos mais novos, Joie, David e Cinqué — todos que, a propósito, já trabalharam em alguma posição em um dos filmes de Spike. A mãe de Spike trabalhava em uma escola particular, e quando houve a oportunidade de Spike e seus irmãos frequentarem essa escola predominantemente branca, Spike preferiu ir para a escola pública, onde teria a companhia de colegas negros. Ele se formou, então, na John Dewey High School, no Brooklyn, e, quando entrou na faculdade, escolheu estudar Mass Communication na Morehouse College, tradicional faculdade negra de Atlanta, onde seu pai e seu avô também estudaram. Em 1977, no entanto, enquanto estava na faculdade, sua mãe morreu repentinamente. Naquele período, os seus amigos, na tentativa de amainar a tristeza que tomou conta de Spike, tentavam animá-lo com frequentes idas ao cinema. Isso foi o estopim para que ele se tornasse fã dos diretores e filmes da época e se interessasse pela possibilidade de fazer filmes que captassem a experiência dos negros.

Ele foi perseguir esse objetivo na New York University, onde matriculou-se no programa de pós-graduação da Tisch School of Arts. Spike era um dos poucos estudantes negros e foi lá que ele produziu um filme de quarenta e cinco minutos que lhe valeu uma importante premiação estudantil, em 1983: *Joe's Bed-Stuy Barbershop: We Cut Heads*. O filme, segundo Spike Lee explicou na época, pretendia mostrar a importância da barbearia na comunidade negra — uma entidade comunitária que perdia apenas para a Igreja, como espaço integrador —, e foi o primeiro filme de estudante a ser veiculado no Lincoln Center, no *New Directors/New Films Festival*. Foi a partir desse primeiro filme estudantil, premiado e apresentado nesse importante festival, que algumas portas começaram a se abrir para Spike Lee. Em 1986, ele estreou no cinema comercial com *She's Gotta Have It*, lançado no Brasil como *Ela Quer Tudo*. O filme é um estudo sobre a vida amorosa de uma mulher negra contemporânea, uma comédia com uma visão bastante perspicaz sobre estereótipos masculinos machistas. Estabelecendo um modelo que iria se tornar padrão ao longo da sua carreira, Spike Lee não apenas escreveu, produziu, dirigiu e editou o filme, mas também desempenhou um importante papel como ator. Primeiro dos seus filmes financiado por Hollywood, *Ela Quer Tudo* custou apenas US$ 175.000 e arrecadou US$ 8,5 milhões — os lucros que começava a produzir com seus filmes "baratos" mostraram que havia público para o cinema negro que trata da realidade contemporânea.[1] Havia

---

[1] Segundo Ed Guerrero descreve em *Spike Lee and the Fever in the Racial Jungle* (in Collins et al. *Film Theory Goes to the Movies*. New York; London: Routledge), de 25% a 30% dos espectadores naquele momento eram constituídos por negros (representando mais que satisfatoriamente os 13% da população negra norte-americana), o que levou Hollywood a calcular como havia um público significativo para esse tipo de filme. Acrescente que os lucros conquistados por Spike Lee em seus primeiros filmes, de produção barata, possibilitaram o contínuo financiamento de seus próprios filmes e abriram as portas para filmes feitos por jovens negros na década de 1990 e nós vemos como se desenhava uma *indústria dentro da indústria* naquele momento.

público e havia crítica: *Ela Quer Tudo* foi saudado como *godardiano*, uma referência ao diretor Jean-Luc Godard (cineasta franco-suíço pioneiro no movimento de filmes franceses da chamada *nouvelle vague*, nos anos 1960), no festival de cinema de Cannes.

Certamente, uma das consequências mais ricas do que Spike Lee começou no cinema — e que tem prosseguimento hoje com realizadores que se tornam produtores, como Jordan Peele, Ava Duvernay, Steve McQueen, Issa Rae e outros — é a lógica de *abrir as portas* para os próximos. Spike possibilitou que, a partir de então, houvesse o financiamento de um grande número de filmes de outros jovens cineastas negros que surgiam a partir do início do seu sucesso. Essa lógica se tornou quase um mantra que repito quando crio conteúdo nas minhas redes ou quando palestro para empresas, universidade e jovens: quando pessoas negras chegam aos lugares considerados — até então — lugares de exclusividade de pessoas brancas, elas levam outras pessoas negras consigo. E então, um moto-contínuo tem início. É assim que os negros ascenderam nos Estados Unidos, é assim que eu acredito que a população negra ascenderá no Brasil. Embora seja apenas parte da solução, a que busca nossa afirmação de poder por meio do acúmulo de capital e prestígio; pois, como já afirmou bel hooks, eu também tenho total noção de que o racismo não desaparece quando controlamos a produção de bens e serviços ou quando infundimos em nossa arte uma perspectiva afrocêntrica. Afinal, *"para combater o racismo e outras formas de dominação será preciso que o negro crie laços de solidariedade com gente diferente, que tenha compromissos políticos semelhantes"*.[2]

Em 1988, Spike lançou *School Daze* — e, como esse filme só chegou ao Brasil após o grande sucesso de Spike Lee, realizado no ano seguinte, recebeu o oportunista título tupiniquim de *Lute Pela Coisa Certa* — uma sátira de preconceito de cor, esnobismo e traição dentro da comunidade acadêmica negra, que parodiava filmes de gênero sobre estudantes e musicais. *School Daze* (algo mais próximo de *Escola Atordoada*)

---

[2] bell hooks. *Yearning*: Race, Gender, and Cultural Politics. Tradução de Ivone Castilho Benedetti. Boston: South End Press. 1990.

tem como inspiração os anos de Spike dentro da Morehouse, momento em que ele viu a diferença de tratamento e de posses entre os afro-americanos de pele clara e os negros de pele escura, do sul dos Estados Unidos.

Na época, houve um incidente que repercutiu muito: em Howard Beach, no Queens, Nova York, um negro foi perseguido e morto por jovens brancos. E isso foi a inspiração para o próximo trabalho de Spike Lee, filme que o consagraria definitivamente e seria imediatamente reconhecido como obra de importante expressão cinematográfica: *Do The Right Thing*; no Brasil, *Faça a Coisa Certa*, indicado ao Oscar de Roteiro Original, em 1989, e também à Palma de Ouro no Festival de Cannes.

O local onde se passa o filme, Bed-Stuy, é uma área predominantemente negra, lar de *rappers* como Notorius B.I.G, Lil'Kim e Jay-Z. Também cenário da série sobre a infância do comediante Chris Rock, *Everybody Hates Chris* (*Todo Mundo Odeia o Cris*). Spike Lee quis, com esse filme, apresentar o modo como os negros, naquele período, falam, andam, se vestem e agem, com base na gíria, na música, nas imagens e no estilo. E aqui, mais do que nunca, é fascinante ver como Spike Lee recorre às técnicas do modernismo e produz filmes esteticamente inovadores e originais, que veiculam seus próprios pontos de vista e seu estilo estético individual. É um grande posicionamento, porque Spike — assim como Brecht — faz um cinema que dramatiza a necessidade de realizar escolhas morais e políticas. Para fazer isso, Spike produz uma espécie de "drama épico", pintando um quadro amplo de personagens sociais típicas em seus comportamentos; utilizando-se de todos os recursos próprios do cinema moderno, mas também extraindo de cineastas negros que o precederam uma representação da vida do negro urbano que é repleta de música, comédia, drama e de outras figuras que transmitem as mensagens desejadas pelo autor. É claro que é preciso levar em conta a ansiedade de traduzir em signos as mensagens que quer transmitir quando você é um cineasta de apenas 32 anos: há, por vezes, um certo didatismo que objetiva ensinar a descobrir a fazer "*a coisa certa*". E essa busca pode ser traduzida, por exemplo, quando analisamos alguns personagens nesse filme, como os três beberrões/filósofos de esquina, que fazem comentários cômicos o tempo todo. Outro, o DJ de rádio, Mister Señor Love Daddy, papel de Samuel L. Jackson, que diz aos ouvintes não só que *façam a coisa certa* durante todo o filme, mas sempre especifica qual é *"a coisa certa"*, repetindo que a população do gueto deve *"despertar"*, *"amar-se uns aos outros"* e *"relaxar"*. Mesmo com a presença de alguns personagens que se propõem a traduzir com mais obviedade a mensagem do autor — necessário para alguns, dispensável para outros —, Spike Lee consegue criar uma obra modernista, no sentido de que provoca uma grande quantidade de reações, muitas vezes divergentes e ambíguas. Enquanto o já citado DJ funciona como uma espécie de porta-voz da moralidade social, o filme deixa aberta a questão de saber, por exemplo, que posição política Spike defende nessa obra. A política de Malcolm X ou a de Martin Luther King? Ele advoga por reformas ou por uma revolução? Isso é uma questão que fica sempre em aberto. Porque, mesmo que durante todo o filme ouçamos *Fight the Power*[3] ressoando na menor possibilidade, não há clareza de como se deve combater o poder ou que estratégias usar para essa luta. Há quem veja *Faça a Coisa Certa* como um esvaziamento das opções políticas viáveis para os negros na época atual, um olhar que foi proposto por Zygmunt Bauman, sociólogo e filósofo polonês, famoso por seus conceitos de modernidade líquida e do mal-estar da pós-modernidade. Ou seja: politicamente, não há a "coisa certa" a se fazer na situação de pobreza desesperada do gueto, de racismo virulento e de ausência de opções e movimentos políticos viáveis.

---

3 *While the Black bands sweating*
And the rhythm rhymes rolling
Got to give us what we want
Gotta give us what we need
Our freedom of speech is freedom or death
We got to fight the powers that be
Lemme hear you say

Fight the power
Fight the power
Fight the power

("*Fight The Power*", Public Enemy. Ridenhour Carlton Douglas / Boxley James Henry III © Reach Music Publishing Inc., Def American Songs, Inc.)

Se embarcarmos nessa lógica, *Faça a Coisa Certa* — filme que, com um orçamento de 6,5 milhões de dólares, arrecadou mais de 25 milhões, só nos Estados Unidos — nos traz uma visão bastante desolada do futuro, marcada por desesperança e pelo colapso de qualquer política de defesa do negro. O filme de Spike Lee revela as condições de vida e as tensões e os conflitos raciais que podem produzir violência racial e outras formas de conflitos urbanos. Ou seja, analisa o meio social que produz violência e explosões. Em entrevistas dadas após o filme, Spike contou que estava apenas retratando as situações urbanas existentes, e não oferecendo soluções. E essa conclusão denota passividade. Ou desesperança? De qualquer forma, uma versão bastante potencializada do que era eu, por vezes, na minha juventude em madrugadas solitárias em uma praça infantil, esperando amigos que sabia que não iriam aparecer.

Aquela desesperança que, ou tinha como consequência a morosidade ou reações de extrema violência, parecia a que eu vivia desde 1989 — exatamente desde que o filme fora lançado: os anos *não estavam acontecendo*. Desde aquele momento em que a crença política de um bairro inteiro, e que parecia do Brasil inteiro, não se concretizou. E o que aconteceu — a eleição de um sujeito que ninguém nunca soube direito de onde surgiu — também não aconteceu! Somente um ano antes de eu assistir à obra-prima do Spike Lee, em um momento em que todos nós deveríamos estar concentrados em estudar a Eco 92 — aquela conferência que parecia nos trazer alguma esperança sobre alguma coisa que nem sabíamos que nos interessava naquela idade: o futuro do planeta —, estávamos, na verdade, estudando sobre uma palavra nunca ouvida antes, que vinha sendo aplicada naquele momento. *Impeachment* era um conceito tão alienígena quanto aquele sujeito que precisávamos então chamar de presidente, uma espécie de estepe que também poderia mudar de uma hora para a outra, com a mesma rapidez com que o país inteiro mudava de moeda, quando menos se esperava.

Acompanhar a carreira de Spike Lee depois disso é vê-lo alçado ao primeiro escalão de diretores de Hollywood. E ele aproveita bem esse momento, enfileirando filmes. Na sequência, vêm *Mais e Melhores Blues*, que retrata a saga de um trompetista de *jazz* excêntrico, Bleek Gilliam, personagem interpretado por Denzel Washington. Bleek é inspirado no pai de Spike, Bill Lee, que escreveu a trilha sonora do filme. Embora reconhecido por seu domínio técnico, *Mais e Melhores Blues* recebeu críticas pouco entusiasmadas.

Já em *Febre da Selva*, no ano seguinte, Spike analisa questões de raça, classe e gênero, concentrando-se na resposta da comunidade ao caso do escritório de um arquiteto negro casado, interpretado por Wesley Snipes, e de sua secretária ítalo-americana, a atriz Annabella Sciorra.

Esse filme é um grande exemplo da forma como o cineasta retrata certos tipos característicos de comportamento e interação entre os sexos, dando grande ênfase às nuances da cor da pele. Em *Febre da Selva* há estas contraposições constantes entre negros claros e escuros. Há certa fetichização da pele branca das mulheres, mostrando-as como intenso objeto de desejo do homem negro e como um caminho para a sua destruição. E é um fato notável como a maioria das cenas de sexo nos filmes de Spike Lee transcorre à noite, e a iluminação exagera as diferenças de cor, ressaltando o interesse quase obsessivo na *cor* da pele.

A partir dessas decisões imagéticas e narrativas de Spike Lee, há uma corrente crítica que defende que o cineasta exclui a possibilidade de existência de relações românticas sadias entre pessoas de cores/raças diferentes. Flipper, o protagonista de *Febre da Selva*, abandona a esposa negra por uma mulher branca, e depois esse relacionamento é malsucedido. Isso refletiria, portanto, uma posição conservadora da comunidade negra e de outras minorias sociais em relação aos relacionamentos inter-raciais. Ele acaba refletindo essa posição nesse filme, sem, no entanto, investigar a fundo as tensões ou propor soluções — o que, sem dúvida, seria uma grande contribuição desse grande artista.

Malcolm X, seu filme lançado em 1992, responde a uma grande admiração de Spike Lee para traçar o desenvolvimento do lendário líder afro-americano, de suas raízes pobres e rurais aos seus últimos anos como ativista. Spike trabalhou duro para superar muitos obstáculos que ameaçavam a criação desse filme. Foi a sua resolução criativa de problemas e a dedicação ao filme as forças por trás de sua conclusão. E embora *Malcolm X*, interpretado com brilhantismo pelo hoje duplamente oscarizado Denzel Washington, não tenha recebido o Oscar, apesar de indicado — o que seria o mais merecido na carreira de Spike Lee, segundo muitos —, o filme desempenhou um papel significativo na elevação do líder negro ao *status* lendário; também gerou um fenômeno cultural frequentemente chamado de *"Malcolm-mania"*, alimentado pelo material promocional para o filme, que foi comercializado através da Spike's Joint, uma cadeia de lojas que passou a compor uma parte do crescente império de negócios do diretor.

Podemos pular as análises mais profundas sobre *Jogada Decisiva*, de 1998 — drama familiar também estrelado por Denzel Washington, que é uma exposição das práticas de recrutamento de talentos do basquete universitário e hino ao esporte —, e *O Verão de Sam*, de 1999 —, seu primeiro filme sem foco principal em personagens negros, que conta a história real de um psicopata, David Berkowitz, que se intitulou O Filho de Sam e aterrorizou as ruas de Nova York em 1977 — filmes menores de Spike Lee para ir direto ao que também nos interessa muito: no ano de 2000, Spike Lee lança *Bamboozlead*, ou *A Hora do Show*. E no meio de uma obra já acentuadamente radical, muito se disse que esse filme seria seu golpe mais duro. Um filme difícil de encontrar, mesmo em época de abundância de plataformas de *streaming*, mas que vale cada segundo da sua atenção.

Em *A Hora do Show*, Spike Lee opta por tematizar frontalmente a questão da discriminação racial na sociedade moderna e fazer disso a força motriz do seu filme.

A trama apresenta Pierre Delacroix, papel de Damon Wayans, como um jovem roteirista negro de uma emissora de televisão, que ainda não conseguiu ter nenhum de seus textos produzidos. Seu patrão exige de Pierre um sucesso imediato, caso contrário o rapaz será colocado na rua.

Pressionado, Pierre escreve uma comédia escrachada, baseando-se na época em que todos os personagens negros eram vividos por atores brancos com seus rostos pintados, já que os negros não podiam se apresentar nos palcos — os espetáculos de menestréis, ou *minstrel show*.[4] Sarcasticamente, a comédia de Pierre é interpretada por atores negros, pintados com os rostos ainda mais negros. Resultado: sucesso absoluto. Porém, o jovem autor começa a receber pressão de várias pessoas indignadas com a farsa. E o que era para ser apenas uma comédia de televisão acaba se transformando numa polêmica social sobre as relações raciais nos Estados Unidos.

"Sempre fiquei decepcionado com o modo limitado como as pessoas de cor são retratadas, descritas e muitas vezes reescritas na história", afirmou Spike Lee, também roteirista do filme, à época do lançamento desse filme ousado em sua estética, com suas dezenas de minicâmeras de vídeos digitais, compondo um complexo painel dos bastidores de uma emissora de TV.

A *Hora do Show* é um filme ácido, pesado, que muitas vezes trafega pelo cinismo, destilando um rancor e ao mesmo tempo uma desesperança profunda com as possibilidades de bater o sistema de dentro dele. Spike Lee critica os brancos, os negros que se vendem, e até mesmo os negros que enfrentam o sistema sem formar uma ideologia concreta. Desde o início do filme, o personagem principal deixa claro que o tom vai ser o da sátira. E dentro desse registro, Spike constrói o filme como talvez um conto de fadas moderno às avessas, onde não há heróis, em uma obra de energia raivosa e apaixonada. E este, sem dúvida, é seu

---

4 Um tipo de espetáculo teatral popular, tipicamente americano e notavelmente baseado em ideais racistas perpetuados nos Estados Unidos e no mundo, que reunia quadros cômicos, variedades, dança e música, inicialmente com artistas brancos maquiados como negros com o rosto maquiado de preto (*blackfaces*), principalmente depois da Guerra Civil. Uma característica conhecida era o contorno dos lábios e dos olhos com uma tinta branca, que combinava com luvas e meias da mesma cor, contrastando claro e escuro nos espetáculos, e que produziam um efeito cênico. O cinema também se utilizou desse estilo, celebrizando Al Jolson no primeiro filme sonoro da história (*O cantor de jazz* de 1927). Com o advento da iluminação elétrica e dos filmes coloridos, além das críticas ao racismo dos espetáculos, esse estilo acabou por decair no gosto popular. Nos *Minstrel Shows* os personagens negros eram sempre ignorantes, preguiçosos, falastrões, supersticiosos e musicais. No início dos anos 1830, o espetáculo consistia em breves quadros entreatos cômicos burlescos. Na década seguinte, era um show completo. Em 1848, o jogral dos "cara-pretas" se tornou uma arte nacional da época, com um formato como de uma ópera mas que se utilizava de temas populares para plateias em geral. Na virada do século, o *minstrel* continuava popular mas começou a ser substituído no gosto do público americano pelos espetáculos de *vaudeville*. Continuou como entretenimento profissional até por volta de 1910; artistas amadores continuaram a se apresentar até a década de 1960 em escolas, fraternidades estudantis e teatros de periferia. Com a luta dos negros contra o racismo ganhando as ruas, os shows *minstrelsy* perderam a popularidade. (MAHAR, William J. *Behind the Burnt Cork Mask: Early Blackface Minstrelsy and Antebellum American Popular Culture*. Tradução do autor. Illinois: Universidade de Illinois, 1998.)

maior atributo: há uma força própria de um filme de início de carreira, e uma atmosfera nunca apresentada em nenhuma de suas obras anteriores, como uma fábula desesperançosa.

O final do filme que, me atrevo a dizer, já é quase um clássico, contém dois artifícios brilhantes: o uso das cenas de arquivo de TV e cinema com representações do racismo, e os brinquedos de cunho racista que vão se acumulando no escritório do protagonista e que tomam os créditos finais.

Pulemos para 2018, momento em que Spike Lee novamente grita com o público, explicitando sua mensagem antirracista a todo momento e concentrando os holofotes sobre o ressurgimento de discursos perigosos, nos EUA e no mundo. Nesses tempos tumultuados, não é possível ser sutil, e esta é uma história que deve ser escutada.

Infiltrado na Klan é um filme baseado na história real de Ron Stallworth (papel de John David Washington, ironicamente, filho de Denzel Washington, um dos astros-fetiches de Spike). Ron é o policial negro que conseguiu se infiltrar na Ku Klux Klan no ano de 1978. Desde já, é uma premissa absurda, algo que o próprio filme atesta nos letreiros iniciais. Mas, no caso, a infiltração se deu de dois jeitos: enquanto o Stallworth real se comunicava com os membros da Klan por telefone, seu parceiro branco Flip Zimmerman, papel de Adam Driver, assumia seu lugar nas reuniões presenciais do grupo para preservar o disfarce. A missão tomou proporções surpreendentes, já que os dois conseguiram desmascarar diversos membros da *"organização"*, incluindo seu diretor regional David Duke, interpretado por Topher Grace.

Infiltrado na Klan é um ótimo suspense policial com toques de comédia. Como se trata de um *"Spike Lee Joint"*, a direção é livre e solta na missão de trazer essa história às telas, frequentemente tomando liberdades para abrir parênteses no meio da ação, seja para discutir outros filmes ou tópicos políticos e culturais da atualidade. E ao longo de seus 135 minutos de duração, fica claro que Spike não está interessado em como a história de Stallworth realmente se desenrolou, e sim no que ela representa, tanto cultural quanto politicamente, nem se dando ao trabalho de disfarçar seus paralelos com a atual situação política dos EUA. Não por acaso, o filme foi elogiado como um comentário mordaz sobre as tensões raciais duradouras nos Estados Unidos, e Spike Lee ganhou o Oscar de melhor roteiro adaptado, seu primeiro reconhecimento pela Academia, depois das indicações que já teve. E se muitas vezes as obras de Spike Lee foram vistas mais como peças em que há o debate moral em detrimento do debate político, aqui Spike deixa bem claro como operar favoravelmente a partir da segunda discussão.

Assim como acordou o público para questões veladas com *Faça a Coisa Certa* e *Malcolm X*, Spike Lee volta a dar seu grito de *"Acorde!"* como uma forma furiosa de resistência.

Esse chamado para *acordar* talvez tenha chegado até mim um pouco mais cedo do que seria necessário. Eu estava acordando porque, aos quatorze anos, é difícil passar incólume a todas as consequências dessa realidade: ser um garoto negro na periferia. Pessoas jogando garrafas incendiárias em empresas *com certeza* não era um fato que moradores de muitos outros bairros da cidade podiam dizer ser comum. Talvez ainda fosse muito cedo para que eu me atrevesse a pensar que só um pouco mais tarde, cada vez mais, algumas partes do meu bairro iriam deixar de parecer tão acolhedoras quanto então pareciam. Não havia muitos motivos para crer que churrascos e tardes de domingos nas quais se era possível enxergar os vizinhos por entre a cerca seriam artigos de luxo. É claro que, a qualquer momento, é bom saber que cada um dos meus vizinhos estão construindo cômodos adjacentes em suas casinhas todas iguais e caiadas e em pouco tempo estão também levantando muros para ter mais privacidade. Só um pulo para a construção de andares superiores, sacadas e toda sorte de coisa que cimento e argamassa fazem nascer. Mas o nome disso é evolução. São as consequências e os motores de um bairro crescendo. É o capim crescendo por entre os vãos dos paralelepípedos da rua, sob a pouca intervenção da divisão municipal de limpeza urbana, que já não tem mais tanto interesse em ser ativa em um bairro assim. Quem liga para um bairro assim?

Não se pode dizer que eu estava *acordado* aos quatorze anos, até porque eu não pensava sobre isso com essa idade. Foi preciso o chamado de Spike Lee para *começar* a pensar sobre isso. E, então, o trivial se esmorece — cercas de madeira branca, balanços pendurados em grossos galhos de figueiras, o som de programas infantis de TV escapando por entre janelas abertas, cavalos pastando docemente em jardins domésticos, crianças a caminho da escola cheirando a iogurte, flores que despontam em meio ao verde de gramados ainda rescendendo ao corte, e as folhas, folhas largas como plátanos que se pintam de cobre e são como pingentes filtrando a luz solar durante o breve instante de vida que ainda lhes resta antes de desabarem em montes aos pés das árvores, varridas pelo vento até soterrarem meios-fios —, e o hediondo se destaca — garotos com a minha idade encostados em muros à noite, carregando coisas secretas nos bolsos de moletons gigantescos e oferecendo coisas quando se passa perto deles, casebres que crescem misteriosamente em qualquer canto do bairro, como corpos estranhos e pustulentos sendo odiados em silêncio por todo mundo, velhos cheirando a destilado que saem de bares aos gritos, meninas com treze anos se comportando como se tivessem dezessete, enfiadas em calças justas de malha ao lado de sujeitos muito mais velhos cujos negócios ilícitos qualquer um sabe muito bem quais são.

Qualquer um acordaria ao se dar conta de como um chamado num filme se torna um chamado na vida. Qualquer um acordaria ao se dar conta de como uma periferia a oito mil e duzentos quilômetros de distância se torna tão próxima daquela em que você acorda todos os dias.

Eu estava acordando para saber ainda mais profundamente quem eu era, de onde eu vim e no que esse local estava se transformando.

E o que eu ia fazer com essa informação, ainda sem saber que ela era a primeira de muitas que Spike Lee iria me fornecer? Pois entre curtas, longas, documentários, ficções, vídeos institucionais e episódios de séries, ao longo de mais de 80 trabalhos, Spike vem me enchendo de informação, mostrando que o cinema pode tratar de questões de fundamental importância política, gerando discussões com efeitos políticos progressistas, em obras cativantes e provocantes, que nunca subestimam o seu espectador. Pelo contrário, os fazem acordar, assim como ele me fez.

Porque eu entendi cedo que é isso o que Spike Lee vem nos gritando durante toda sua carreira — Acorde!

Q UANDO O FIM DE SEMANA CHEGOU, Zé da Baé estava programado para entrar depois que Mario Pezão e Mano Délcio GJ terminassem seus *sets*. Zé havia pensado em tudo; o tamanho da estrutura e a organização do evento eram visíveis. Quando eu me deparei com aquilo, fiquei muito impressionado que aquele garoto, com a mesma idade que eu, um garoto da minha rua, tivesse se articulado tanto e colocado de pé aquela atração, chamando a atenção do bairro inteiro. Todo o entorno está apinhado de gente. Garotas pululam de um lado ao outro, em todo o entorno da Esplanada, com seus vestidos estampados, batons em tons fluorescentes e cabelos rescendendo à creme, rostos repletos de base e mãos em concha para proteger os cigarros, quase simultâneo ao gesto de dispensar a fumaça com o canto da boca. Elas iluminam a noite, mesmo disfarçando o vento que arrepia seus braços nus, tiritando só um pouquinho em cima de seus saltos inalcançáveis. Eu tinha dificuldade de entender um grau daqueles de produção, quando não se sai do próprio bairro. Mas aquilo parecia realmente importante para elas.

  Eu me lembro de ter a capacidade de viver aquele instante de maneira quase hiper-racional: ainda naquele momento era estranho poder curtir festas assim. Eu era só um garoto com licença para as reuniões dançantes da escola e, de repente, já estava presente naquele baile gigante em praça aberta, curtindo cada fiapo de sensação, penetrando passo a passo naquele universo de corpos, mas também conseguindo me enxergar a distância, como uma manchinha invasora que, por algum motivo, não deveria estar ali.

  É uma quantidade enorme de pessoas praticamente trancando todo o entorno da Nilo Wulff e dando trabalho aos poucos policiais militares que são forçados a prestar serviço ali na volta, já que o evento é uma parceria político-privada. Rapidamente, carros chegam e se posicionam nas ruas mais próximas, abrindo suas traseiras para comercializarem todo tipo de bebida.

  Pelos vãos existentes no intervalo de todos aqueles corpos — garotas incrivelmente produzidas e manos dedicadamente estilosos em seus bermudões novos e suas camisetas de algodão bem passadas —, ecoa o som vindo lá do palco. É Mano Délcio concluindo sua apresentação. Ele intercala a habilidade de comandar dois toca-discos e um *mixer*, enquanto empunha um microfone e canta sua própria música sobre uma base de Mark Morrison, "I Wanna Be Your Man". A galera faz passinhos ao som daquele *charm* e uma chusma ali perto bebe sua cerveja, confusa entre a vontade de curtir aquele som em segurança ou transformar tudo em comentário irônico e não aproveitar nada, de verdade, em momento algum.

Zé da Baé vai entrar em quinze minutos.

Um *show* lotado era a senha para exercitar meus dotes sedutores. Mas, aos quinze anos, você existe e não existe, já que pode ser somente um empecilho físico no qual se é preciso tocar. Ou só um garoto, com o qual não se deve perder tempo. Ali, naquele momento, eu me tornava visível demais e precisava fazer alguma coisa com as ferramentas que tinha. Um papo bom? Um cabelo que fica especialmente bacana quando está molhado? As pessoas certas à minha volta? Minha infância já tinha ficado para trás — talvez mais depressa do que eu gostaria. Mas, que inferno, quando se está com quinze anos tudo o que você quer é que os bons momentos sejam como colchões de ar nos quais você pode penetrar de forma casual, com não mais do que um movimento de ombro. Por que tudo não pode ser exatamente assim?

A sensação é de que Mano Délcio DJ nunca vai abandonar as *pick--ups*, para dar lugar *ao meu mano*, Zé da Baé. Mano Délcio DJ — cria do bairro, talvez o mais próximo que pudéssemos ter como referência de algum tipo de ascensão social pela música, tinha sido o DJ do horário nobre da principal rádio negra da cidade, comandando diversos programas de *black music* e gravando as próprias canções em português sobre bases muito conhecidas de sucessos americanos de R&B. Ele fizera bastante dinheiro com bailes itinerantes pelas cidades do estado inteiro e lançara algumas coletâneas de CDs com seu nome. Quando já era tarde demais e as bandas internacionais com bases musicais pré-programadas em sintetizadores tomaram conta de todas as FM's, ele ainda tentou se aventurar na carreira política, sem sucesso. Por isso, naquele momento, ele parecia se agarrar ao máximo a qualquer oportunidade que julgava como exposição. Devia ser por isso que, no meio de todas as canções que tocava, ele *remixava* uma vinheta com seu próprio nome, seguida de um *scratch*, e às vezes empunhava um microfone e falava seu nome, novamente, deixando claro, caso alguém ainda não tivesse percebido, que era ele mesmo, Mano Délcio DJ, quem estava no comando daquele *set*, falando de si na terceira pessoa.

Eu ainda não tinha consciência disso, mas viver e testemunhar acontecimentos como aqueles na Restinga era estar presente em parte da história negra de Porto Alegre. Aquilo era um território negro urbano, onde manifestávamos nossa singularidade, própria da maioria daqueles que formavam o bairro e a festa — uma população de ascendência africana. Aquele era nosso quilombo urbano: uma versão contemporânea do que outros negros iguais a nós manifestaram nas primeiras décadas do século 20, reunidos em sociedades, clubes ou associações. Dois nomes que marcaram para a sempre a cidade e poderiam, em tempos passados, receber uma festa como aquela: Sociedade Floresta Aurora e Associação Satélite Prontidão. Quem sediava aquele novo momento, no entanto, era a Esplanada, aquele espaço multifuncional a céu aberto, reduto dos *shows* e eventos do bairro, em cujo piso de pedras de basalto pisava, naquele momento, uma seleção interessante, formada numa maioria saudável por sujeitos de mais de quarenta anos enfiados dentro de calças de malha Adidas que, junto com mulheres com tranças intrincadamente elaboradas, se dedicavam a resgatar o que, provavelmente, eram passos de dança consagrados em uma época mais áurea. Quase como um animador de baile à frente deles estava Zé da Baé, com seus pesadíssimos fones pendurados no pescoço. Era visível quão feliz o meu amigo estava, muito concentrado na reprodução daqueles passos, olhando para trás a todo momento para não perder a sequência, estiloso no seu camisetão preto esticado até a altura dos joelhos, no qual se lia RUN DMC.

> *"I play my stereo loud it disturbs my neighbors*
> *I want to enjoy the fruits of my labor*
> *'Cause I am the holder of the 3-pack Bonanza*
> *If you open the book then you will get your hand slapped."*[1]

---

[1] *"Eu toco meu aparelho de som alto, perturba meus vizinhos. Quero aproveitar os frutos do meu trabalho. Eu sou titular da Bonanza de 3 pacotes. Se você abrir o livro, você receberá a mão com uma bofetada"*. (B-Boy Bouillabaisse, Hello Brooklyn, Beastie Boys).

"De quem é esse som?", alguém perguntou ao pé da estrutura para Zé da Baé, que começava seus trabalhos fazendo girar o toca-discos. Ele, obviamente, não podia ouvir o sujeito que perguntou, com o fone no talo, envolvendo sua cabeça. Mas o sujeito insistiu, levantando as mãos para se fazer notar. Com a atenção de Zé, berrou: "Zé, de quem é esse som?".

"Beastie Boys!", ele respondeu, tentando se concentrar.

"Beastie Boys?!", o sujeito repetiu. "Aqueles branquelos?!"

Um pequeno grupo parou, mirando Zé, que continuava concentrado na *playlist* que precisava formar.

"Cara", ele continuou, "são aqueles branquinhos? É isso? É isso que você vai tocar aqui, pra negrada?", ele tornou a questionar, com uma expressão que tornava claro seu desprezo.

"É", respondeu Zé da Baé. "São aqueles brancos. Iguaizinhos a menina que está aí, dançando ao seu lado. Igualzinho ao tiozinho ali atrás. Igualzinho a uma galera aqui!"

"Porra, Zé!", esbravejou o sujeito. "O que é isso, meu? Esses *raps* de branquelo! A gente quer ouvir *rapper* preto! Isso aí não existe, cara!"

Zé assustou-se um pouco com a efusividade do sujeito à sua frente, mas tirou o fone dos ouvidos e encarou o outro:

"Cara, *hip-hop* é *hip-hop*. Só existe bom e ruim. E isto aqui é bom demais!"

"Fala sério, meu!", o sujeito insistiu. "Esses caras nem são do gueto. Pri-vi-le-gi-a-dos, meu! Não aguentam meia hora de porrada aqui na Restinga. Ajuda nóis aí, mano!"

"Tá bom então, mano!", Zé da Baé respondeu.

E como se não tivesse feito mais nada de sua vida além de ser DJ, Zé da Baé enfiou só um dos fones na orelha tentando absorver os sentimentos em relação ao próximo som que ia tocar. A música que Zé da Baé reproduziu — acrescentando, no seu início, *samples* de atabaques iorubás, antes de começar a batida original da música —, parecia a resposta ao pedido silencioso de todos aqueles negros ali reunidos.

"Menina Leblon, vermelho batom
Foi vista com Jow malhando na praça

Sabote Canão convoca no som
A Paz dos irmãos de toda a quebrada
Sabotage, mano Anísio
Eu vejo diabólico confiro analiso
Um branco e um preto unido
Resposta que cala o ridículo
Vejo assim confisco, mundo submisso
Eu adquiro, alívio, paz para os meus filhos
Na decente, atenciosamente eu sigo em frente tipo assim
Regenerado delinquente lá do Brooklyn
Não sou Mun-Rá, mas tenho sim uns Pit Bull por mim
Sei que até lá, liberdade já, pros meus irmãozinhos
Representei, com um do verdinho na mente ok
Não desandei eu me empenhei me dediquei também
Conheço o povo, de Sampa, RJ, BH, Baixada, Porto
Sou Gavião Fiel de origem louco
Nada bobo, não brigo pelo jogo, sou fogo contra fogo
Mais vale uma família e um qualquer no bolso
Medo, talvez desemprego sofrimento lamento
Vai ser demais, vou viver sem paz
Pagar veneno, nas ruas falcatrua zé povinho
Um isqueiro, o itinerário de um puteiro é o Brasil"[2]

    Eu penso que existem algumas obras fundamentais, obras que conseguem reunir uma grande quantidade de elementos de um artista e são importantes sínteses do seu diferencial, por carregar nela um pouco de tudo o que faz aquele artista tão genial.

    Eu não conhecia Sabotage. Naquela noite, naquele momento, mais uma vez Zé da Baé estava me apresentando um artista fundamental e começando com aquela que eu tenho, para mim, como obra máxima dele. Independentemente da genialidade de seus tantos outros *raps*, aqui eu me deparei, e fui obliterado, pela capacidade veloz de alternância de *flow*

---

[2] MUN Rá. *Uma Luz que Nunca Irá se Apagar*. Intérprete: Sabotage. São Paulo: Cosa Nostra, 2002.

e, mais do que isso, por essa composição literária e rítmica dos versos que fazem parte da porção mais acelerada do *rap*; uma passagem muito rica, com rimas e tempos muitos complexos. Tão complexos que, no entusiasmo e no fascínio de o escutarmos, cantado, talvez a gente perca um pouco da dimensão narrativa do que ele está contando neste trecho fabuloso de apenas 34 segundos — 34 segundos de genialidade. Leia. E se puder, ouça:

> *"Se liga na fita: danados otários estão maquinados no morro.*
> *Falaram que pode atirar, na sequência, se pá, vão prestar nem socorro.*
> *Mas abre olho, o cara piolho, é sempre um mano dos nossos!*
> *O inimigo meu tem Astra, Barca, Blazer, também tem Moto.*
> *Sul Canão, meu bairro, pinotei não deixei rastro.*
> *Comentaram, sim, forjaram que eu vi, doze parangas no bafo.*
> *No bairro eu pego meu fino, na fé vinha vindo, na fé vou seguir.*
> *Deus que me livre da mira dos tiras, mas nego eu não fico, não brinco, nem mósco.*
> *Medo, só vejo os destroços!*
> *Do pobre, que acorda com ódio.*
> *O Anjo do céu não pode ser réu.*
> *Quem vem das ruas, não joga fácil.*
> *Tipo Invasor tenebroso, fogo contra fogo.*
> *Lúcio Flavio louco, o corvo."* [3]

Quem escreveu isso foi o mesmo sujeito que falou à revista *Trip*, em março de 2003, sobre como era sua vida antes desse e de outros *raps* se tornarem um fenômeno nacional:

> *"Na minha época, eu passava fome, mas tinha os caras do crime que falavam: 'Você não vai nessa fita, não. Fica aí que, se arrumarmos um dinheiro, nós te damos'. Hoje isso mudou, a droga é mais forte e o crime, mais pesado. Você vê moleque de 14 anos com arma 9 mm dando tiro que nem louco na porta do salão. Você vê cara colocando*

---

[3] MUN Rá. *Uma Luz que Nunca Irá se Apagar*. Intérprete: Sabotage. São Paulo: Cosa Nostra, 2002.)

roupa da Eletropaulo e estuprando as minas por aí. O bagulho tá louco, mano, e a tendência é piorar... Emprego só tem na Polícia Militar. Aí o cara vira polícia, sabe que você conhece o morro e vai te atazanar para o resto da vida."

Quando esse sujeito nasceu, a moda no Brasil era a calça boca de sino. A musa, Darlene Glória. O ídolo esportivo, Emerson Fittipaldi. Na vitrola, rodava Secos & Molhados. No cinema brasileiro, a população encarava filas para assistir *Como é Boa a Nossa Empregada*. No cinema norte-americano, *O Exorcista* se tornava o mais lucrativo filme de terror de todos os tempos.

O ano era 1973, talvez o ano de maior repressão do regime militar sob o governo de Emílio Garrastazu Médici, e na periferia da zona sul, favela do Canão, um catador de material reciclável, alcoólatra, abandonava sua esposa grávida, Maria Ivonete, que daria à luz, em 3 de abril de 1973, a Mauro Mateus dos Santos, o Sabotage.

Sabotage — então Maurinho —, cresceu sem a figura do pai, como diversos outros *rappers*, criados somente pela mãe. Esse, obviamente, não é um problema estritamente encontrado no mundo do *rap*, é um problema estrutural que assola o Brasil, assim como outros países. Segundo os dados contidos no texto "O Abandono Afetivo Paterno Além das Estatísticas", de Caroline Aragaki, em 2020, cerca de 5,5 milhões de brasileiros não possuíam o nome do pai em seu registro de nascimento, e cerca de 11,6 milhões de famílias eram formadas por mães, sem a presença paterna ao lado. Essas mulheres assumem os dois papéis, materno e paterno, na formação das crianças e na manutenção da casa. Essa foi, também, a sina de Maria Ivonete, que "criava sozinha seus três filhos, trabalhava duro para garantir o sustento da família. Recolhia papelão. As sobras de alimentos vinham de um mercado próximo, até conseguir o trabalho como faxineira. Ainda assim, a filha de Bento e Tereza educou Paulinho, Deda e Maurinho, de modo que pediam licença ao entrar na casa de qualquer pessoa, sempre tiravam o boné da cabeça para comerem e jamais faziam refeições sem camisa".[4]

---

4 TONI, Carlos. *Um bom lugar*: biografia oficial de Mauro Mateus dos Santos – Sabotage. São Paulo: LiteraRUA, 2013.

Eu posso me dedicar a esmiuçar a origem do termo *hip-hop*, posso escrever longas linhas sobre o Bronx nos anos 1960, falar de DJ Kool Herc, dos Sound Systems, Zulu Nation. Posso escrever sobre o movimento *hip-hop* como uma forma de manter os jovens fora do crime e da violência, com uma força que salvou mais vidas do que centenas de planos educacionais. Posso dissertar sobre o surgimento dos MCs, te encantar com a história de Afrika Bambaataa, da cultura dos guetos norte-americanos. E então, sabe o que posso fazer? Dar um pulo historiográfico pro Brasil e escrever longamente sobre o Miami Bass, contar a você sobre as equipes de bailes nos anos 1980. Me demorar sobre as idiossincrasias do funk nacional. Contar sobre DJ Marlboro. Falar de Furacão 2000, do *break*, Nelson Triunfo, Thaíde & DJ Hum, Os Metralhas, Racionais MC's e Jabaquara Breakers. Explicar como nasceu a Chic Show, Black Mad e Zimbabwe.

Mas sabe o que eu não posso explicar? De onde vem toda a força e talento de um sujeito que se estabelece como um trovador das favelas. Que fenômeno revela, em um sujeito miserável, a capacidade de ser uma voz tão impactante, não à toa considerado um *maestro*, "maestro do Canão", por causa do nome da favela onde morava, em São Paulo. Este é Sabotage, cujo apelido, concedido pelo irmão Sérgio, se deu em função de Mauro — Maurinho, como a família o chamava —, sempre burlar as leis e regras com êxito, como entrar em bailes e boates sem permissões, além de sair ileso de inúmeras confusões.

> "Tá pra rima, voz bem lá em cima, essa é a sina
> Destino indica a correria de um homem
> Alternativa pra criança aprender basta que assina
> Essa é a verdade, criança aprende cedo a ter caráter
> A distinguir sua classe, estude Marx
> Seja um Martin, às vezes um Luther King, um Sabotage."[5]

A música, segundo já contou, sempre foi uma paixão. Pequeno, escutava Pixinguinha, Chico Buarque. Dizia ser um garoto que não gos-

---
[5] CANÃO foi tão bom. *Sabotage*. Intérprete: Sabotage. Bang Records, 2016.

tava de jogar bola, mas sim de escrever e de escutar um som, e intercalava esse gosto pela música às eventuais visitas de seu pai, que volta e meia aparecia em casa, sempre alterado pelo álcool — o que resultava nas constantes brigas com Sabotage, que cresceu solto pelas ruas da favela.

Devido à falta de saneamento básico, tanto no lugar onde morava, quanto nos bicos que fazia para conseguir dinheiro, Dona Ivonete acabou contraindo a doença de Chagas e faleceu em 1992. Essa perda afetou bastante Sabotage, e não ter dinheiro para dar a Dona Ivonete um bom velório o marcou profundamente. Sabotage se tornou o típico garoto de favela, negro e pobre, que tentava sobreviver em meio à violência e ao descaso social. O *rapper* conviveu com a violência desde muito cedo, razão pela qual entrou no tráfico ainda criança, como um olheiro, aos 8 anos de idade.[6] E, ainda menor, não demorou muito para ser preso, acusado de roubo, e levado para a então Fundação Estadual para o Bem-Estar do Menor (Febem), hoje conhecida como Fundação Casa.

Aos 15 anos, Sabotage começou a se inscrever em concursos de *rap*. Num deles, no salão Zimbabwe, conheceu Mano Brown e Ice Blue, dos Racionais, que teriam ficado impressionados principalmente com a *performance* dele. Ele conciliava sua vida no tráfico com bicos que fazia para ganhar mais dinheiro e poder frequentar os bailes da Chic Show, comandado por Luizão. Nesse período é que Sabotage teria tido o primeiro contato com Rappin' Hood — uma amizade nascida na plataforma do metrô, quando voltavam juntos do Club da Cidade, pegando o metrô da Barra Funda até a estação Santa Cruz, estação que se tornaria, anos depois, ponto de encontro de *rappers* nas batalhas de *freestyle*.

Mas a oportunidade de encontrar no *rap* um caminho financeiro não acontece nesse momento. Então Sabotage começa a trabalhar na feira. E, nesse período, ele reencontra Dalva, seu amor de infância. Os dois começam a namorar e, em 1993, Dalva engravida do primeiro filho deles, Anderson.

---

[6] "*Entre os 8 ou 9 anos, Sabotage foi levado por um tio a fazer pequenos serviços para o tráfico de drogas do local. Talvez não fosse possível ser um 'cara mais cabuloso' nessa idade. De todo modo, os pequenos serviços cresceram até que, em pouco tempo, ele se tornou um 'avião'. Aos 11 anos, foi promovido a 'olheiro'; e, aos 15 anos, a 'soldado'*" (GIMENO, Patricia Curi. *Poética versão*: a construção da periferia no *rap*. 2009. Dissertação (Mestrado) – Instituto de Filosofia e Ciências Humanas, Universidade Estadual de Campinas, Campinas, 2009.)

As despesas, é claro, aumentam em casa, e Sabotage ganha muito pouco com as suas atividades na feira. A miséria era tanta que usavam camiseta como fralda do filho então recém-nascido, e sua mulher precisava sempre recorrer às longas filas de distribuição de leite em pó na comunidade.

Cansado daquela falta absoluta de dinheiro, e das negativas às suas várias tentativas de conseguir emprego (um de seus sonhos na época era conseguir um trabalho de *office boy*), Sabotage decide entrar para o crime. Algum tempo depois, seu irmão, Deda, é preso por tráfico, e Sabotage o visita religiosamente no Carandiru. Nessas visitas, planejavam formar um grupo de *rap* assim que Deda saísse da prisão. Mas isso nunca aconteceu, já que poucos dias após sair da prisão Deda foi assassinado.

Essa tragédia fez Sabotage se envolver ainda mais no mundo do crime e das drogas, esquecendo do seu sonho de cantar e passando a fazer carreira como gerente do tráfico. O fato de seus tios também serem traficantes possibilitou tal acontecimento. O laço entre o tráfico e a sua família fez com que ele percebesse que esse era o caminho a ser seguido. Isso mostra como Sabotage foi criado em um meio social com sérios conflitos com a lei e em seu processo de formação educativa o crime teve bastante influência.

Devido ao seu envolvimento cada vez maior com a criminalidade, foi preso duas vezes por porte ilegal de arma e uma terceira vez por tráfico de drogas. Em 1995, foi indiciado novamente. Em 1998, mudou-se da favela do Canão para o complexo Vila da Paz, devido ao processo de desapropriação de casas que atingiu conglomerados que viviam à margem do então córrego Águas Espraiadas — hoje, Avenida Jornalista Roberto Marinho.[7]

Na nova comunidade, Sabotage monta um ponto de distribuição de drogas com outro traficante, conhecido como Binho.

Porém, Sabotage teria entrado em conflito com outros traficantes que já dominavam o local, e as coisas ficaram ainda piores quando

---

[7] *"Em meados de 1998, mudou-se com a família da favela do Canão. Eles faziam parte do grupo de quase 50.000 pessoas que o então prefeito da cidade de São Paulo, Paulo Salim Maluf, expulsou das favelas da região para a construção da Avenida Águas Espraiadas. Apesar da simbólica indenização de cinco mil reais recebida da Prefeitura pela desapropriação da favela, as notícias sobre os desvios de dinheiro das obras, sobre o superfaturamento da avenida e a truculência com que a desocupação foi realizada, praticamente transformaram a desapropriação numa ordem de despejo"* (GIMENO, Patricia Curi. *Poética versão*: a construção da periferia no *rap*. 2009. Dissertação (Mestrado) – Instituto de Filosofia e Ciências Humanas, Universidade Estadual de Campinas, Campinas, 2009.)

Sabotage e Binho teriam eliminado o chefe da facção rival. Para fugir do conflito no complexo Vila da Paz, Sabotage teria se mudado para a favela do Boqueirão, abandonando Binho, que foi preso em 2002, mas acabou nas ruas de novo e foi morto por bandidos inimigos.

Desde a infância, o *rapper* teve forte ligação com o crime. Esse percurso é muito similar aos de alguns *rappers* afro-americanos, que também se envolveram inicialmente com o tráfico e o uso de drogas, com a violência e depois ingressaram no mundo da arte.

A trajetória de Sabotage encontra reflexo em artistas como os *rappers* norte-americanos Tupac Shakur e Notorious B.I.G., também assassinados.

Esse contexto de empobrecimento, desemprego e aumento da pobreza é o combustível para que o narcotráfico, entre outras ilegalidades, se torne referência econômica para a população marginalizada, moradora de favelas e ocupações.

> "*A presença, em alguns territórios populares, de traficantes e o envolvimento de alguns moradores nessa atividade (se torna) suficiente para a criminalização geral. Isso faz operar uma estigmatização de bairros populares da cidade e justifica uma conduta 'diferenciada' da polícia nesses locais, impondo sobre tais áreas um verdadeiro genocídio e o encarceramento em massa de jovens, sobretudo negros. É nesse contexto que a cultura periférica tematiza a cidade, estabelecendo novos contornos sobre a questão da violência policial, a partir de uma crítica feroz sobre o abismo social e o racismo.*"[8]

Em 2000, no entanto, Rappin' Hood — que Sabotage conhecera nos bailes da Chic Show — apresenta o trabalho do *rapper* para Sandrão, do RZO.[9] A partir daí, os dois começam a mudar esse cenário de crime na vida de Sabotage.

---

8 RONLIK, Raquel. *São Paulo*: o planejamento da desigualdade. São Paulo: Fósforo, 2009.

9 O RZO (sigla para Rapaziada da Zona Oeste) é um grupo de *rap* fundado em 1992, que teve sua origem na periferia da Zona Oeste de São Paulo, no distrito de Pirituba. Inicialmente formado por Sandrão, DJ Cia e Helião, foi responsável por apresentar ao mercado artístico nomes como Negra Li, Marrom, U-Time, Função RHK, além de Sabotage e muitos outros.

"Um dia a gente estava na casa do Helião. Eu, Helião, Sandrão. E naquele dia dissemos que estava reunida a nata do rap brasileiro. Eu brinquei, dizendo que faltava gente ainda. Mas como falta gente se tá todo mundo aqui? Tá o Potencial, tá o Racionais, tá RZO, tá Posse Mente Zulu. Quem que falta, Rapin? Aí eu falei: falta um cara chamado Sabotage. E aí, um dia, ele foi num show do RZO e procurou o Sandrão. E entregou uma fita cassete pro Sandrão!"

Esse é um trecho da fala do *rapper* Rappin' Hood, no documentário *Sabotage Nós*, de Guilherme Xavier Ribeiro, e dá conta do momento em que Sabotage começou a fazer parte da família RZO, quando então suas participações nos *shows* fizeram com que o *rapper* passasse a evoluir musicalmente de forma muito rápida, até ser convidado por Mano Brown e sua produtora e gravadora, a Cosa Nostra, para gravar seu primeiro disco, que teve distribuição da Sony. *Rap é Compromisso* foi produzido por Zé Gonzales, Daniel Ganjamen, RZO, Quincas Moreira e Tejo Damasceno. Tem participações do grupo RZO, Rappin' Hood, Chorão, Negra Li, Black Alien, entre outros. O disco pode ser considerado um dos primeiros de *rap* a expandir as trincheiras com outros gêneros. Há, por exemplo, a participação do cantor Chorão, da banda Charlie Brown Jr., em "Cantando pro santo", algo que até então era inconcebível para o *rap*.

O disco inicialmente iria se chamar *Sabotage Brooklin Sul*, mas o nome escolhido por fim se torna ainda mais adequado quando se ouve esse quase manifesto que é a música-título. Além de valorizar a importância do *rap* para as periferias, a faixa mostra uma faceta descontraída do seu autor e traça uma narrativa objetiva para falar de personagens recorrentes do gueto: caras que caem para o crime, pessoas que ganham dinheiro, uns que não sabem o que fazer, e por aí vai.

Os *backing vocals* de Negra Li, que já abrem o *rap* com uma base *funk* quase dançante, quase um *charm*, são um contraponto importante, dando um tom esperançoso e contemplativo para a periferia.

Esse não é o único som do disco que estabelece um tom esperançoso, ainda que isso não seja visto até então de forma recorrente no *rap* daquele momento. A faixa "Um Bom Lugar", em que o Brooklin novamente figura como tema central, parece uma ode, uma busca "do lado bom de ser pobre", uma faixa na qual Sabotage usa termos como *honrar, provar, seguir sem pilantragem*, reforçando uma ideia positiva da periferia. As rimas de Sabotage se estabelecem na música como se ele fosse um trovador das favelas. E Black Alien surge com sua voz impactante nesse *rap*, fazendo rimas como "Phd em THC no país de FHC" e a definição dos três tipos de gente: os que imaginam o que acontece, os que não sabem o que acontece e os que fazem acontecer, numa de suas melhores construções poéticas.

> *"Sou Sabotage, um bom lugar*
> *Se constrói com humildade, é bom lembrar*
> *Aqui é o mano Sabotage*
> *Vou seguir sem pilantragem, vou honrar, provar*
> *No Brooklyn, 'to sempre ali*
> *Pois vou seguir, com Deus enfim*
> *Não sei qual que é, se me vê dão ré*
> *Trinta caras a pé, do Piolho vêm descendo lá na Conde, ferve*
> *Pisca e clack, enlouquece, breck*
> *Só de arma pesada, inferno em massa*
> *Vem violentando a minha quebrada, basta*
> *Eu registrei, vim cobrar, sangue bom*
> *Boa ideia quem tem, não vai tirar a ninguém*
> *Meditei, mandando um som com os irmãos da Fundão*
> *Volta ao Canão se os homens vim*
> *Disfarça o grandão."*[10]

Com outros *raps* essenciais, como "Cocaína", que inicia com um *sample* dos Racionais e traz a participação de Sombra e Bastardo, do SNJ, nessa letra, o *rapper* destaca questões sobre como as drogas geram renda dentro da periferia e como elas prejudicam quem as usa. Destaca também sua experiência no tráfico e as várias tragédias que presenciou. Com

---

10 UM Bom Lugar. *Rap é Compromisso!* Intérprete: Sabotage. São Paulo: Cosa Nostra, 2000.

essa música, Sabotage visava atingir tanto quem não era usuário, buscando gerar uma conscientização, como uma forma de tentar se redimir do seu passado.

"A Cultura", outra música presente no disco, fala da importância de valorizar o *rap* e tem participações de Rappin' Hood e Potencial 3. Trata-se de um disco em que ouvimos Sabotage como uma real novidade, mostrando que o *rap* pode quebrar a sisudez e atingir novos públicos.

O *show* de lançamento desse disco teve cobertura significativa da imprensa. É o momento em que Sabotage começa a fazer sucesso e seu sonho de viver da música começa a se concretizar.

Esse seu primeiro disco e as participações em *shows* rendem ao *rapper* o convite para atuar em filmes do cinema nacional. O primeiro deles é O Invasor, de Beto Brant, lançado em 2001. Ele entra nesse filme inicialmente como um consultor, influenciando principalmente na caracterização do personagem de Paulo Miklos, Anísio, mas depois ele acaba garantindo uma ponta, no papel dele mesmo.

Paulo Miklos e o próprio Beto Brant contam que o *rapper* influenciou no roteiro da produção, apontando erros em relação à vida na periferia. Ele ainda participou da trilha sonora com cinco músicas, duas do seu CD, "Cantando pro Santo" e "Na Zona Sul". Mas, junto com o Instituto, Sabotage compõe três *raps* originais para a trilha sonora do filme: "Invasor", "Aracnídeo" e "Mun Rá". Novo artista relevante no cenário do *rap* nacional, Sabotage ainda se torna capa da revista *Rap Brasil*, publicação mais importante do gênero no país. Na sequência, Sabotage se apresenta no programa *Altas Horas*, da Rede Globo, improvisando um *rap* com Paulo Miklos no *beat box*.

Em 2002, Sabotage ganha o prêmio Hutús, na categoria Revelação. Hutús é a maior premiação do *hip-hop* brasileiro. Sua música para o filme O Invasor ganhou prêmio de melhor trilha sonora no Festival de Brasília. O *rapper*, ao receber a premiação, olha para o público e em seu discurso afirma que estava muito feliz por recebê-lo, mas, por outro lado, se sentia muito triste porque percebia a falta de *rappers* para o prestigiar o evento. Dito isso, dedica sua vitória ao *rap* e afirma que a molecada tinha que se conscientizar. Como forma de retribuir a Sabotage o sucesso que O

Invasor alcançou — o filme ganhou o prêmio especial do júri e o prêmio da crítica no Festival de Cinema de Brasília —, Beto Brant ajuda o *rapper* na produção do *videoclipe* da música "Um Bom Lugar", filmado na favela do Piolho, com a participação de *rappers* como Rappin' Hood e Criolo.

Depois dessa primeira experiência, Sabotage foi convidado para atuar no filme *Carandiru*, de Hector Babenco. Além de interpretar o personagem Fuinha, que, numa cena antológica do filme, beija a bunda de Rita Cadillac, ele naturalmente se torna um consultor do filme. Também nesse filme o *rapper* faz a trilha sonora, compondo, inclusive, em parceria com o cineasta. O resultado é "Sai da Frente".

Sabotage, nesse momento, está rompendo barreiras e contracenando e preparando grandes atores nesse filme. Artistas como Caio Blat, Wagner Moura e Lázaro Ramos, por exemplo, tiveram auxílio na composição de seus personagens devido ao trabalho de Sabotage e seu conhecimento sobre a realidade das favelas.

É fato, no entanto, que, mesmo com o sucesso e os prêmios, Sabotage não se livra totalmente da vida criminosa, algo que ficou entranhado em sua trajetória, já que faz parte da sua realidade desde os 8 anos de idade. Ao contrário de tantos outros *rappers* que estouraram na cena paulistana, Sabotage não foi da turma que se formou nas batalhas do metrô São Bento, no Centro de São Paulo, considerado o berço do *hip-hop* desde 1987, e responsável pelo início da carreira de nomes como Thaíde e, mais recentemente, Emicida, entre tantos outros.

Sabotage, não. Embora desejasse estar lá, fazendo parte daquela cena, ele estava, naquele momento, vendendo drogas para comer arroz e feijão, como já disse em entrevista.

Quando passou a ter sucesso, a fazer *shows* em "casa noturna de *playboy*", várias pessoas do movimento estranharam este Sabotage *mainstream*. Mas ali está o cara, transitando com facilidade entre gente muito variada: de Chorão, do Charlie Brown Jr., passando pelos caras do Instituto, bem como Sandrão e Rapin' Hood, entre tantos outros, e fazendo então, naquele momento, o que sonhou a vida toda: viver de música, gravando sem parar. Sabotage teve a mesma facilidade de trânsito no cinema, lidando com produtores e cineastas brancos que se agradavam do que

Sabotage falava e defendia — uma retórica que trazia a percepção de que, dentro da favela, o branco pobre e o negro pobre eram tratados da mesma forma pelo sistema.

Mas eis que na manhã do dia 24 de janeiro de 2003, Mauro Mateus dos Santos, o Sabotage, se levanta em mais um dia na sua casa e sai com Dalva, a sua mulher, para levá-la até o trabalho.

Naquela manhã, após deixá-la em uma concessionária no Jardim Saúde, onde ela exercia a função de auxiliar de cozinha, Sabotage faz o caminho de volta para casa, indo aguardar uma Van no ponto de ônibus, na avenida Abraão Moraes. E é ali que ele recebe quatro tiros, possivelmente de uma pistola calibre 38. Atingiram ouvido, boca e coluna cervical do *rapper*.

O relógio marcava 5h50 quando Sabotage caiu atravessado sobre a calçada da rua. Ainda vivo.

No Hospital São Paulo, alguns amigos músicos ainda viram, do outro lado do vidro da sala de cirurgia, o corpo do *rapper*. E esse mesmo corpo não aguentou muito. Às 11h25 morria o artista que apenas começava a mostrar a realidade da periferia com seu estilo único. Ele nem sequer chegou ao seu trigésimo aniversário, que seria no dia 3 de abril. Naquele dia, morria definitivamente Mauro, mas nascia a lenda Sabotage.

> *"Sem pesadelo, na paz ou por inteiro*
> *Demorô, aqui estou de mente afoita, ligeiro*
> *Me dê ao menos tempo pra orar*
> *Pedir pra Oxalá me preparar pra fama*
> *Bater cabeça no Gongá, só na manhã*
> *Vou toma banho de Abô, nas Ervas de Aruanda*
> *Quem não conhece enfim, eu sei de fama, mas nada contra*
> *Várias demanda rematada na Umbanda*
> *Zé, em quem carrego a fé desde criança."*[11]

O primeiro suspeito do crime: um desafeto que havia deixado a

---

11 CANTANDO pro Santo. *Rap é Compromisso!* Intérprete: Sabotage. São Paulo: Cosa Nostra, 2000.

cadeia no início daquele ano. Em 2004, no entanto, foi preso o réu que somente em 2010 receberia a pena, culpado pelo crime de homicídio duplamente qualificado: Sirlei Menezes da Silva foi condenado a 14 anos de prisão, embora se defendesse das acusações, negando que tenha sido ele o causador da morte de Sabotage, e colocando a culpa no Primeiro Comando da Capital, o PCC.

A defesa questionou as provas e a conduta da polícia no inquérito, obtendo como réplica a acusação de que Sirlei teria feito uma festa para comemorar o assassinato do "inimigo".

Mauro Mateus dos Santos, maestro da periferia, ator de cinema, namoradinho de Dalva, filho de Dona Ivonete, devoto de Iemanjá e sobretudo um devoto do *rap* nascido na favela do Canão, zona sul de São Paulo, disse em sua última entrevista, publicada postumamente pela revista *Trip* de março de 2003, que Chico Buarque poderia muito bem estar falando dele quando escreveu o samba O Meu Guri. "Aquilo era o meu retrato no morro", contou Sabotage, ou simplesmente Maurinho, que se descrevia na entrevista como "o cara que olha nas bolinha dos zoio".

Sabotage, no legado musical que deixou, marca a história do *hip-hop* nacional como um *rapper* que trouxe novas possibilidades para o gênero, mudando um cenário dominado então por um *rap* mais denso e direto. Foi fundamental conhecê-lo naquele momento em que eu estava solidificando o meu conhecimento sobre as possibilidades de realização de artistas negros — explorando nossa ancestralidade, traduzindo para o Brasil um gênero originalmente norte-americano. Conhecê-lo, consumi-lo e buscar entender a sua genialidade se transformou num exercício de tentar compreender como os negros transformam sofrimento em arte. Sabotage é o negro forçado a colher algodão e que transforma choro em *blues*. Sabotage é James Brown criança dançando por moedas, que transforma movimentos infantis em *funk*.

Por sua causa fui pesquisar as variações rítmicas do *rap*. Seu *flow* peculiar, repleto de *timming*, a capacidade de improvisação e de passar por diversos ritmos e tempos na sua rima, migrando do *punchline* para um *speed flow*, por exemplo: tudo isso marca fortemente o estilo único de Sabotage, muito alimentado por sua capacidade de dialogar com outros ritmos musicais. Um artista de periferia que se abriu ao ecletismo e às diversas possibilidades.

Um artista que, para mim, representa a tangibilização máxima de uma das descobertas mais radicais do *rap*: a percepção de que o conjunto de problemas da periferia passa, em alguma medida, pela maneira como o Estado trata a figura do homem negro à margem — que, em alguns casos, pode se tornar um artista como ele. Sabotage é um exemplo perfeito nesse sentido: ex-gerente do tráfico, o papel que a sociedade brasileira naturalmente reservaria para ele seria o de reproduzir eternamente essa condição. Afinal, não existe ex-bandido no Brasil quando se é pobre. A nossa sociedade resolve essa questão de duas formas: por meio do encarceramento e do extermínio. Do escravo colonial ao pequeno traficante moderno, trata-se da continuidade de um mesmo projeto. É precisamente esse o lugar que o *rap* pretende transformar em outra coisa, possibilitando que alguém como Sabotage consiga se inserir no sistema por uma via não prevista.

Marian Wright Edelman, ativista norte-americana, cunhou a magistral frase: "Você não pode ser aquilo que não pode ver".

Contrariando a realidade de crianças nas mesmas condições em que esteve, Sabotage viu. E sonhou ser. Quando conseguiu romper uma primeira muralha de obstáculos, pensava em ir ainda mais longe: se inserir nos meios midiáticos, tirando o monopólio branco e conquistando espaços hegemonicamente ocupados por brancos ricos, ganhando, assim, um caráter de representatividade, possibilitando à população negra e periférica que se visse cada vez mais representada.

Que se *visse* cada vez mais representada. Para desejar *ser* ainda mais.

É por ter desejado ser, e por ter sido, que Sabotage me emociona tanto. Assim como emocionou o menino da periferia que me mandou uma mensagem sobre ele, ao escutar sua história em meu podcast *Negro da Semana*: "Eu não sabia como tinha sido dura a sua vida antes de virar artista".

É por ter desejado ser, e por ter sido, que Sabotage *é* essa figura que empodera e me inspira. Capaz de me fazer crer na força furiosa que podemos ter quando desejamos ir além de onde nos dizem que é nosso lugar.

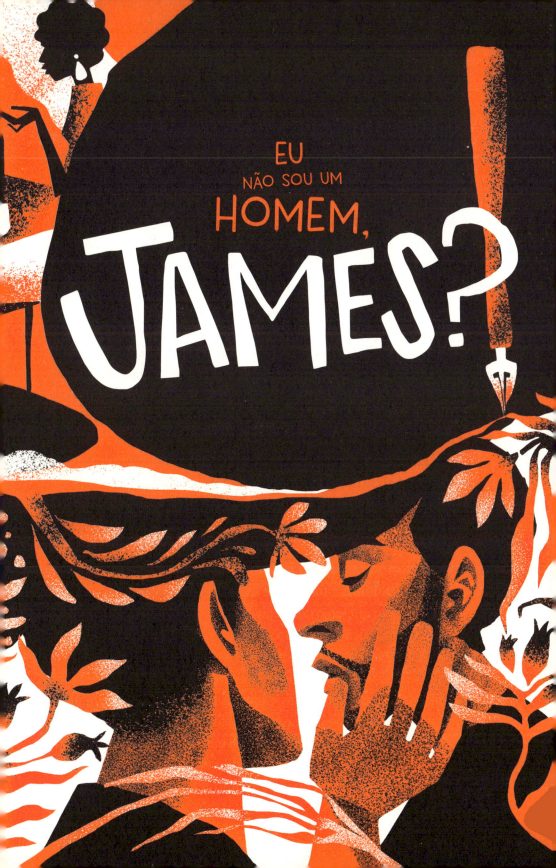

ROSTOS BRILHOSOS EQUILIBRANDO CABELO BLACK POWER e desafiando a gravidade. Garotas de cachos longos ao lado de sujeitos com bonés de golfistas virados para trás. Jaquetas plásticas que fazem barulho a cada movimento. Sutiãs que se podem enxergar por baixo de blusas brancas de crochê. Sandálias translúcidas e minissaias plissadas. Calças e jaquetas *jeans* muito surradas sobre camisetas em que se pode ler trechos de frases espirituosas vestindo garotas que transitam pra lá e pra cá, puxando aleatoriamente livros das estantes de Marechal e enchendo suas taças com mais vinho de garrafas plásticas, rindo de sujeitos que dizem que só querem falar um trecho de alguma coisa que escreveram na noite anterior, olhares que às vezes se cruzam com o meu, como se ainda estivessem se perguntando o que diabos eu faço ali.

    Com meu próprio copo na mão — uma porção grande de refrigerante para um pingo de vodca que eu escamoteava sem que Marechal soubesse — eu estava cercado. E a lembrança, hoje, é tão vívida como estar naquela casa naquele instante. Esse é o cheiro que se sente do papel amarelado das centenas de livros por todos os lados, e do suor e perfume de toda aquela gente dividindo irmamente o mesmo espaço. Sentado na velha e rangente poltrona, couro gelado pressionando contra minhas panturrilhas, eu girava a cabeça de um lado para o outro, tentando compreender cada um daqueles tipos. Alterado só um pouco pelo suave efeito de flutuar que o pingo de vodca me proporcionava, aos dezesseis anos eu estava no meu auge: transitando entre o deslumbre por aquele momento e a vontade de gargalhar com a certa afetação de algumas daquelas pessoas com que eu trombava na casa de Marechal.

    Já fazia tempo que eu o conhecia, desde que começara a frequentar sua casa, uma instituição no bairro. Uma construção que só não tinha tempo de existência suficiente para ser tombada como patrimônio histórico; pois, se tivesse, seria. Por fora, era uma renúncia àquelas construções simplistas que eram todas as casas da Restinga. Sem ter qualquer conhecimento arquitetônico, era possível se dar conta de que alguém com muita vontade tentara emular ali algo que só seria visto muitos anos adiante em algum livro gigantesco reunindo obras da arquitetura hispano-americana: colunas retorcidas segurando telhas de barro que se estendiam até formar uma região de sombra no pátio, ladrilhos de argila marcando o contorno de portas e janelas e ornamentos de terracota para onde quer que você olhasse. Por dentro, era um desses depósitos de todos os artefatos que, separadamente, são interessantes para decorar um clube da moda; juntos, transformavam a casa de Marechal em uma espécie de armarinho de velharias: manequins desprovidos de cabeça, coqueiros artificiais e gaiolas vazias disputavam lugar com sofás sempre em tons e materiais berrantes demais. O lugar todo era um cenário. Perfeito, portanto, para aquele bando que se reunia em sua casa. Era a *vanguarda* do bairro: um povo imenso que incluía jovens estudantes de artes cênicas, atores de teatro infantil, marxistas panfletários que engrossavam os cordões das manifestações pró-universidade gratuita, tocadores de violão, as doces neo-hippies sempre com alguma poesia de Caio Fernando Abreu combinando com suas saias floridas, estudantes de geografia, estudantes de história, estudantes de filosofia; poetas que distribuíam seus fanzines literários copiados em mimeógrafos; alcoólatras e maconheiros sem nenhum objetivo além de conseguir a maior quantidade possível de drogas gratuitas; admiradores de Che Guevara, militantes esquerdistas de todas as espécies; músicos de festas de formatura, admiradores de Bukowski e Kerouac, quadrinistas e grafiteiros, DJ's e ambientalistas vegetarianos enfurecidos. Quando todos os meus amigos de infância estavam jogando futebol, frequentando bailes de *black music*, era com esse povo que eu estava me metendo.

Pareciam vampiros improváveis de se trombarem em qualquer lugar normal da Restinga. Sujeitos sempre carregados de inegável autoridade crítica e que eu só encontrava nas noites na casa de Marechal e sua esposa Aurora; não na fila da pesagem das verduras no supermercado ou no balcão da lotérica. Eram garotos e garotas só um pouco mais velhos que eu, mas dotados de uma certeza incondizente com seus bigodinhos ralos ou seus peitos acusando proeminência. Seriam menos pretensiosos se iniciassem suas frases com licenças como "O que eu acho", "Na minha opinião", "Eu gosto muito da parte em que". Em vez disso, todos pareciam estar ouvindo uns aos outros somente para fazer um gancho da última frase dita por qualquer um, para pedir a palavra e traçar um paralelo com sua própria última grande construção literária, sempre alguma coisa de prosa poética datilografada só alguns minutos antes de saírem de casa para colocarem os pés ali, ou escritas a lápis em papel de pão e tiradas de dentro dos seus bolsos com mal fingida naturalidade.

"Quem é que vai ler alguma coisa pra nós?", perguntava Marechal, sempre surgindo do nada com sua taça em uma mão e um livro pequeno na outra.

Com o copo de refrigerante batizado, dando meus pequenos goles e fazendo força para me tornar invisível — e só sugar e apreender o máximo do que eu pudesse com aquelas pessoas —, eu não podia negar que me sentia de certa forma beneficiado, no salto entre o instante em que comecei a plagiar as histórias de detetives da Coleção Vagalume e a alimentar secretamente a ideia de que iria me tornar um escritor e o momento em que estava ali, cercado de gente que se importava com termos como *construção de personagem*, *foco narrativo* e *ponto de vista*.

Eles não eram propriamente *minha* turma, porque ali havia pessoas de todos os tipos — e, em maior ou menor grau, a literatura tinha alguma importância para eles. Na maioria das vezes, somente como balizadora de algum discurso feminista, humanista, budista, comunista ou qualquer ideologia daquelas. Mas, da mesma forma que às vezes me sentia superior a elas, pela pureza da minha busca — quando os livros da minha mãe e as pequenas coleções adolescentes da biblioteca da escola já não mais serviam e descobri, então, a biblioteca pública da cidade, eu substituí dias de divertimentos que seriam típicos e troquei esses nomes, dos amigos que me cercavam, Odair, Bita, Nilo, Zé da Baé, Heleno, Alan, Vando e Peter por nomes como James, Salinger, Kipling, Woolf, Joyce, Brontë, Fitzgerald, Isherwood, Dickens, Nabokov, Sterne, Green, Amis, Bradbury, Fowles, Orwell, Lawrence, Butler, Césaire, Smith, Roth, Pynchon, Calvino, McEwan, Coe, Capote, Fante, Updike, Ishiguro, Burgesss, Poe, Eliot. Na maioria das vezes, o que eu conseguia mesmo era me sentir apenas um garoto ridículo que achava que poderia fazer alguma coisa de útil, e ser um escritor, tendo como referência todo aquele tédio europeu, todo aquele existencialismo e discurso burguês e branco que se acumulava daquelas leituras, mas que, na verdade, não fazia muito sentido para mim e nem tinha muito a ver com a minha vida.

No entanto, a coceira literária havia tomado conta de mim. Então eu lia tudo o que caía em minhas mãos. Estava num grau em que, às vezes, passava noites tentando destrinchar uma única frase de um livro durante horas, tentando abarcar todo seu sentido, toda sua ironia e sua importância para a época.

Talvez minha obsessão não fosse propriamente o melhor caminho para a socialização. Meus exercícios diletantes, escrevendo minhas próprias coisas na máquina datilográfica, me mantinham num constante estado de mau humor. Nem mesmo quando algumas dessas coisas começaram, por muita insistência, a aparecer em alguns jornais do bairro e pequenas revistas de associações; nem nesse momento me livrei da certeza de ser apenas um farsante ocupando mal o seu tempo e o dos outros. Permanecer durante longos períodos ouvindo Nilo, meu professor de Língua Portuguesa e Literatura, decupando a importância de *Clara dos Anjos* ou de *Memórias Póstumas de Brás Cubas* — e falando de Lima Barreto e Machado de Assis da forma cifrada e tediosa que parecia ter sido criada com o objetivo somente de torná-los impenetráveis e sem nenhum tipo de justificativa atraente sobre seus temas e sua época — e sem alardear, para aquele bando de brancos espinhentos desenhando pornografia nos tampos de suas carteiras, que dois dos maiores escritores brasileiros — e mundiais — de todos os tempos eram negros, não contribuía para tornar a minha experiência com a literatura melhor. Mas também não servia para aplacá-la, já que, chegando em casa eu queria abrir os livros à minha escolha. Normalmente norte-americanos, franceses e anglo-saxões. Sujeitos que não tinham nenhuma relação com aqueles latino-americanos e seu tropicalismo e barroquismo responsáveis por traumatizar multidões de garotos e garotas em suas redações sofridas. Também não tinham relação comigo, mas aquele tédio burguês e europeu, por mais branco e parisiense que fosse, se alinhava perfeitamente ao constante estado da minha alma, naquele momento. Alma de adolescente.

A obsessão também me transformou num escavador de sebos, pedindo para meu pai me levar às lojas do centro da cidade, onde esquadrinhava prateleiras cheirando a mofo, transformando todo o dinheiro recebido dos meus pais em exemplares de livros fora de catálogo, velharias de capa mole e com páginas repletas de orelhas e anotações, frutos de ex-proprietários sem qualquer preocupação com aquelas preciosidades que eu estudava com dedicação talmúdica. Os contos e romances que eu amava, dentro de alguns anos, seriam reunidos em coletâneas e novas edições em capa dura, mas, por enquanto, existiam apenas em edições repletas de traças e de dedicatórias misteriosas — pequenas preciosidades que formavam pilhas em meu quarto e eram minhas referências sobre o que era bom e o que simplesmente não deveria nem ser chamado de literatura.

  Naquelas noites na casa de Marechal e Aurora, enquanto garotões com as golas de seus blazers levantadas pareciam só estar ali pela possibilidade de transar no fim da noite com uma neo-hippie (ou era neo-punk?), é que eu percebia — na minha ânsia de fazer parte e na minha inadequação obsessiva — que tudo o que importava eram os procedimentos formais, os embustes aos quais todos estavam dispostos a aderir para fazer parte de algo. A representação. Eu mesmo não estava ali porque aquilo ali era parte de algo? A grande ironia é que eu também representava, incapaz de me sentir, de fato, parte de algo. Aquele grupo era minha carapaça de pertencimento, mas quem disse que eu era como eles? Serviam àquele instante, eram convenientes até que eu mesmo descobrisse para onde ir e o que fazer. Era por isso que estar ali, como que cercado pelo calor de todos aqueles livros e de todas aquelas pessoas que decoravam seus próprios poemas, no mínimo fazia eu me sentir bem por estar escondido, protegido. Era um dos poderes natos de Marechal. Em sua presença, você não era inapto ou incompetente. Você era o invólucro perfeito de talentos que talvez ainda não estivessem em sua total potência, mas eram algo só seu, admiráveis, dignos de serem apresentados naquela noite, não importa que noite fosse, exatamente daquela forma.

  Marechal falava aos borbotões, em seu estilo tortuoso, acerca de literatura e enfrentamento, levantando-se de tempos em tempos para procurar algum livro de sua estante e ilustrar uma referência qualquer. O bando abria espaço para ele, maravilhado com a aparente naturalidade de cada etapa daquilo que virou uma carreira literária. E eu, maravilhado por todas aquelas pessoas ouvindo os ensinamentos daquele sujeito, um homem negro, com seu poderoso *black power*, forjado na literatura. Ele falava sobre as revistas clandestinas com poesia e literatura marginal que eram impressas de madrugada para durarem menos do que um dia. Ele fazia todos nós ouvirmos nomes como Florestan Fernandes e suas críticas à ideia de democracia racial. Uma crítica que se fundia nos cadernos negros, reunindo as obras de escritores e ativistas de uma literatura periférica. Aquele bando tinha dificuldade de entender como a arte respondia e era motor de movimentos de ativismo político em defesa dos direitos da população negra, e como ele, Marechal, e todos os colaboradores daquelas revistas dialogavam com sociólogos e antropólogos e, com eles, tinham que se manter numa condição de marginalidade. Isso pelo simples fato de transformarem em textos questões relacionadas à condição racial, direitos sociais e a realidade nas periferias urbanas do país — e estamos falando dos anos 1970!

Em determinado momento, as tramas de ficção que Marechal e seus companheiros de escrita estavam tentando criar passaram a significar menos do que as histórias de dificuldade para fazer uma revista chegar aos pontos de distribuição. Marechal havia exercitado e sofrido toda a retaliação possível por seu proselitismo político, então era natural que a amenização de seu discurso, e a consequente adequação e alinhamento ao que vinham fazendo autores como Gil Scott-Heron e Langston Hughes, entre tantos outros, fossem uma consequência, impregnando seu texto de lirismo e certo edulcoramento da cultura *black power* em eminência, com tudo o que a música, principalmente, podia proporcionar para que sua obra fosse inserida naquele *"movimento"* que os editores armaram e no qual conseguiram que embarcasse, aquela coisa com selo marginal, tentando emular a literatura aparentemente desenfreada de sujeitos como Kerouac e Bukowski.

Marechal dizia que era só um arquivador com muito tempo livre e uma velha máquina Remington à disposição, e tudo o que ele e os outros escritores negros estavam fazendo, no Brasil, era emular o que já existia em matéria de literatura negra. Mas era literatura negra norte-americana.

Então, começaram a encher suas histórias com tramas que só faziam sentido no Harlem, no Bronx, tentando adaptar isso à nossa realidade brasileira. Mas tendo consciência de que aqui o proletariado é outro. Mora na favela, se vira em subempregos industriais, faz samba no fim de semana, come arroz com feijão, não *hot-dog*! Nossa revolta e nosso sofrimento são outros, e, ainda que tenha algo em comum com o sofrimento do negro em qualquer lugar do mundo, não é reconhecido.[1]

No fim das contas, o que quer que eles estivessem fazendo teve resultados. E era Aurora, a esposa de Marechal, quem nos resumia a coisa toda, nos convidando a imaginar a seguinte sequência: um editor esperto, uma coletânea misturando exigência racial e muita etnografia musical negra. Críticas interessantes. Um outro editor pedindo mais um livro. Um convite para escrever sobre perspectiva negra numa revista de cultura nacional. Um livro mais pretensioso, já dominando diferentes pontos de vista, salpicado com aquelas histórias machonas — mas sensíveis — de negros numa grande metrópole. Esse era Marechal, o primeiro escritor com o qual eu convivera, mas o mesmo sujeito sobre o qual nunca achei qualquer registro bibliográfico depois de adulto. Era como um fantasma que habitara a minha adolescência. E às vezes me pergunto se não era mesmo uma invenção minha.

Na espécie de palco, que era um nível mais alto no assoalho da sala de estar, num espaço não tomado por livros e/ou mobília, vez ou outra Marechal transformava o livro que tinha em suas mãos em objeto para apreciação de todos. Assim que a audiência fazia algum silêncio, ele enchia o peito de ar, como um *rapper* pronto para uma batalha, e lia algo que parecia estar mais presente em sua mente do que impresso nas folhas à sua frente. Foi assim naquela noite, sob o som "Giant Steps", do disco

---

[1] "O sofrimento do judeu é identificado como parte da história moral do mundo e o judeu é reconhecido como alguém que contribui para a história do mundo: isso não é verdade para os negros. A história judaica, quer se possa ou não dizer que ela é honrada, certamente é conhecida: a história negra tem sido difamada, caluniada e desdenhada. O judeu é um homem branco e quando os brancos se levantam contra a opressão são heróis: quando os negros se revoltam, eles reverteram à sua selvageria natural. O levante no gueto de Varsóvia não foi descrito como um motim, e nem seus participantes caluniados como delinquentes: os rapazes e garotas em Watts e no Harlem estão inteiramente conscientes disso e certamente isso contribui para suas atitudes em relação aos judeus." (BALDWIN, James. Negroes are anti-semitic because they are anti-white. In: *The price of the ticket*. Londres: Michael Joseph, 1985. p. 428.)

de John Coltrane que rodava em sequência, que Marechal escolheu ler aquele trecho curto, mas que dizia tanto a mim e ao que eu achava que era o tema máximo sobre o qual deveria me debruçar:

> *"Se escrevo tanto sobre a condição do negro, não é por achar que não tenho outro assunto, mas só porque foi esse o portão que me vi obrigado a destrancar para que pudesse escrever sobre qualquer outra coisa".* [2]

Ele terminou a leitura e olhou para mim. Então, cabeças se movimentaram na minha direção, ainda que se mantivessem em silêncio. Talvez a surpresa fosse, para tantos, a mesma que para mim: era a primeira vez que me deparava com qualquer coisa de James Baldwin. Ele estava lendo trecho de um livro de ensaios dele, *Notas de um Filho Nativo*, colocando na minha vida um autor que retornaria com força à vida de muitas pessoas vinte e dois anos depois desse momento em que eu era apresentado a esse escritor cuja literatura se intersecciona com o feminismo negro, com a comunidade LGBTQIA+ negra, tendo em vista as tensões e identificações das relações inter-raciais e homoafetivas em sua obra.

Quando pulamos para 2017, 22 anos depois daquele momento, o mundo está revisitando a obra de James Baldwin, porque esse é o ano em que foi lançado o documentário *Eu Não Sou Seu Negro*, do cineasta haitiano Raoul Peck. A obra, indicada ao Oscar de Melhor Documentário, revela o entrelaçamento entre vida, obra, história pessoal e história social de Baldwin.

A pretexto de relembrar determinada casa (*Remember This House* é o título original do manuscrito inacabado, de 1979, do autor, que dá estrutura ao documentário), que foi a morada de três grandes líderes negros assassinados, num período de cinco anos — e que foram seus amigos —, Baldwin relata e revela-se em sua integridade ética, moral, estética, cultural e política.

---

[2] BALDWIN, James. *Notas de um filho nativo*. Tradução de Paulo Henriques Britto. São Paulo: Companhia das Letras, 2020.

Os líderes assassinados — Medgar Evers, em 1963; Malcom X, em 1965 e Martin Luther King, em 1968 — não são meros objetos da narrativa de James Baldwin, mas são apresentados como sujeitos de uma história aberta, ao lado do próprio Baldwin. E o autor, no texto que é a espinha dorsal do documentário, narrado pelo ator Samuel L. Jackson, mostra-se como aquele que quer compreender essa história, quer entendê-la e articulá-la como parte de uma luta dolorosa pelo reconhecimento do negro como ser humano.

Foi exatamente esse documentário que recolocou James Baldwin na ordem do dia, estimulando a reedição de seus livros em grande parte do mundo. No Brasil, não foi diferente. E esse estímulo só aumentou com as três indicações para a mesma premiação, em 2019, do filme *Se a Rua Beale Falasse*, dirigido por Barry Jenkins — que já venceu o Oscar de Melhor Diretor e Melhor Roteiro Adaptado, por *Moonlight: Sob a Luz do Luar* — e que é baseado no romance homônimo de James Baldwin, de 1974.

Mas, afinal, quem é esse escritor americano, negro e *gay*, que se recusava a ser rotulado e que abordou de forma tão sensível as questões raciais e de sexualidade em sua indispensável obra, e por que Marechal o introduzira na minha vida naquele momento?

Neto de um escravizado, James Baldwin nasceu em 2 de agosto de 1924 em um hospital no Harlem, bairro negro de Nova York, para onde sua mãe, Emma Berdis Jones, havia acabado de se mudar, após deixar o pai biológico do escritor por conta de seu vício em drogas. A origem da família de Baldwin é o sul dos Estados Unidos, onde ainda vigoravam as leis de segregação racial conhecidas como Jim Crow.

Você olha para um retrato de James Baldwin e é impressionante seu tamanho tão pequeno, em contraposição imediata ao gigantismo da sua intelectualidade e obra. Franzino desde sempre, Baldwin teria nascido tão raquítico, com problema respiratório, que o médico afirmou que não passaria dos cinco anos — o que, felizmente, não se fez verdade.

Em 1927, sua mãe casou-se com o pastor evangélico David Baldwin que, além de dar seu sobrenome ao autor, também é pai de seus oito irmãos e o antagonista de uma conturbada relação que se estenderia entre os dois. Baldwin nunca conheceu seu pai biológico e cresceu em um ambiente de grande miséria.

Baldwin relata, dessa época, que se alimentava apenas de carne enlatada a semana toda, comprada fiado na mercearia de um velho judeu. Era uma dieta feita de carne enlatada frita, cozida, assada, misturada com batatas e pão de milho ou arroz.

Pequeno, desprovido de um físico que impusesse algum respeito, Baldwin sofria todo tipo de *bullying* na escola. Crescendo na efervescência da cultura negra, viveu sua infância no auge da Renascença do Harlem, testemunhando os eventos religiosos da igreja pentecostal negra na qual seu padrasto era pastor.

Até os 6 anos de idade, seu padrasto, vítima do racismo como todo negro, enchia sua cabeça de considerações violentas sobre os brancos, acusando-os de todas as desgraças. O pastor David foi um modelo negativo de pai negro. Falava que Baldwin era feio, e ria dos olhos esbugalhados do menino.

Incrivelmente, no meio dessa balbúrdia de miséria, se relacionando com um padrasto de moralidade tão rígida e incapaz de um gesto afetuoso com seu enteado, James Baldwin achou tempo para ler e escrever precocemente. Perceberam cedo que ele tinha talento para a pesquisa e para a escrita. Lia sem parar *A Cabana do Pai Tomás*, de Harriet Beecher Stowe. Ao descobrir Charles Dickens, em *Um Conto de Duas Cidades*, o mundo ganhou uma dimensão incomensurável para ele, e os professores o incentivaram a frequentar a Biblioteca Pública do Harlem. Foi a descoberta de um novo mundo. E foi nesse momento que passou a ler com ainda maior voracidade.

Seu talento para a escrita foi notado logo cedo. Ele estudou na Public School 24, onde, estimulado pelos professores, escreveu peças de teatro. Mas sua sina, decorrente de sua aparência, continuava: massacrado por ser negro, e por sua aparência, por ser raquítico, pobre, indefeso e afeminado, o garoto James Baldwin teve no meio do caminho uma professora que olhou para ele com outros olhos, direcionando a ele uma atenção que só pessoas muito sensíveis seriam capazes de oferecer. O nome dessa professora era Orilla Miller, e ela se tornaria sua amiga até a morte dela, em 1984, aos 76 anos. Baldwin tinha dez anos nessa época e Bill Miller, como Baldwin a chamava, foi uma personagem fundamental na sua vida. Branca, jovem e bonita, essa professora foi a responsável para que Baldwin se construísse como um pensador negro sem a raiz do ódio e com uma aguçada consciência.

Por causa dela, Baldwin compreendeu que o racismo não era algo natural nas pessoas brancas — algo que lhe era imposto como uma verdade. Baldwin percebeu que o racismo era um sentimento construído, um problema moral, mais do que político. Indicativo disso era o fato de que a própria professora era tratada quase como negra apenas pelo fato de proteger crianças negras da ação racista da polícia nova-iorquina da época.

Mais tarde, em 1963, ele escreveria um dos dois ensaios que compõem *Da Próxima Vez, o Fogo*, único livro de ensaios a permanecer no topo da lista de mais vendidos do jornal *The New York Times* por 41 semanas, e publicado quando eclodia no sul dos Estados Unidos o Movimento dos Direitos Civis, do qual ele se tornou uma das principais vozes:

"Este mundo é branco e eles são negros. Os brancos detêm o poder, o que significa que eles são superiores aos negros (intrinsecamente, isso significa: Deus quis assim), e o mundo tem inúmeros jeitos de fazer esta diferença conhecida e sentida e temida".

Leitor voraz, frequentador de bibliotecas, Baldwin começou a atentar para a obra de intelectuais negros como Countee Cullen, poeta vinculado ao Harlem Renaissance[3] nos anos 1920 e formado pela Universidade de Nova York, de quem teve aulas de poesia na Frederick Douglass Junior High School. Cullen e outro professor, Herman Porter, formado em Harvard, tiveram papel importante na trajetória de Baldwin, estimulando-o a encarar os estudos com seriedade. Seguindo sugestão

---

[3] O Harlem Renaissance foi o desenvolvimento do bairro do Harlem em Nova York como uma meca cultural negra no início do século 20 e a subsequente explosão social e artística que resultou. Durante aproximadamente da década de 1910 até meados da década de 1930, o período é considerado uma idade de ouro na cultura afro-americana, manifestando-se na literatura, música, *performance* de palco e arte. O mais célebre artista do Harlem Renaissance é Aaron Douglas, muitas vezes chamado de "o pai da arte negra americana", que adaptou técnicas africanas para realizar pinturas e murais, bem como ilustração de livros.

de Cullen, Baldwin se candidatou a uma vaga na DeWitt Clinton High School, no Bronx, uma escola somente para garotos famosa pela qualidade de ensino. Ao ser admitido, Baldwin entrou em contato com um ambiente composto majoritariamente por jovens brancos judeus oriundos de famílias com orientação política de centro-esquerda, apoiadores do programa de recuperação econômica do presidente Roosevelt — o New Deal — e da causa negra. Baldwin trabalhou na revista literária da escola, *The Magpie*, e ali fez amigos, a maior parte deles brancos e judeus, que se tornaram seus pares intelectuais. Com uma verve e uma intelectualidade cada vez mais crescente, a figura de Baldwin também saltou aos olhos de seu padrasto, que o recrutou para pregar na Assembleia Pentecostal de Fireside. Aos 13 anos, Baldwin era um tipo de pastor raquítico fisicamente e grandioso verbalmente. Dos 13 aos 18 anos, Baldwin foi um pregador mirim, arrebatando mais fiéis que seu padrasto.

Não demorou para perceber que sua inteligência tinha mais serviço na militância por direitos civis, questionando e olhando para a sociedade com a sensibilidade de um escritor. E foi isso o que decidiu aos 18 anos, abandonando o púlpito e optando por usar a literatura para retratar a vida dos que, assim como ele, eram excluídos do sonho americano e refletir sobre as injustiças da sociedade.

Não lhe interessava o caminho a que estava supostamente predestinado, não acreditou na retórica racista. A essa tentativa de reducionismo de sua capacidade, ou de seu papel, responderia mais tarde, quando um apresentador de *talk show* lhe perguntou:

"*Quando você estava começando como escritor, sendo negro, pobre e homossexual, deve ter pensado 'Nossa, quão desfavorecido se pode ser?'.*"

James Baldwin respondeu:

"*Não, eu achei que tinha tirado a sorte grande. Era tão ultrajante que eu tinha que achar um jeito de usar aquilo.*"

Foi durante a sua adolescência, suscitado pela formação intelectual e o grupo de amigos com que convivia, que Baldwin começou a perceber que era *gay*. E poder se distanciar dos preconceitos que recebia por ser negro, e receberia, quando se assumisse como *gay*, passou a ser um grande desejo daquele futuro autor.

Tendo se mudado para o Village, Baldwin viveu períodos difíceis devido à ausência de recursos, à insanidade do padrasto e à necessidade de cuidar da família. Nesse período, afastou-se da literatura e chegou a duvidar da possibilidade de se tornar escritor. Com a morte do padrasto, em 1943, a situação se agravou. Fez bicos em restaurantes e começou a trabalhar em revistas como a *Nation*, elaborando resenhas semanais de livros. A atividade possibilitou a James Baldwin que aperfeiçoasse suas ideias e desenvolvesse seu estilo de escrita. Posteriormente, fez cursos na The New School, onde conheceu o ator Marlon Brando, que na época estudava artes cênicas. Mas Baldwin nunca cursaria o ensino superior. Na verdade, a vida tumultuada, as incertezas, os obstáculos financeiros, as desilusões amorosas e a dificuldade de avançar no seu primeiro romance levaram-no a considerar o suicídio, tema recorrente em suas obras. Mas, depois de ter trabalhado por um tempo como escritor *freelancer*, resenhando livros e publicando contos, James Baldwin foi contemplado com duas bolsas de criação literária e decidiu que era hora de escrever sobre a sociedade opressora em que vivia — e que, para isso, precisava primeiro se afastar dela.

Com as bolsas, mudou-se para Paris em 1948, para se distanciar do preconceito americano e ver a si mesmo e sua escrita fora de um contexto afro-americano.

Baldwin tinha, desde então, um grande anseio: não ser lido como apenas *um negro*, ou mesmo, um escritor negro. Acho válida essa busca de universalidade no seu ofício, embora reconheça que a adjetivação, mesmo que não seja explicitada, estará presente na sua produção. Porque, como disse o escritor e intelectual Oswaldo de Camargo, "ninguém vive a morte do outro, a vida do outro, ou o sonho do outro". A visão particular do fato de ser negro fará, não obstante, com que James Baldwin seja sempre um escritor *negro* — seus textos jamais poderiam ser escritos por um autor branco.

A mudança para Paris também representava para Baldwin buscar chegar a um acordo com sua ambivalência sexual e escapar do desespero que muitos jovens afro-americanos como ele estavam vivenciando em Nova York.

O enredo idílico, com uma incrível força lírica, acaba por constituir um estratagema altamente eficaz para que Baldwin coloque o *american way of life* em questão, e proceda ao desmascaramento ideológico de um modo de ser social perverso, representado por David.

Confrontando o ideal de pureza das elites norte-americanas, Giovanni, o jovem egresso do interior da Itália, onde lidava com agricultura, diz, no momento em que está sendo abandonado por David: "Você quer abandonar o Giovanni porque ele faz você feder. Quer desprezar o Giovanni porque ele não tem medo do fedor do amor. Quer matar o Giovanni em nome de todas as suas moralidadezinhas. E você – você é imoral".

Hella, por sua vez, quando descobre a bissexualidade de David e o seu caso com Giovanni, transforma questões pessoais em uma tragédia intercontinental: "Os americanos nunca deviam vir à Europa [...] porque nunca mais vão ser felizes. Pra que é que serve um americano que não é feliz? A felicidade era a única coisa que tínhamos".

O livro foi responsável por mais uma tomada de decisão de Baldwin em resistir a rótulos. Havia toda uma expectativa de público de que ele publicaria uma obra que tratasse da experiência afro-americana. E *O Quarto de Giovanni* é predominantemente sobre personagens brancos — um reflexo da tal busca de universalidade presente no trabalho de James Baldwin. Há outras buscas importantes para James Baldwin — na sua vida. Segundo seu biógrafo, David Leeming, amigo do escritor desde 1961, e autor de *James Baldwin, a Biography*, lançado em 1994 nos Estados Unidos e inédito no Brasil, Baldwin — *"sujeito solitário e extremamente vulnerável, a tal ponto de se tornar excessivamente defensivo, à beira da paranoia"* — buscava, mais do que tudo, o amor e a aceitação. Por causa disso, esbanjava dinheiro e tempo, e às vezes magoava as pessoas — contraditoriamente, *"amigos"* que precisavam de dinheiro ou de um pouco do seu tempo.

"Como muitas pessoas, Baldwin era um homem com neuroses evidentes. Não era um santo, nunca foi psicológica ou emocionalmente estável. Mas era um profeta", é o que diz David Leeming na biografia.

"Ele sabia que a combinação de sua herança africana, seu talento

Baldwin foi um grande crítico do sonho americano, da promessa dos pais fundadores de que os Estados Unidos eram *terra de todos*.

Em seu segundo romance, *O Quarto de Giovanni*, o autor trabalhou o segundo ponto que é fundamental na sua obra: a rejeição por si próprio, pela família e pela sociedade. O livro, cujo enredo enfoca o relacionamento de um *gay* americano branco com um *bartender* italiano em Paris, só seria publicado na Inglaterra em 1956, após a chegada da coletânea de ensaios *Notas de um Filho Nativo* e a estreia da peça *The Amen Corner*.

Dedicado ao pintor Lucien Happersberger, primeiro namorado do escritor – que o deixou para se casar com uma mulher –, o livro só chegaria ao Brasil em 1967, pela editora Civilização Brasileira, com tradução de Affonso Blacheyre e texto de orelha em que o jornalista e crítico Paulo Francis ressalta a independência do autor em face dos problemas raciais (já que no romance não há personagens negros) e seu pioneirismo ao normalizar a homossexualidade: "O caso de amor que ele relata contém todas as alegrias, angústias e crises de esfriamento peculiares às ligações heterossexuais", escreveu Francis.

Pode-se falar numa opacidade estruturante da pequena obra-prima que é *O Quarto de Giovanni*: o narrador não tem domínio absoluto sobre a narrativa, sobre o experienciado; o quarto do título é, por isso mesmo, metáfora de uma instância fechada, obscura, de uma intimidade resistente à revelação que, no final das contas, vem a ser o próprio sujeito, o modo como sua vida se efetiva.

Saberemos ao longo do romance que o desconcerto psicológico do personagem David, o americano, tem a ver com Giovanni, um *bartender* italiano que foi condenado à morte em virtude do assassinato do seu patrão, Guillaume. O gesto de Giovanni, imigrante pobre, é estimulado pela exploração sexual a que se vê submetido por Guillaume, para quem volta a trabalhar, depois do fim do relacionamento com David.

O relacionamento, que tinha se iniciado no estabelecimento de Guillaume, um reduto *gay*, e se intensificado com a mudança de David para o quarto bagunçado onde Giovanni morava, chega ao fim com o retorno da noiva de David, Hella, também norte-americana, que, buscando encontrar-se, chegava de uma viagem pela Espanha.

tranho estar lá; porque tudo, o tempo inteiro, parecia uma encenação e, embora tudo o que eu quisesse fosse me afastar da grande realidade que era o fato de que, provavelmente, eu não conseguiria jamais viver de literatura, estar na casa de Marechal também tinha uma sensação próxima ao entorpecimento contínuo que me fazia, quase todas as vezes, crer no contrário: que sim, eu poderia me tornar um escritor se quisesse. Marechal, Ralph Ellison, Gil Scott-Heron, Toni Morrison, todos me diziam — entre as quatro paredes da casa de Marechal e Aurora — que eu poderia. Aquele casal de missionários acoplados ali — tão relevantes para aquele momento de minha vida e sempre tão prontos a receberem a mim e àquele povo, em nossos protestos misteriosos, aqueles sujeitos e mulheres com seus gritos e declamações de prosa e poesia que entravam noite adentro — também me dizia que sim, como Countee Cullen um dia disse a James Baldwin, se eu me aplicasse, talvez conseguisse me tornar, como ele, "um grande romancista, grande ensaísta, grande dramaturgo, grande poeta e grande militante".

Talvez se outros jovens negros, desejosos de se tornarem escritores, tivessem mais contato com a obra de James Baldwin, poderiam acreditar nesse mesmo sonho. Maria Aparecida Salgueiro, professora do Instituto de Letras da Universidade Estadual do Rio de Janeiro e pesquisadora de literatura afro-americana, já disse, em entrevista à revista *Cult*, como a obra de Baldwin tem tanto a dizer ao Brasil contemporâneo que começa a discutir a questão racial. Isso porque James Baldwin foi um dos primeiros escritores a praticar, de forma orgânica, o conceito de *consciência da nação* — um tema que figurou em muitos discursos do ex-presidente dos Estados Unidos, Barack Obama, por exemplo —, ao levar paixão e honestidade para a discussão racial, tornando impossível que essa discussão fosse, mais uma vez, ignorada.

O pioneirismo na abordagem dessa discussão aparece tanto nos romances quanto nos ensaios, que tratam não apenas das questões raciais, mas das questões raciais ligadas à sexualidade e classe, mostrando como esses três pontos estão interligados aos preconceitos das sociedades ocidentais e, especialmente, da sociedade norte-americana do século 20.

Em Paris, Baldwin logo se envolveu no radicalismo cultural da margem esquerda. Ele começou a publicar seus trabalhos em antologias literárias, como *Zero*. Foi na capital francesa também que Baldwin terminou de escrever aquele que se tornaria seu primeiro livro: o romance semibiográfico *Go tell it on the mountain*, publicado em 1953. Numa tradução livre, *Vá à montanha para falar*, tem um título que faz alusão ao bíblico Sermão da Montanha, mas está, na verdade, citando diretamente um hino do século 19, de entonação alegre, que exorta a alguém que "vá e diga da montanha que Jesus Cristo nasceu".

Em pouco mais de 200 páginas, o autor narra a história de John Grimes, um adolescente negro que vive no Harlem nos anos 1930, e seu relacionamento com a família (uma mãe estoica diante das tragédias da vida e um padrasto violento e religioso fanático, que é pastor e que o chamava constantemente de feio, dizendo que sua feiura era fruto do demônio).

No livro, a Igreja Pentecostal é fonte de repressão e hipocrisia moral, mas também de inspiração e senso de comunidade. A narrativa traz um fluxo de *flashbacks* que vão ao período da escravidão e cavam os fósseis da memória dos negros na América, confrontando passado e presente, enquanto o garoto, pela palavra, tenta expurgar sua dor e elevar-se a si mesmo à montanha.

Para escrever o livro, James Baldwin se distanciou do pensamento marxista do autor Richard Wright, escritor dos anos 1920 que lutava contra o racismo por meio da sua obra, mas que, segundo Baldwin, "ignorava o que era a base necessária para qualquer ficção realista, que é a profundidade de envolvimento e o reconhecimento de compartilhar experiências, sem os quais o autor parece sugerir 'que a vida do negro não possui nenhuma tradição, nenhum repertório de gestos, nenhuma possibilidade de ritual ou de trocas'".

O romance garantiu a Baldwin um prêmio da Fundação Guggenheim e foi considerado pela revista *Time*, em 2005, um dos cem melhores romances de língua inglesa do século 20.

É estranho olhar em retrospecto o que foi descobrir um autor tão sofisticado quanto James Baldwin por meio de Marechal. Porque era es-

divino com as palavras e sua linhagem incógnita misturada à sua homossexualidade tornariam inevitável que ele fosse um *outsider*, um estranho condenado como Jonas a pregar e converter, enquanto o que ele queria mesmo era simplesmente viver a vida."

Seus romances já eram um sinal de sua capacidade articuladora do mundo e evidenciadora do racismo, mas quando vieram ensaios como "Nobody knows my name", em 1961, Baldwin surgiu com força como "testemunha de todo o dilema do que significava ser americano no contexto daquelas condições".

O trabalho seguinte de Baldwin, *Terra Estranha*, publicado no Brasil pela editora Globo em 1965, mostra uma Nova York boêmia e dividida entre o Harlem pobre dos irmãos Rufus e Ida, e o Grenwich Village luminoso do casal Cass e Richard.

Há suicídio, relações inter-raciais, bissexualismo, traições, crises existenciais na cena artística e intelectual nova-iorquina. Na trama, um grupo de amigos, negros e brancos, convivem em um universo alternativo de relativa tolerância racial. Até que o envolvimento de Leona, uma sulista branca recém-chegada a Nova York, com Rufus, um músico de *jazz*, põe em xeque a representação de masculinidade no grupo, os limites dos relacionamentos inter-raciais e a vitalidade do racismo, mesmo em uma cidade liberal e cosmopolita como Nova York.

Na versão brasileira, lê-se o seguinte aviso: "Este livro destina-se a leitores adultos; sob nenhum pretexto deve ser posto na mão de menores. Ao traduzir para o português esta aterradora história do submundo de Nova York, a intenção da editora Globo foi dar a conhecer ao público brasileiro uma obra que o crítico americano Granville Hicks considera 'um dos mais poderosos romances de nossa época'".

Os anos de 1957 e 1968 são, respectivamente, marcantes na biografia de Baldwin: um assinala sua volta aos EUA para participar das manifestações pelos direitos civis, decisão tomada após ver fotos da estudante Dorothy Counts ser assediada por uma multidão branca em seu primeiro dia de aula em uma escola mista; o outro marca seu retorno para a Europa, após o assassinato de Martin Luther King, onde residiria até o fim de seus dias.

Durante os onze anos que separam as datas, ele se dividiria entre criação literária e ativismo político, participando de inúmeros protestos, encontros com políticos e debates televisionados, mas também publicando oito livros (entre romances e coletâneas de ensaios e contos). E mesmo com toda a hostilidade que os movimentos civis tinham pelos homossexuais, Baldwin não se imiscuiu de sua participação ferrenha nessa luta.

Depois que uma bomba explodiu em uma igreja em Birmingham, três semanas depois da Marcha contra Washington, em 1963, Baldwin pediu por uma campanha nacional de desobediência civil em resposta a essa *"crise aterrorizante"*.

Ele viajou para Selma, Alabama, onde o Student Nonviolent Coordinating Committee in Alabama (SNCC) organizou uma campanha de registro de eleitores.

Lá, Baldwin observava mães com bebês, e homens e mulheres idosos em longas filas por horas, enquanto policiais armados e soldados estaduais ficavam de prontidão ou intervinham para esmagar a câmera de um repórter ou usar instrumentos de pancada em trabalhadores.

Após seu dia de observação, ele falou em uma igreja lotada, que o governo federal poderia proteger os negros, enviando tropas federais para o sul. Ele culpou os Kennedy por não agirem. Em março de 1965, Baldwin se juntou aos manifestantes que percorreram 87 quilômetros de Selma, Alabama, até a capital, em Montgomery, sob a proteção das tropas federais.

O documentário *Eu Não Sou Seu Negro*, exatamente o responsável pelo levante que a obra de James Baldwin recebeu, retrata muito bem alguns elementos significativos do pensamento social afro-americano praticado por Baldwin. E a referência nuclear desse pensamento é a negatividade: não sou seu negro significa, num primeiro nível, a negação do preceito racista, que remonta à escravatura, por meio da qual o negro é propriedade de outrem, tem dono, é uma coisa. E significa, num segundo nível, a negação de que o homem, no sentido da espécie, negro ou negra, restrinja-se à condição étnico-racial, seja apenas uma pele escura, sejam certos valores culturais.

Baldwin, como revela uma entrevista no documentário, percebia-se como um homem, com toda a complexidade constitutiva dessa dimensão conceitual aguçada por um Nietzsche ou um Foucault, e acusava a sociedade norte-americana de ter inventado a categoria *black* como parte de uma dinâmica de dominação, donde resultara toda uma discórdia social.

Em contrapartida, se no documentário há essa indignação que aproxima Baldwin de líderes do movimento negro, a obra peca em omitir do espectador as discordâncias do autor com o mesmo movimento, advindas de sua condição de homossexual.

Por conta dessa discordância, Baldwin era zombado e atacado tanto por liberais — como o presidente J. F. Kennedy e outros, que o chamavam de *"Martin Luther Queen"* —, como por radicais, como Eldridge Cleaver, líder do Partido dos Panteras Negras, que escreveu que ele e outros *"negros homossexuais sentiam-se frustrados por, em sua doença, não serem capazes de gerar um filho com um homem branco"*.

Para diversos estudiosos, é impossível falar de James Baldwin sem mencionar sua sexualidade. Ela é um interesse marcante desde o início de sua obra, para se analisar a exclusão nos seus mais variados aspectos. Além disso, trata-se de uma característica claríssima em sua biografia a intersecção entre a questão racial e sexual, como quando ele foi assediado por policiais aos 10 anos de idade.

Durante os anos 1970 e 1980, Baldwin ainda falaria abertamente sobre sua sexualidade em entrevistas e escreveria mais um romance protagonizado por um homossexual: *Just Above my Head*, em 1979, que narra a história de um pastor *gay* aclamado internacionalmente.

Antes disso, em 1974, ano da publicação de *Se a Rua Beale Falasse*, tanto Malcolm X quanto Martin Luther King Jr. haviam sido assassinados. O romance que Baldwin publicou nesse momento conta a história de Tish e Fonny, um jovem casal que ainda vive com os pais no Harlem. Tish está grávida e Fonny é acusado por um policial de ter estuprado uma mulher. O enredo evidencia a dificuldade das duas famílias de se manterem unidas diante das adversidades que advêm do racismo. É uma história de amor entre pessoas comuns que tentam manter a serenidade e a esperança em uma sociedade que não oferece quase nenhum reconhecimento social ou igualdade aos negros.

Nesse mesmo momento, os Panteras Negras estavam sendo dizimados por uma perseguição implementada pelo diretor do FBI à época, J. Edgar Hoover. O longo ensaio *Down at the Cross*, originalmente publicado em duas grandes edições da *The New Yorker*, colocou Baldwin na capa da revista *Time* enquanto ele estava em turnê falando sobre o movimento dos direitos civis. A *Time* registrou: *"Não há outro escritor que expressa com tanta pungência e abrasividade as realidades negras da efervescência racial no norte e no sul"*. O momento dessa publicação, com Baldwin sendo aclamado abertamente como um porta-voz reconhecido dos direitos civis e uma celebridade conhecida por defender a causa dos negros americanos, o colocou na mira do FBI, sempre preocupado com os ativistas e suas ações. O papel de Baldwin nesse contexto fez com que o FBI reunisse um arquivo com 1.884 páginas de documentos sobre o autor, coletados de 1960 até o início dos anos 1970. Em comparação, autores como Richard Wright contavam com apenas 276 páginas e Truman Capote, 110.

Como o porta-voz dos direitos civis que era, Baldwin frequentemente aparecia na televisão e fazia discursos em *campi* universitários. Outro ensaio seu, publicado na *The New Yorker*, falou sobre a desconfortável relação entre o cristianismo e o florescente movimento muçulmano negro.

Após a publicação, vários nacionalistas negros criticaram Baldwin por sua atitude conciliadora, questionando se sua mensagem de amor e compreensão faria muito para mudar as relações raciais na América. Por outro lado, foi muito consumido por brancos à procura de respostas para a pergunta: o que os negros realmente querem?

Os ensaios de Baldwin nunca deixaram de articular a raiva e a frustração sentidas pelos americanos negros da vida real com mais clareza e estilo do que qualquer outro escritor de sua geração. Eles são fundamentais como obras de exposição de seu pensamento e de sua posição em relação à figura do negro norte-americano.

A partir dos anos 1970, no entanto, os escritos de Baldwin foram em grande parte ignorados pelos críticos, embora até esses textos estejam começando a receber atenção hoje. Vários de seus ensaios e entrevistas da década de 1980 discutem homossexualidade e homofobia com fervor e franqueza.

A dura crítica homofóbica de Eldridge Cleaver aos escritos de Baldwin, na obra *Soul on Ice* — escrita durante o período em que esteve na Prisão Estadual Folsom, em 1965 —, elevando Richard Wright como um padrão literário masculino, e o retorno de Baldwin ao sul da França contribuíram para a sensação de que ele não estava em contato com seus leitores.

Mas sempre fiel às suas próprias convicções e não ao gosto dos outros, Baldwin continuou a escrever o que queria escrever. Como tinha sido a principal voz literária do movimento dos direitos civis, ele se tornou uma figura inspiradora para o emergente movimento pelos direitos *gays*.

Porém, após os assassinatos de seus três amigos — Medgar Evers, em 1963; Malcolm X, em 1965, e Martin Luther King Jr., em 1968, Baldwin sentiu medo de ser o próximo. Famoso, reconhecido nas ruas, o combate à homofobia e ao racismo nos Estados Unidos o cansaram. Por isso, em 1970, mudou-se para Saint-Paul-de-Vence, na França, trocando as lutas nas ruas dos Estados Unidos por encontros com amigos em sua casa, sempre repleta: os atores Harry Belafonte e Sidney Poitier eram alguns dos convidados regulares da casa. Muitos dos amigos músicos de Baldwin apareciam durante os diversos festivais de *Jazz* da região: nomes como Nina Simone, Josephine Baker, Miles Davis e Ray Charles.

Em sua autobiografia, Miles Davis escreveu:

"Eu lia seus livros e gostava e respeitava o que ele tinha a dizer. Quando cheguei a conhecê-lo melhor, Jimmy e eu nos abrimos. Nós nos tornamos grandes amigos. Toda vez que eu estava no sul da França, em Antibes, passava um dia ou dois em sua casa em Saint-Paul-de-Vence. Nós ficávamos confortáveis naquela linda casa grande e ele nos contava todos os tipos de histórias... Ele era um grande homem."

Seus anos em Saint-Paul-de-Vence também foram anos de trabalho. Sentado em frente à sua resistente máquina de escrever, seus dias eram dedicados a escrever e a responder à enorme quantidade de correspondência que recebia de todo o mundo. Ele escreveu vários de seus últimos trabalhos em sua casa em Saint-Paul-de-Vence, incluindo *Just Above my Head*, em 1979, e *Evidence of Things not Seen*, em 1985.

Foi também em sua casa na França que Baldwin escreveu sua famosa *"Carta aberta a minha irmã, Angela Y. Davis"*, em novembro de 1970.

Em 1º de dezembro de 1987, Baldwin faleceu em sua casa, na França, vítima de um câncer no estômago. Ele foi enterrado no Cemitério Ferncliff, em Hartsdale, perto da cidade de Nova York.

Na época da sua morte, ele tinha um manuscrito inacabado chamado *Remember this House*, que se tornou a base para o documentário *Eu Não Sou Seu Negro*. Ao assistir aos primeiros minutos do documentário, é difícil não se perguntar o que James Baldwin teria a dizer sobre os Estados Unidos do presente.

Na cena que abre o filme, ao ser perguntado por um repórter branco sobre a melhora na situação dos negros no país, sobretudo no campo da representatividade, Baldwin diz não haver muita esperança. A entrevista é cortada e surgem na tela fotos de manifestações contra o racismo e a violência policial contra negros no país.

Escritor que influenciou a obra de uma série de autores e autoras negros, como o escritor nigeriano Chinua Achebe, Toni Morrison, a romancista britânica Zadie Smith, entre outros intelectuais, artistas e ativistas, dentro e fora dos Estados Unidos, Baldwin é um autor que, não à toa, se tornou muito relevante naquele país, mas também em outros países de significativa presença negra.

Isso se deve à sua escrita literária, de romances e contos, mas também à sua observação crítica e sensível, presente em ensaios e entrevistas, a respeito das relações raciais, do racismo e da colonização, assim como de temas extremamente contemporâneos, como imagem, linguagem e corporeidade, gênero e sexualidade.

Nessas temáticas, Brasil e EUA sempre foram tomados como realidades muito próximas e dignas de comparação, tanto por ativistas e intelectuais como pela população culta leitora como um todo.

É interessante como James Baldwin nos ajuda a olhar para o Brasil nesses temas de uma perspectiva crítica, mesmo falando do contexto norte-americano, e sempre se colocando na figura de um homem, um escritor, não aceitando ser rotulado como *"escritor negro e gay"*.

Ele era, evidentemente, um sujeito fora de seu tempo. Não à toa, hoje é redescoberto como aquele que, se não tinha a voz imperiosa de Martin Luther King e Malcolm X, produzia uma ressonância particular e profunda, não isenta de ironia, que ainda hoje se faz sentir. Era considerado a voz sensata do meio entre aqueles dois ativistas.

A verdade é que nunca foi completamente compreendido. Mas, quando penso na sua importância na minha vida e na racionalização de para onde meu trabalho pode ir, que intersecções pode realizar, lembro desta fala da escritora portuguesa Grada Kilomba durante palestra-performance no Centro Cultural de São Paulo:

"Há esta anedota: uma mulher negra diz que ela é uma mulher negra. Uma mulher branca diz que ela é uma mulher. Um homem branco diz que é uma pessoa".

James Baldwin, mais do que tudo, talvez tenha bradado somente por ser uma voz. Uma pessoa. Destituída de adjetivações posteriores. Não um escritor *negro*. Um escritor. Não um homem *negro*. Um homem. E sua busca diz muito sobre nossas possíveis buscas e os lugares onde nos colocamos ou somos colocados. A branquitude, como outras identidades no poder, permanece sem adjetivações. Está no centro de tudo — e é considerada sinônimo do que é humano. E é assim que homens negros deixam de ser homens, para serem *negros*.

Nossa negritude, enquanto for vista como *outra coisa*, como fator marginal, será sempre animalizada, tornada exótica, colocada como exceção. E tudo o que nós, negros, mais queremos é justamente o contrário disso. É a normalização.

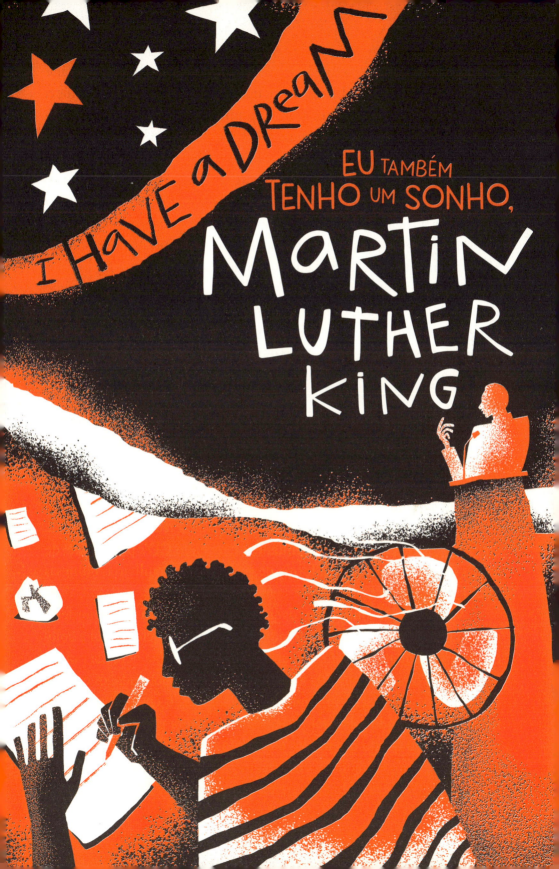

O QUE NÃO FOI CAPTURADO PELA FOTO: o ar que parece lã molhada na pequena cidade litorânea em que estávamos, a não muitas horas da capital. Um sol que é um borrão luminoso num céu mais pintado de cinza do que de azul. O sotaque local, que é repleto de maneirismos de pessoas que não moram por ali mas apinham a praia desde dezembro. Toda a sonoridade, que é formada quase completamente por gritos, rompantes hediondos de alegria em torno da Avenida Paraguassu, cujo epicentro é a roda-gigante do pequeno parque de diversões que aterrissa em um terreno baldio o verão inteiro. Maçãs do amor. Algodões-doces. Milho na manteiga. Churros com doce de leite. Meninas com bermuda de surfista arrastando indolentemente seus chinelos de dedo, a pele cheirando a sal, o cabelo duro de parafina, as canelas esbranquiçadas. *Folders* da festa de logo mais à noite descansando aos montes no meio-fio, acumulando-se na boca de lobo que não vai capturar a água da chuva dali a alguns meses, inundando uma rua que ninguém mais vai estar ali para ver, a não ser os pescadores locais que moram na praia o ano inteiro. Mas ainda não. Por enquanto, só felicidade jubilosa, bandos caminhando pelo meio da rua como se os carros em marcha lenta ecoando Black Eyed Peas de seus potentes *subwoofers* não tivessem sequer o direito de disputar espaço. Numa das extremidades da Paraguassu, a construção de madeira que é um *buffet* durante o dia e uma danceteria à noite, cujo telhado ostenta um letreiro em neon apagado: bar dançante. Prédios inacabados de dois andares e um comércio fervilhante oferecendo CD's piratas, *kits* de baldes plásticos e moldes em forma de estrelas e quinquilharias chinesas a R$ 1,99.

Verão. Só que ainda antes daquela época em que o vento nordeste chega rascante pelo estado, ignorando os últimos resquícios de sol e colocando fim, prematuramente, a qualquer divertimento na beira da praia.

Como estava o objeto da foto, antes de ela ser capturada: os cabelos desgrenhados, de cueca em frente ao computador, o copo de suco pela metade esquentando sob o sol inclemente que entra pelo friso da janelinha plástica do quarto dos fundos com chão de laje fria da casa alugada, o computador equilibrando-se em uma mesa de fórmica calçada por uma velha revista *Capricho* dobrada em três. Colado à mesa, um guarda-roupas repleto de figurinhas da Copa União e estrelas e pequenas luas e Ursinhos Carinhosos que exibem um brilho ainda hesitante quando se apaga a luz.

Eu, o objeto da foto, tenho a aparência de um maníaco compondo uma carta ameaçadora: a mão pousada inutilmente sobre o *mouse*, há muito tempo sem qualquer movimento; o cenho franzido e olhos apertados como um míope parecendo querer encontrar uma concentração que, por mais que insistisse, não estava ali, mesmo que não houvesse nada com o que me dispersar. Mas, aos dezenove anos, eu era capaz de me distrair imaginando quem colou as figurinhas com brilho no guarda-roupa. Ou quem *inventou* as figurinhas com brilho.

Naquele verão, eu estava longe de tudo. Longe, sim, do calor infernal que tomava conta da Restinga nesses meses de verão, refletindo seu horror nas ruas de asfalto. Longe até do que estava perto de mim, então: as partidas de frescobol, as barracas de capeta, a bebida à base de groselha e cachaça responsável por abreviar milhares de verões de adolescentes excitados. Longe das ruas no pequeno centro comercial para onde confluíam senhoras puxando pela mão crianças alucinadas por causa de jogos de fliperama a setenta centavos. Senhoras repletas de creme — cada parte do corpo besuntada com protetor solar fator 50 — em missão desenfreada de caça a sandálias, chapéus, bolsas: qualquer coisa feita de miçangas. Longe o suficiente para não escutar, ao menos não de forma que não me tirasse a concentração, o vendedor que passa em frente à casa dezoito vezes por dia anunciando casquinha de biju.

A foto em que, futuramente, foi possível me ver naquele verão, mostra que, no instante em que ela foi tirada, eu queria aparentar calma e confiança — o dedo polegar esticado num hesitante gesto afirmativo, mas a boca só levemente voltada para baixo no caminho para um sorriso que não se concretizou, contradisse a tentativa. O ventilador às costas deveria servir para apaziguar o calor, mas a minha tez, para qualquer um que veja a foto, é suada e meu aspecto é doentio.

Eu não estava calmo e confiante.

Talvez porque tenha me dado conta de quão patética era a minha situação: meu anunciado livro simplesmente não avançava das páginas iniciais. Na verdade, nem as páginas iniciais talvez pudessem configurar um livro em processo.

Tudo o que eu tinha, naquele verão, era um apanhado de escritos dispersos, notas apressadas digitadas, já que minha mão era incapaz de escrever à tinta, o que deveria ser forte motivo de preocupação ortopédica. Das notas, metade, ou talvez mais, não me pertenciam. Uma série de excertos dos livros que eu ia acumulando, leituras sobrepostas que eu justificava como *pesquisa* e nas quais estava envolvido desde sempre. Uma *pesquisa* infinita. Quem entrasse em meu quarto, na Restinga, talvez se espantasse com a quantidade de livros empilhados por todos os cantos: obras completas de Thomas Mann, os colossais volumes que somente minhas frequentes buscas pelos sebos da cidade conseguiam transformar em aquisições acessíveis; as versões de bolso de Kafka, os Dostoiévski, os Joyce e minha adorada edição em capa dura de *Este Lado do Paraíso*; Virgínia Woolf, Chalotte Brontë, Jane Austen, todas formando uma espécie de clube de meninas, lado a lado na estante; Dickens, Kipling, Faulkner, Flaubert e Henry James — Henry James por todos os lados; Ellison, Baldwin, Morrison, Butler, Emecheta e, claro, também lá descansavam meus Machado, Barreto, Graciliano, Fonseca e Lispector; e me abanavam de vez em quando, seduzindo-me por suas lombadas exibidas, meus García Márquez, Llosa, Fuentes, Borges e Cortázar. Estavam todos lá, vez em quando precisando abrir espaço para mais convidados, novos moradores que esperavam sua vez de serem a atração na festa que era eu percorrendo suas páginas.

Entre as páginas dos livros deixados na cidade e mesmo naqueles que enfiara na bolsa Adidas que levara à praia, uma quantidade gigantesca de *post its* e pedaços de papéis rasgados dentro de cadernos de notas. Uma miscelânea de anotações para dar norte aos meus escritos (Um parágrafo: descrição da vida da personagem; Simulacro de civilidade: paz em família aparente, somente comportamental; Detalhes da casa sob preocupação; Embebedando-se discretamente!; Salto no tempo para contar a infância dos meninos etc. etc.).[1]

A despeito de, já naquele momento, ter publicado dezenas de contos em diversas coletâneas em *sites* respeitados que tomavam conta da

---
[1] Sim, eu ainda guardo todos esses blocos de notas, diários, cadernos de todos os formatos e caligrafias, reunindo minhas diversas incursões por meus vários projetos literários.

internet nos seus primeiros anos no Brasil, era preciso considerar um fato — e deve haver certas palavras, em alguma ordem específica, que permitam definir esse fato com perfeição —, e podemos considerar que as palavras e a ordem delas são as seguintes: a minha proposta de livro tinha tudo para ser um fracasso. Porque eu estava de novo concentrado em *questões raciais*. E ninguém mais estava *preocupado* com questões raciais. Eu não ia escrever um épico sobre moleques criminosos em uma favela do Rio de Janeiro. Eu estava tentando escrever sobre raça e claro que eu iria ser ignorado por editores e por críticos das editoras *mainstream* e tudo o que iria me sobrar, talvez, era a possibilidade de publicação de meu livro por algum selo obscuro e a resignação de promovê-lo por conta própria em feiras literárias independentes e mambembes dos subúrbios de cidadezinhas do interior. Com sorte, seria convidado para falar em um programa de um canal educativo que ninguém assiste. Com muita sorte, viraria roteirista colaborador de algum filme que nunca seria lançado — sobre negros nos morros cariocas. Eu tinha duas opções: escrever de forma tão afetada, que logo minha literatura "sobre raça" viraria uma coisa tão universal e tão insossa que ninguém se importaria que eu fosse negro; ou ser tão lírico e sutil que quem lesse nem saberia nas entrelinhas que aquilo era sobre raça. Iniciados saberiam. E talvez pudessem dormir com aquele meu simulacro de meditação flaubertiana tão diluída que só serviria para deixar quem o lesse igualmente diluído.

 A verdade é que, naquele momento, eu estava cada vez mais alheio ao verdadeiro motivo que me levava a escrever, desde sempre, e ao que fazia eu me esforçar em meu projeto de livro há tanto tempo. Parecia um Grady Tripp perdido em páginas e páginas infinitas. Por isso, lutando contra o vento artificial daquela máquina giratória, eu mais passava folheando os livros que trouxera do que produzindo qualquer coisa minimamente nova. Mergulhando naquela bolsa Adidas, sempre esperançoso de que o acaso me confrontasse com uma fagulha norteadora qualquer, peguei pela mão um exemplar que não reconheci de imediato: *Por que não podemos esperar*. Eu não lembrava de ter trazido aquilo. Seria um dos tantos livros com que eu fora presenteado em meu último aniversário, e deixara equilibrando numa torre infinita, e que colocara de forma impensada dentro da bolsa? Eu estava pela primeira vez me deparando com uma obra de Martin Luther King. Um conhecido, é claro. Como eu pretenderia escrever sobre questões negras sem saber quem era Martin Luther King e ter conhecimento de seus feitos mais notáveis? Mas a verdade é que, fora o seu longo discurso proferido nos degraus do Lincoln Memorial, eu não tinha lido nenhum outro escrito dele. E aquilo parecia uma espécie de chamado: uma oferta mágica de estofo argumentativo — ou inspiração — para que eu pudesse falar da situação dos negros em nossa sociedade com o máximo de conhecimento de causa.

Então, eu faço isso. Mergulho naquele livro que me está sendo misteriosamente oferecido por ninguém, além das próprias forças do meu desejo: me estendo na cama e suas primeiras palavras, na introdução, já parecem ser a resposta para me puxar daquele terreno pantanoso de dúvida que me assolava nos últimos tempos: por que eu escrevia, e por que queria escrever sobre temas negros?

"Eu vejo um menino negro. Ele está sentado em uma varanda em frente a um conjunto de apartamentos infestado de insetos no Harlem. O fedor de lixo está nos corredores. Os bêbados, os desempregados e os viciados são figuras sombrias do seu mundo cotidiano. O garoto vai para uma escola frequentada principalmente por estudantes negros com alguns porto-riquenhos dispersos. Seu pai é um dos desempregados. Sua mãe é uma doméstica que dorme na casa da família para a qual trabalha em Long Island.

Eu vejo uma menina negra. Ela está sentada na varanda de uma casa de madeira de uma família em Birmingham. Alguns visitantes chamariam de barraco. Ela precisa muito ser pintada e o telhado remendado parece estar prestes a desmoronar. Meia dúzia de crianças pequenas, em vários estágios de nudez, estão correndo pela casa. A criança é forçada a desempenhar o papel de sua mãe. Ela não pode mais frequentar a escola de negros em sua vizinhança, porque sua mãe morreu recentemente após um acidente de carro. Vizinhos dizem

> *que, se a ambulância não tivesse chegado tão tarde para levá-la ao hospital só de negros, ela ainda poderia estar viva. O pai da menina é porteiro em uma loja de departamento, no centro. Ele sempre será porteiro, porque não há promoções para negros nessa loja."* [2]

A periferia é periferia, já dizia Mano Brown. Seja no Harlem, em Birmingham, na Restinga. Crianças separadas por milhares de quilômetros que podem, em algum momento, se questionar por que a miséria sempre persegue o negro.

Como Martin Luther King pergunta, terão nossos antepassados causado algum prejuízo trágico para a nação e a maldição de punição foi imposta sobre toda a raça negra?

Mas o prejuízo trágico não foi causado *para* nós? Será necessário que respondamos a essas crianças para que saibam que somos herança de uma maldição que nos foi infligida por outros, tal qual Malcolm X proferiu no discurso em Detroit, Estados Unidos, na Conferência de Base da Liderança Negra do Norte, em novembro de 1963?

> *"[...] somos todos pretos, os chamados 'negros', cidadãos de segunda classe, ex-escravos. Você não é nada além de um ex-escravo. Você não gosta que lhe digam isso. Mas o que mais você é? Vocês são ex-escravos. Você não chegou aqui no Mayflower. Você chegou aqui em um navio negreiro — acorrentado como um cavalo, uma vaca ou uma galinha."*[3]

Ao falar de Martin Luther King, não é à toa que trago uma citação de Malcolm X. A despeito de desenvolverem dois métodos divergentes de resistência racial, ambos revolucionaram a luta contra o racismo. São inspirações principais para os mais diversos movimentos sociais. Mas é fundamental demarcar que, enquanto Malcolm X defendia uma resistência

---

[2] KING, Martin Luther. *Por que não podemos esperar*. Trad. Sarah Pereira. São Paulo: Faro Editorial, 2020.

[3] MALCOLM X. *Malcolm X Fala*. Organização: George Breitman. Trad. e notas: Marilene Felinto. São Paulo: Editora Ubu, 2021. *Mayflower* é o nome do navio que, em 1620, transportou os primeiros peregrinos da Inglaterra para o Novo Mundo, a América, conhecidos como os peregrinos fundadores dos Estados Unidos.

combativa que respondesse à violência racista com violência de reação, Martin Luther King defendia uma luta pacifista com debates abertos e resistência pautada no convencimento e diálogo político com a sociedade. Os dois, no entanto, compactuavam com uma verdade inquestionável: de que nossa história não é devidamente registrada pelos livros que acessamos[4] — e que as crianças, seja do Harlem, Birmingham ou Restinga, também acessam. E independentemente das estratégias utilizadas em suas lutas raciais, de conquistas fundamentais como o direito dos negros ao voto, à propriedade privada, o fim da segregação racial, o fim do racismo legal, ambos tiveram o mesmo e fatídico fim: foram assassinados. Malcolm X, em 1965. Martin Luther King, em 1968.

O assassinato de Martin Luther King, na primavera de 1968, se dá no momento em que o ativista se preparava para uma marcha planejada até Washington. Seu objetivo: pressionar o Congresso Americano em nome dos pobres.

Martin Luther King e outros membros da Conferência da Liderança Cristã do Sul — organização não governamental dos Estados Unidos focada nas questões dos direitos civis dos afro-americanos — foram chamados a Memphis, Tennessee, a fim de apoiarem uma greve dos trabalhadores do saneamento. Na noite de 3 de abril, King subiu ao pódio no templo de Mason, no centro da cidade, dirigindo-se a uma multidão cheia de membros da Igreja de Deus em Cristo e trabalhadores animados com sua chegada. Usando sua força vocal — como sempre —, ele levou os participantes a aplausos.

---

[4] E esse é um dos fatores que trabalham abertamente para a perpetuação do racismo, entendendo que o racismo — sem deixar de ser um processo político e histórico — é também um conjunto de subjetividades, que busca perpetuar um sistema de ideias que forneça explicação "racional" para a desigualdade racial: a continuidade da invisibilização das contribuições históricas negras é uma dessas perpetuações. Você não vê feitos negros em livros tradicionais de história porque é parte de um projeto de racismo estrutural. Considerando-se o Brasil, essa invisibilização se mescla ao discurso de harmonia racial, que pretende imiscuir de nossa nação o princípio de conflito. Mas, como nos conta Silvio Almeida em *Racismo Estrutural* (Editora Jandaíra, 2019), "achar que no Brasil não há conflitos raciais diante da realidade violenta e desigual que nos é apresentada cotidianamente beira o delírio, a perversidade ou a mais absoluta má-fé. A população negra constitui mais da metade da população brasileira. Diante de tal demografia, é difícil conceber a possibilidade de um projeto nacional de desenvolvimento que não enfrente o racismo no campo simbólico e prático. O silêncio dos desenvolvimentistas brasileiros diante da questão racial chega a ser constrangedor, pois tudo se passa como se a questão nacional / racial não fosse medular no pensamento social brasileiro".

"Bem, eu não sei o que vai acontecer agora. Temos alguns dias difíceis pela frente. Mas isso realmente não importa para mim agora, porque eu estive no topo da montanha. E eu não me importo.
Como qualquer um, eu gostaria de viver uma vida longa. A longevidade tem seu lugar. Mas não estou preocupado com isso agora. Eu só quero fazer a vontade de Deus. E Ele me permitiu ir até a montanha. E eu olhei. E eu vi a Terra Prometida. Eu posso não chegar lá com você. Mas eu quero que você saiba esta noite, que nós, como povo, chegaremos à terra prometida!
E assim estou feliz, esta noite.
Não estou preocupado com nada.
Não estou temendo nenhum homem.
Meus olhos viram a glória da vinda do Senhor." [5]

Martin Luther King parecia prenunciar sua própria passagem prematura. Ou, pelo menos, atingir uma nota particularmente reflexiva, terminando com essas palavras, agora históricas.

E, de fato, esse foi seu último discurso. No dia seguinte, 4 de abril de 1968, ele seria assassinado.

Isso aconteceu enquanto King estava parado na varanda do segundo andar do Motel Lorraine, em frente ao quarto número 306. Era ali que King e seus associados estavam hospedados. E eles discutiam o plano de uma reunião a ser realizada mais tarde, naquela mesma noite.

Às 18 horas e 1 minuto, no entanto, um tiro foi disparado pelo ar.

Em instantes, King estava sangrando de maneira intensa. Uma bala entrou no lado direito do seu rosto.

O atirador: James Earl Ray, que disparou seu rifle de caça da janela de uma pensão a cerca de 90 metros de distância, causando um ferimento fatal. O pescoço de King se quebrou e sua veia jugular foi cortada.

O reverendo Ralph David Abernathy, companheiro de longa data de King, conseguiu parar o sangramento até a chegada das equipes de emergência. Porém, uma hora depois, o pregador e líder do movimento

---

[5] Parte final do último discurso de Martin Luther King: "Eu estive no topo da montanha" (Trad. do autor).

pelos direitos civis dos negros norte-americanos estava morto em uma mesa de operações no Hospital St. Joseph.

Martin Luther King tinha 39 anos de idade. Um assassino, que já havia cometido outros atos racistas, colocou fim à vida desse homem cujàs ações o fizeram entrar para História.

Para saber como isso aconteceu, vamos para Atlanta, no estado da Geórgia, Estados Unidos.

O ano é 1929, o início da Grande Depressão econômica que persistiu ao longo da década de 1930, terminando apenas com a Segunda Guerra Mundial. Esse foi considerado o pior e o mais longo período de recessão econômica do sistema capitalista do século 20: um período que ocasionou as mais altas taxas de desemprego, quedas drásticas do Produto Interno Bruto de diversos países, bem como depressão da produção industrial, dos preços das ações e em praticamente todo medidor de atividade econômica, em diversos países do mundo. Também é o ano da primeira premiação do Oscar e em que Herbert Hoover assume a presidência dos Estados Unidos. No Brasil, está se formando a Aliança Liberal, que disputará a eleição no ano seguinte, com a chapa Getúlio Vargas e João Pessoa.

Em 15 de janeiro de 1929, nasce o filho do reverendo Martin Luther King Sr. e Alberta Williams King: Martin Luther King Jr.

As famílias King e Williams tinham raízes na zona rural da Geórgia. O avô de Martin Jr., A. D. Williams, foi ministro rural por anos e depois se mudou para Atlanta, em 1893.

Uma curiosidade: o nome dado a Martin, por seu pai, ao nascer, era Michael King. Porém, cinco anos depois, ele mudou o nome de seu filho. A justificativa para Martin Luther King Sr. é que ele teria sido inspirado durante uma viagem à Alemanha, para a reunião daquele ano da Aliança Batista Mundial. Enquanto visitava locais associados ao líder da reforma protestante, Martin Luther, os participantes testemunharam a ascensão do nazismo. A conferência da Aliança Batista Mundial emitiu uma resolução condenando o antissemitismo e Martin Luther King Sr. ganhou uma profunda admiração pelo poder do protesto de Martin Luther, aqui no Brasil conhecido como Martinho Lutero.

King era filho do meio, entre a irmã mais velha, Christine King Farris, e o irmão mais novo, A. D. King. Ele cantou com o coro da Igreja, em sua estreia em 1939 em Atlanta, e a música era algo do qual ele gostava muito. Fruto também do incentivo de sua mãe, que tocava órgão e liderava o coro da Igreja, tendo-o levado a várias igrejas para cantar. Isso fez com que ele, mais tarde, se tornasse membro do coral júnior de sua igreja.

Desde cedo, King viu os protestos orgulhosos e destemidos do seu pai contra a segregação, como quando ele se recusou a ouvir um policial de trânsito depois de ser chamado de garoto. *Boy*, no inglês, costumava ser uma ofensa bastante recorrente de pessoas brancas a negros, não importava a sua idade — mais uma tentativa de diminuição da nossa humanidade. King também testemunhou seu pai saindo de uma loja depois de ser informado por um vendedor de sapatos que eles teriam que ir para os fundos para serem atendidos.

Porém, o pai destemido e orgulhoso também era um pai que podia ser violento, já que o próprio King afirmou que ele o açoitou regularmente até os 15 anos, dizendo que faria seu filho ser algo, ou "alguém", mesmo que tivesse que espancá-lo até a morte.

Quando criança, King teria feito amizade com um garoto branco cujo pai era dono de um negócio perto da casa da sua família. Quando os meninos tinham seis anos, eles começaram a escola: King, no entanto, teve que frequentar uma escola para afro-americanos, e o outro garoto frequentou uma para brancos, uma vez que as escolas públicas também estavam entre as instalações segregadas pelas leis estaduais.

A partir dali, King perdeu o amigo, porque o pai da criança não queria mais que os meninos brincassem juntos.

Na adolescência, ele inicialmente sentiu ressentimento contra os brancos devido à humilhação racial que ele, sua família e seus vizinhos muitas vezes tiveram que suportar naquele sul segregado. Certamente, todos esses fatores contribuíram para a depressão que Martin Luther King sofreu durante grande parte da sua vida. Some-se a isso este fato ocorrido quando tinha 12 anos: pouco depois da morte de sua avó materna, King se culpou de alguma forma por isso, tentando o suicídio ao pular de uma janela do segundo andar.

Crescendo em Atlanta, King frequentou a Booker T. Washington High School. E lá ele já se tornava conhecido por sua grande capacidade de falar em público, algo que faria parte de toda a sua vida.

Isso fez com que passasse a ser parte da equipe de debate da escola. Durante seu primeiro ano, ele ganhou o primeiro lugar em um concurso oratório patrocinado pelo Negro Elks Club em Dublin, na Geórgia.

No trajeto de ônibus para Atlanta, ele e seu professor foram ordenados pelo motorista a ficarem de pé, para que os passageiros brancos pudessem se sentar. King inicialmente se recusou, mas por fim obedeceu, depois que seu professor lhe disse que ele estaria violando a lei se não o fizesse. Sobre esse incidente, King disse que ele estava "mais furioso do que já esteve em toda sua vida".

Durante o primeiro ano do ensino médio, o Morehouse College — um respeitado colégio historicamente negro — anunciou que aceitaria qualquer aluno do ensino médio que passasse no exame de admissão.

Naquela época, muitos estudantes haviam abandonado os estudos para se alistar na Segunda Guerra Mundial. Devido a isso, a escola estava ansiosa para preencher suas salas de aula.

Aos 15 anos, Martin Luther King passou no exame e entrou no Morehouse. No verão anterior ao seu último ano na escola, em 1947, King, aos 18 anos de idade, decidiu entrar no ministério. Naquele momento ele concluiu que a igreja oferecia a maneira mais segura de responder "a um desejo interior de servir à humanidade". Na Igreja Batista, King acreditava que seria um ministro "racional" com sermões que seriam "uma força respeitosa de ideias, até de protesto social".

Então, em 1948, com 19 anos, King se matriculou no Crozer Theological Seminary em Chester, Pensilvânia.

Enquanto estudava no Crozer Seminary, King certa vez manifestou sua reprovação a outro aluno por manter cerveja em seu quarto, dizendo que eles compartilhavam a responsabilidade dos afro-americanos de suportar "os encargos da raça negra".

Em seu terceiro ano, King se envolveu romanticamente com a filha branca de uma imigrante alemã, que trabalhava como cozinheira na cafeteria. Ele planejava se casar com ela, mas seus amigos o desaconselharam, dizendo que um casamento inter-racial provocaria animosidade de negros e brancos, e prejudicaria as suas chances de ser pastor em uma igreja no sul. King, então, interrompeu o relacionamento seis meses depois, mas teria continuado a ter sentimentos por aquela mulher; segundo relatos de um amigo, ele nunca se recuperou.

Ele se formou no Seminário em 1951, com o título de bacharel em Divindade, além de ter ganhado uma importante bolsa de estudos e ter sido eleito presidente de sua classe sênior, predominantemente branca.

O pai de Martin Luther King apoiou totalmente sua decisão de continuar sua educação e tomou providências para que ele trabalhasse com J. Pius Barbour, um amigo da família que era pastor da Calvary Baptist Church, na cidade de Chester.

Após o Seminário, King se matriculou em um programa de pós-graduação na Universidade de Boston, completando seus cursos em 1953 e fazendo doutorado em teologia sistemática dois anos depois.

Enquanto estava em Boston, ele conheceu Coretta Scott, uma jovem cantora do Alabama que estudava no Conservatório de Música da Nova Inglaterra. Os dois se casaram no dia 18 de junho de 1953 e se estabeleceram em Montgomery, no Alabama, onde King se tornou pastor da Igreja Batista da Dexter Avenue, aos 25 anos.

Eles se tornaram pais de quatro filhos: Yolanda King, Martin Luther King Terceiro, Dexter Scott King e Bernice King.

Em Montgomery, cidade onde King e sua família se estabeleceram, as primeiras filas dos ônibus eram, por lei, reservadas a passageiros brancos. Atrás vinham os assentos nos quais os negros — *colored people* — podiam sentar-se. Em 2 de março de 1955, no entanto, uma menina negra de 15 anos se recusou a ceder seu assento a um homem branco em um ônibus da cidade, violando a lei local. A adolescente Claudette Colvin foi presa e levada para a cadeia.

A princípio, o capítulo local da Conferência de Liderança Cristã do Sul achou que tinha um excelente caso para desafiar a política segregatória de ônibus, em Montgomery. Porém, foi revelado que Colvin estava grávida e os líderes dos direitos civis temiam que isso escandalizasse a comunidade negra profundamente religiosa e tornaria Colvin — e, portanto, os esforços do grupo — menos crível aos olhos de brancos simpáticos.

Em 1º de dezembro de 1955, eles tiveram outra chance de defender sua causa.

Naquela noite, Rosa Parks, de 42 anos, entrou no ônibus da Cleveland Avenue para voltar para casa depois de um dia de trabalho. Ela se sentou na primeira fila da seção *colored* no meio do ônibus.

À medida que o ônibus percorria sua rota, todos os assentos da seção branca se encheram e vários passageiros brancos entraram no ônibus. O motorista notou que havia vários homens brancos em pé e exigiu que Parks e outros afro-americanos desistissem de seus assentos. Três passageiros negros, com relutância, desistiram de seus lugares, mas Parks permaneceu sentada.

O motorista pediu que ela cedesse seu assento e ela recusou. Parks foi presa e condenada por violar o Código da Cidade de Montgomery. Em seu julgamento, uma semana depois, em uma audiência de 30 minutos, Parks foi considerada culpada e multada.

Na noite em que Rosa Parks foi presa, Ed Nixon, chefe da divisão local da Conferência de Liderança Cristã do Sul, se reuniu com King e outros líderes locais de direitos civis para planejar um boicote aos ônibus em Montgomery.

King era pastor da Igreja a pouco mais de um ano, e foi eleito para liderar o boicote por ser jovem, bem treinado, com sólidas conexões familiares e boa posição profissional. Mas ele também era novo na comunidade e tinha poucos inimigos, por isso sentiu-se que ele teria forte credibilidade com a comunidade negra.

Em seu primeiro discurso como presidente do grupo, King declarou:

"Não temos alternativa a não ser protestar. Por muitos anos, demonstramos uma paciência incrível. Às vezes, demos a nossos irmãos brancos a sensação de que gostávamos da maneira como estávamos sendo tratados. Mas chegamos aqui hoje à noite para sermos salvos dessa paciência que nos torna pacientes com algo menos que liberdade e justiça".

E essa retórica hábil de Martin Luther King colocou nova energia na luta pelos direitos civis no Alabama. O boicote aos ônibus envolveu 382 dias de caminhada até o trabalho. Enquanto as empresas de transporte coletivo começaram a ter prejuízos cada vez maiores, os negros andavam — caminhando muitas vezes vários quilômetros — acenando e cantando pelas ruas, sendo também frequentemente xingados e agredidos por brancos. O boicote contou com o apoio de várias personalidades conhecidas, como a cantora gospel Mahalia Jackson, que fez uma série de *shows* beneficentes para ajudar os ativistas do movimento que se encontravam presos. "Não seria honesto omitir que fiquei extremamente feliz por ser a primeira cantora de gospel a se apresentar no Carnegie Hall, em Nova York, e no Albert Hall, na Inglaterra. A verdadeira sorte para mim, no entanto, é poder cantar nas prisões para os que se encontram isolados do mundo", declarou Jackson à época.

Foi um período que envolveu assédio, violência e intimidação contra a comunidade negra de Montgomery, incluindo ataques à casa de King. No entanto, a população negra de Montgomery também tomou medidas legais contra aquele decreto-lei da cidade, argumentando que era inconstitucional, com base na decisão do Supremo Tribunal em um caso anterior conhecido como Brown *vs.* Conselho de Educação.[6]

Depois de ser derrotada em várias decisões de tribunais e sofrer grandes perdas financeiras, no dia 13 de novembro de 1956, a Suprema Corte Norte-americana aboliu a segregação racial nos ônibus de Montgomery. Poucas semanas mais tarde, a nova lei entrou em vigor em Montgomery. Em 21 de dezembro de 1956, Martin Luther King e Glen Smiley, sacer-

---

[6] A Suprema Corte decidiu que a doutrina do separate but equal feria a XIV Emenda, considerando que a segregação praticada nas escolas públicas não propiciava às crianças negras as mesmas oportunidades das crianças brancas e causava um sentimento de inferioridade que poderia afetar a motivação de aprender. Sem sombra de dúvidas, tal decisão representou o começo do fim da segregação racial nos Estados Unidos da América. Fonte: https://jus.com.br/artigos/11777/a-luta-em-defesa-da-igualdade-e-das-liberdades-publicas-no-direito-norte-americano

dote branco, entraram juntos num ônibus e ocuparam lugares na primeira fila.[7]

Com essa vitória, os líderes afro-americanos de direitos civis reconheceram a necessidade de uma organização nacional para ajudar a coordenar os seus esforços. Por isso, em janeiro de 1957, encorajados pelo sucesso do boicote aos ônibus de Montgomery, Martin Luther King e outros 60 ministros e ativistas de direitos civis fundaram a Conferência de Liderança Cristã do Sul para aproveitar a autoridade moral e o poder organizador das igrejas negras. Eles estavam comprometidos em alcançar a igualdade total dos afro-americanos por meio de protestos não violentos.

O lema deles era "Nenhum cabelo da cabeça de uma pessoa deve ser prejudicado" e King permaneceria no comando dessa organização até a sua morte.

A organização sentiu que o melhor lugar para começar a dar voz aos afro-americanos era envolvê-los no processo de votação. Em fevereiro de 1958, eles patrocinaram mais de 20 reuniões nas principais cidades do sul para registrar eleitores negros.

Em seu papel como líder dessa organização, Martin Luther King viajou pelo país e ao redor do mundo, dando palestras sobre protestos não violentos e direitos civis, além de se reunir com figuras religiosas, ativistas e líderes políticos.

Em 1959, com a ajuda do American Friends Service Committee, e inspirado no sucesso de Mahatma Gandhi com ativismo não violento, King visitou o local de nascimento de Gandhi na Índia. A viagem o teria afetado profundamente, aumentando seu compromisso com a luta pelos direitos civis dos Estados Unidos.

Sobre essa viagem, King afirmou:

---

[7] Em junho de 1999, o então presidente Bill Clinton condecorou Rosa Parks, aos 88 anos de idade, com a medalha de ouro do Congresso norte-americano. Durante a cerimônia da condecoração, Clinton acentuou que Parks foi capaz de lembrar aos EUA que a promessa de liberdade vinha sendo apenas uma ilusão para milhares de cidadãos do país. Em seu discurso de agradecimento, Parks ressaltou que a homenagem deveria servir para encorajar todos os que lutam pela igualdade de direitos em todo o mundo.

"Depois de ter estado na Índia, estou mais convencido do que nunca de que o método da resistência não violenta é a arma mais poderosa disponível aos povos oprimidos em sua luta por justiça e dignidade humana. Em sentido real, Mahatma Gandhi incorporou, durante sua vida, determinados princípios universais que são inerentes à estrutura moral do universo, e esses princípios são tão inegáveis quanto a lei da gravitação" .[8]

O ativista afro-americano de direitos civis Bayard Rustin, que estudou os ensinamentos de Gandhi, tornou-se um dos associados de King e o aconselhou a se dedicar aos princípios da não violência.

Rustin serviu como mentor e consultor de King durante todo o seu ativismo. Mas Rustin também era uma figura controversa na época, sendo um homossexual com supostos laços com o Partido Comunista.

Embora seu conselho tenha sido inestimável para King, muitos de seus outros apoiadores o aconselharam a se distanciar de Rustin.

Enquanto isso, em fevereiro de 1960, um grupo de estudantes negros da Carolina do Norte começou um movimento passivo de protesto: eles se sentavam em balcões de almoços racialmente segregados nos restaurantes da cidade. Quando solicitados a deixar aquele espaço, ou a se sentarem na seção *colored*, eles apenas permaneciam sentados, sujeitos às ofensas verbais e, às vezes, físicas.

Rapidamente aquele movimento ganhou força em várias outras cidades. Em abril de 1960, a Conferência de Liderança Cristã do Sul realizou uma reunião na Universidade Shaw, na Carolina do Norte, com líderes locais, e King incentivou os alunos a continuarem usando métodos não violentos durante seus protestos.

Depois disso, formou-se um Comitê de Coordenação Não Violenta de Estudantes, que, por um tempo, trabalhou em estreita colaboração com a Conferência de Liderança Cristã do Sul.

Em agosto de 1960, as manifestações haviam conseguido acabar

---

[8] RODRIGUES, Vladimir Miguel. *O X de Malcolm e a Questão Racial Norte-Americana*. São Paulo: Fundação Editora da Unesp, 2013.

com a segregação nos balcões de almoço em 27 cidades do sul do país, ano em que Martin Luther King começa a ganhar uma grande exposição nacional, mesmo momento em que ele volta pra Atlanta para se tornar pastor assistente de seu pai na Igreja Batista Ebenezer. Porém, isso não o impediu de continuar seus esforços pelos direitos civis — como voltou a acontecer em outubro daquele ano.

Martin Luther King e 75 estudantes entraram em uma loja de departamentos em Atlanta e solicitaram o serviço de almoço no balcão que não lhes era determinado. E tiveram o pedido negado. Quando se recusaram a deixar a área do balcão, King e 36 dos estudantes foram presos.

Percebendo que aquele incidente, com um pastor local, iria prejudicar a reputação da cidade, o prefeito de Atlanta negociou uma trégua e as acusações foram retiradas. Mas, logo depois, King foi preso pelo entendimento de que violava sua liberdade condicional, por uma multa de trânsito.

A notícia da sua prisão entrou na campanha presidencial de 1960, quando o candidato John Kennedy telefonou para Coretta, esposa de King. Kennedy expressou sua preocupação pelo tratamento severo dado à King pela multa de trânsito e a pressão política foi rapidamente desencadeada.

King foi colocado em liberdade logo em seguida, mas isso não diminuiu em nada a sua determinação de protestar pelo fim de toda aquela segregação e do preconceito a que os negros norte-americanos eram submetidos.

Por isso, na primavera de 1963, King organizou uma manifestação no centro de Birmingham, no Alabama. Com famílias inteiras presentes, a polícia da cidade utilizou cães e mangueiras de incêndio contra os manifestantes.

King foi preso com um grande número de apoiadores, mas o evento chamou atenção nacional. No entanto, King foi pessoalmente criticado pelo fato de colocar em risco as crianças que compareceram à manifestação.

Em sua famosa Carta da Cadeia de Birmingham, King, de forma eloquente, expôs sua teoria da não violência: "A ação direta não violenta procura criar uma crise e fomentar uma tensão que uma comunidade, que constantemente se recusou a negociar, é forçada a enfrentar a questão".

Aquela tarde de calor furioso no litoral, em que eu mergulhei página por página em *Por que não podemos esperar*, foi um momento elucidativo sobre algo abordado superficialmente como matéria escolar e, mais tarde, argumento de filmes: a Marcha de Washington.

É simples compreender a insurgência que se forma a partir de condições insuportáveis. A necessidade de mobilização é a necessidade de sobrevivência, e sobre isso o próprio Martin Luther King argumenta de forma precisa:

> *"Até 1963, a maioria da população de trabalhadores da América tinha esquecido a Grande Depressão ou nunca tinha ouvido falar dela. O crescimento lento e constante do desemprego tinha alcançado alguns trabalhadores brancos, mas a proporção ainda não era maior do que um em vinte. Isso não era verdade para o negro. Em 1963, a proporção de negros desempregados era duas vezes e meia maior do que a de brancos, e sua renda média era a metade da que o homem branco recebia. Muitos brancos americanos nunca haviam conectado a intolerância com a exploração econômica. Eles deploravam o preconceito, mas toleravam ou ignoravam a injustiça econômica. Mas o negro sabe que esses dois males têm uma afinidade maligna. Sabe disso porque tem trabalho em lojas que o empregam somente porque o pagamento é menor do que o padrão de vida".* [9]

Por isso, em 1963, Martin Luther King trabalhou com vários grupos de direitos civis e religiosos para organizar a Marcha em Washington por Empregos e Liberdade. O objetivo era protagonizarem uma manifestação política pacífica, projetada para lançar luz sobre as injustiças que os afro-americanos continuaram enfrentando em todo o país.

Realizado em 28 de agosto, o evento é amplamente considerado

---

[9] KING, Martin Luther. *Por que não podemos esperar*. Trad. Sarah Pereira. São Paulo: Faro Editorial, 2020.

um momento decisivo na história do movimento de direitos civis americano e um fator na aprovação da Lei dos Direitos Civis de 1964.

A marcha foi originalmente concebida como um evento para dramatizar a condição desesperadora dos negros no sul dos EUA e uma oportunidade de colocar as preocupações e queixas dos organizadores diretamente diante da sede do poder na capital do país. Os organizadores pretendiam denunciar o governo federal por sua falha em salvaguardar os direitos civis e a segurança física dos trabalhadores e negros dos direitos civis.

Conforme as projeções da grandiosidade da marcha chegavam ao conhecimento público, a pressão sobre o grupo também se intensificava. Por fim, os organizadores concordaram com a influência presidencial para que o evento acabasse assumindo um tom muito menos estridente do que o planejado.

Porém, como resultado, alguns ativistas de direitos civis sentiram que King apresentava um discurso impreciso e higienizado de harmonia racial; Malcolm X, um contumaz crítico da política de não violência de King[10], chamou a marcha de "Farsa de Washington", e a Nação do Islã proibiu seus membros de participarem daquele evento.

A marcha fez exigências específicas: o fim da segregação racial nas escolas públicas; legislação sobre direitos civis, incluindo uma lei que proibisse a discriminação racial no emprego; proteção dos trabalhadores dos direitos civis da brutalidade policial; um salário mínimo de US$ 2 para todos os trabalhadores.

Apesar de todas as tensões, a marcha foi um grande sucesso. Foram centenas de milhares de participantes, algo em torno de 200 a 300 mil pessoas, de diversas etnias, em torno da piscina refletora, saindo das escadas do Lincoln Memorial — aquele foi, então, o maior encontro de manifestantes da história de Washington, D.C.

---

10 "'O Pai Tomás de hoje não usa um lenço na cabeça. Esse moderno Pai Tomás do século XX muitas vezes usa uma cartola. É geralmente bem-vestido e educado. Frequentemente, é a própria imagem da cultura e refinamento. O Pai Tomás do século XX às vezes fala com sotaque de Yale ou Harvard. Às vezes é reconhecido como Professor, Doutor, Juiz e Reverendo, até mesmo como o Reverendo Doutor. Esse Pai Tomás do século XX é um negro profissional... e sua profissão é a de ser um negro para o homem branco... Corpos pretos com cabeças brancas.' O discurso contra setores da própria comunidade negra fez com que Malcolm X ganhasse mais inimigos, agora seus próprios 'irmãos'." (RODRIGUES, Vladimir Miguel. *O X de Malcolm e a Questão Racial Norte-Americana*. São Paulo: Fundação Editora da Unesp, 2013.)

Essa marcha culminou no discurso mais famoso de King, conhecido como "Eu tenho um sonho", um apelo por paz e igualdade que muitos consideram uma obra-prima da retórica.

De pé nos degraus do Lincoln Memorial — um monumento ao presidente que um século antes derrubara a escravidão nos Estados Unidos —, Martin Luther King compartilhou sua visão de um futuro em que "esta nação se levantará e viverá o verdadeiro significado de seu credo: 'Acreditamos que essas verdades são evidentes, que todos os homens são criados iguais'".

> *"[...] cem anos depois, o negro ainda não é livre. Cem anos depois, a vida do negro ainda está tristemente debilitada pelas algemas da segregação e pelos grilhões da discriminação.*
>
> *Cem anos depois, o negro vive isolado numa ilha de pobreza em meio a um vasto oceano de prosperidade material. Cem anos depois, o negro ainda vive abandonado nos recantos da sociedade na América, exilado em sua própria terra. Assim, hoje viemos aqui para representar a nossa vergonhosa condição.*
>
> *[...]*
>
> *Seria fatal para a nação ignorar a urgência do momento. Este verão sufocante do legítimo descontentamento dos negros não passará até que haja um outono revigorante de liberdade e igualdade. O ano de 1963 não é um fim, mas um começo. E aqueles que agora esperam que o negro se acomode e se contente terão uma grande surpresa se a nação voltar a negociar como de costume.*
>
> *E não haverá descanso nem tranquilidade na América até que se conceda ao negro a sua cidadania. As tempestades da revolta continuarão a balançar os alicerces da nossa nação, até que floresça a luminosa manhã da justiça.*

[...]

Eu tenho um sonho de que os meus quatro filhos pequenos viverão um dia numa nação onde não serão julgados pela cor de sua pele, mas pelo conteúdo de seu caráter (Sim, Senhor). Hoje, eu tenho um sonho!

Eu tenho um sonho de que um dia, lá no Alabama, com o seu racismo vicioso, com o seu governador de cujos lábios gotejam as palavras 'intervenção' e 'anulação', um dia, bem no meio do Alabama, meninas e meninos negros darão as mãos a meninas e meninos brancos, como irmãs e irmãos. Hoje, eu tenho um sonho."

Aquele discurso, que entrou para a História, e a marcha organizada pelo grupo, consolidaram a reputação de Martin Luther King tanto em seu país quanto no exterior.

Naquele mesmo ano, King foi nomeado "Homem do Ano" pela revista *Time* e, em 1964, tornou-se a pessoa mais jovem a receber o Prêmio Nobel da Paz.

Na primavera de 1965, a figura de King chamou a atenção internacional para a violência que irrompeu entre segregacionistas brancos, policiais e manifestantes pacíficos em Selma, no Alabama, onde a Conferência de Liderança Cristã do Sul e o Comitê de Coordenação Não Violenta de Estudantes, organizaram uma campanha de registro de eleitores.

Era 7 de março de 1965, e a marcha, planejada de maneira pacífica, se tornou um espetáculo violento quando a polícia, com cassetetes e gás lacrimogêneo, encontrou os manifestantes enquanto tentavam atravessar a ponte Edmund Pettus.

King, no entanto, não estava nessa marcha. Mas o ataque foi televisionado, mostrando imagens horríveis de manifestantes sangrando e gravemente feridos. Dezessete manifestantes foram hospitalizados em um dia que seria chamado de "Domingo Sangrento".

Uma segunda marcha foi cancelada devido a uma ordem de restrição para impedi-la. E uma terceira estava planejada, e desta vez King se certificou de que faria parte dela.

Em 25 de março, aproximadamente 25 mil pessoas começaram a marchar de Selma a Montgomery, a capital do estado, onde King fez um discurso televisionado.

A marcha foi apoiada pelo presidente Lyndon Johnson, que enviou tropas federais para manter a paz.

Em agosto daquele ano, o Congresso aprovou a Lei dos Direitos de Voto, que garantiu o direito de voto — concedido pela 15ª Emenda — a todos os negros americanos.

O contínuo crescimento e exposição de Martin Luther King, amparados pelos eventos em Selma, aprofundaram uma brecha crescente entre ele e os jovens radicais que repudiavam seus métodos não violentos e seu compromisso de trabalhar dentro da estrutura política estabelecida.

Em todo o país, a impaciência com a falta de progressos mais substantivos incentivou o crescimento da militância negra. Especialmente nos subúrbios das grandes cidades do norte, a filosofia religiosa de não violência de King foi cada vez mais questionada. Sua abordagem pacífica e não violenta e o apelo aos cidadãos brancos da classe média afastou muitos militantes negros que consideravam seus métodos muito fracos, tardios demais e ineficazes.

Esses jovens radicais se mantiveram mais próximos dos ideais do líder nacionalista Malcolm X, que havia sido assassinado em 1965, e que condenara a defesa de não violência de King como "criminosa" diante da contínua repressão sofrida pelos afro-americanos. Segundo Macolm X, "No que diz respeito à não violência, é criminoso ensinar um homem a não se defender quando é vítima constante de ataques brutais".

Como resultado dessa oposição, King procurou ampliar o apelo além de sua própria raça, se manifestando publicamente contra a Guerra do Vietnã e trabalhando para formar uma coalizão de americanos pobres — negros e brancos — para abordar questões como pobreza e desemprego, junto com estudantes militantes e intelectuais pacifistas. Seus esforços nesse sentido, no entanto, não geraram muito apoio em nenhum segmento da população.

A tensão do movimento pelos direitos civis por fim estava afetando King, especialmente nos últimos meses de sua vida.

Ele admitiu, em 1968: "Francamente, estou cansado de marchar. Estou cansado de ir para a prisão [...] Vivendo todos os dias sob a ameaça de morte, sinto-me desencorajado de vez em quando e sinto meu trabalho em vão, mas então o Espírito Santo revive minha alma novamente".

Os planos de King para uma marcha dos pobres para Washington foram interrompidos na primavera de 1968 por uma viagem a Memphis, Tennesse, em apoio a uma greve dos trabalhadores do saneamento da cidade.

Na opinião de muitos de seus seguidores e biógrafos, King parecia sentir que seu fim estava próximo.

Em seu discurso no Templo Mason, em Memphis, King foi assustadoramente profético ao dizer: "Vi a terra prometida. Talvez não chegue lá com você. Mas quero que saibam hoje à noite que nós, como povo, chegaremos à terra prometida".

E então, no dia seguinte, 4 de abril de 1968, em pé na varanda do segundo andar do Motel Lorraine, King foi morto por um tiro.

Após uma cirurgia de emergência, na esperança de salvar King do tiro que entrou por sua bochecha direita, ele morreu no Hospital St. Joseph às 19h05.

Segundo o biógrafo Taylor Branch, a autópsia de King revelou que, embora tivesse apenas 39 anos, "ele tinha o coração de uma pessoa de 60 anos", que Branch atribuiu ao estresse de 13 anos no movimento dos direitos civis.

O assassinato levou a uma onda nacional de distúrbios raciais em Washington, Chicago, Baltimore, Louisville, Kansas e dezenas de outras cidades.

O candidato à presidência Robert Kennedy estava a caminho de Indianápolis para uma manifestação de campanha quando foi informado da morte de King. Ele fez um discurso curto e improvisado para a reunião de apoiadores, informando-os da tragédia e lembrando-os de continuar o ideal de não violência de King.

Diversos líderes de direitos civis também pediram ações não violentas, enquanto Stokely Carmichael pediu uma resposta mais vigorosa.

O presidente Lyndon B. Johnson declarou 7 de abril o dia nacional de luto pelo líder dos direitos civis.

O vice-presidente Hubert Humphrey compareceu ao funeral de King em nome do presidente, pois havia temores de que a presença de Johnson pudesse incitar protestos e violência.

A pedido de sua viúva, o último sermão de Martin Luther King na Igreja Batista Ebenezer foi tocado no funeral.

Na gravação de seu sermão "Drum Major", realizado em 4 de fevereiro de 1968, King faz um pedido para que, em seu funeral, nenhuma menção a seus prêmios e honras fosse feita, mas que dissessem que ele tentou "alimentar os famintos" e "vestir os nus".

Dois meses depois de sua morte, James Earl Ray — que estava à solta de uma fuga anterior da prisão — foi capturado no aeroporto de Londres, enquanto tentava deixar a Inglaterra com um passaporte canadense falso. Ele confessou o assassinato em 10 de março de 1969, embora tenha se retratado três dias depois. A conselho de seu advogado, Percy Foreman, Ray se declarou culpado por evitar uma condenação no julgamento e, portanto, a possibilidade de receber a pena de morte. Ele foi condenado a 99 anos de prisão.

O assassinato de Martin Luther King, bem como o de Malcolm X, em 1965, radicalizou muitos ativistas afro-americanos moderados, alimentando o crescimento do movimento Black Power e do Partido dos Panteras Negras no início da década de 1970.

King permaneceu o líder afro-americano mais conhecido de sua época e a face mais pública do movimento pelos direitos civis, junto com sua voz mais eloquente.

Ao ajudar líderes de base a mobilizar afro-americanos para lutas de massa sustentadas, King inspirou os participantes a acreditar que sua causa era justa e consistente com os valores igualitários americanos tradicionais.

King também apelou à consciência de todos os americanos, criando, assim, um apoio popular aos direitos civis.

Sua estratégia de enfatizar os protestos não violentos e a cooperação inter-racial permitiram que ele lutasse efetivamente contra o sistema sulista de segregação e discriminação racial legalizada.

King afirmou que os americanos negros, assim como outros americanos desfavorecidos, deveriam ser compensados por erros históricos. Em uma entrevista realizada para a *Playboy*, em 1965, ele disse que conceder apenas igualdade aos negros americanos não poderia realisticamente fechar a lacuna econômica entre os negros e os brancos. E aqui, obviamente, encontramos eco na situação racial do Brasil, país no qual o racismo estrutural tem como óbvia consequência um fosso de desigualdade social e econômica. Mesmo separados por milhares de quilômetros daqueles negros pelos quais Martin Luther King lutou, sofremos também as consequências da maior violência já praticada pela humanidade, que é a escravidão: uma chaga que é a nossa herança; a chaga que nos mantém sempre partindo de lugares mais distantes para chegar aos lugares menos desejados. Apenas igualdade, e não reparação, será o moto-contínuo que fará crianças questionarem — no Harlem, em Birmingham ou na Restinga — por que a miséria sempre persegue o negro.

Martin Luther King, com sua opção por uma luta pacífica em meio aos conturbados protestos e desigualdade no seu país, e ao manifestar, na sua intelectualidade e oralidade, a bestialidade de um sistema que continuava a oprimir a população negra, se mostrou a resposta que eu necessitava para encontrar propósito na atividade a que eu me dedicava. O sociólogo, doutor em Teologia, pastor, ativista, responsável pela Lei dos Direitos Civis e pela Lei de Direitos Eleitorais, é uma referência e inspiração constante quando se trata de buscar argumentos contra os quais são impossíveis retóricas contrárias.

Mesmo que seu discurso "Eu tenho um sonho" seja o mais famoso de sua trajetória, a fala que, na minha opinião, mais representa a sua figura, sua luta e se encontra com minha crença, é esta:

"A injustiça em qualquer lugar é uma ameaça à justiça em todo lugar".

AOS 24 ANOS, MEU VELHO HÁBITO PERSISTIA — e, na verdade, se mantém até hoje: adentrar qualquer ambiente e fazer um rápido levantamento, um girar muito sutil de pescoço, daquele jeito de quem parece só querer se ambientar, com um meio sorriso nos lábios. Era meu levantamento rápido da quantidade de negros presentes no ambiente. Lógico que isso não fazia sentido se por acaso estivesse em qualquer lugar do meu bairro, quando ainda era um moleque e realmente quase toda a vizinhança da Restinga era formada por negros, sempre se encontrando em qualquer atividade do bairro. Eu também não agia dessa forma no Mercado Público, nos centros de saúde, nos campos de futebol e nem na escola municipal onde passara toda a infância e adolescência. Na verdade, o hábito se agravava quanto mais sofisticado era o ambiente em que entrava — e, trabalhando em agências publicitárias, espaços assumida e orgulhosamente elitistas, eu nunca conseguira me acostumar a estar em lugares onde os poucos que se pareciam comigo estavam guardando a portaria, passando café ou limpando mais um vaso no banheiro. Eu não precisava ver placas informando que a entrada de negros era proibida — tudo era construído com uma fronteira invisível para que soubéssemos quais não eram nossos lugares.

Até onde vamos pela ascensão social? Será que, com o passar dos anos, eu estava me adequando a um comportamento que não era meu, para *ser aceito*?

Será que esse meu *tique social* era tudo o que restava do meu incômodo de ser o único negro? Porque, certamente, eu não era um polemista pronto a discursar ou um bicho do mato raivoso. O fato de praticamente não encontrar nenhuma outra pessoa negra em cargos relevantes dentro de uma agência publicitária — como uma diretora de contas, um diretor de arte sênior, por exemplo — me incomodou bastante no começo. Assim como me incomodou quando, durante o curso universitário, sentia em alguns professores a tolerância e dedicação hesitantes, atitudes em temperatura bastante morna quando comparadas à atenção que davam aos alunos brancos. Não sabia se preferia isso, no entanto, àqueles *tecnicamente* bem-intencionados, me olhando quase com a cabeça inclinada para o lado, o tom de voz cuidadosamente estudado e cadenciado quase em *slow motion*, a condescendência absoluta, similar à que se oferece a um animal no qual não se pode muito confiar: o mesmo zelo e didatismo com que se ensina um *cocker spaniel* a não roer a barra do sofá. Mas, muito antes que a possibilidade de ser chamado de "ativista" tivesse passado pela cabeça de quem quer que fosse, eu coloquei no bolso os irascíveis discursos que eu tinha ensaiado sobre "a deformidade da coisa" — e só fui falar com todas as forças da *deformidade da coisa* anos mais tarde. Porque já tinha conquistado a liberdade que uma boa posição e prestígio profissional me asseguravam. Até então, eu era só um negrinho escalando as escadinhas da ascensão publicitária. Ao chegar ao que se considera o topo, ou o mais perto possível dele que eu estava disposto e interessado em chegar, me vi dotado de liberdade para dizer e fazer o que eu queria. E foi quando criei o *Negro da Semana*.

Mas, bem antes disso, eu acabei colocando por terra todo meu esforço juvenil para não ser considerado um ativista e, numa banca de conclusão de curso de Comunicação Social para a qual fui convidado, quando um dedicado aluno — negro — com uma predisposição bastante enérgica por defender "a crítica política pós-moderna" no cinema de Spike Lee, argumentou sobre a *fábula moral brechtiana* que, para ele, o cineasta apresentava em *Faça a Coisa Certa*, eu fui o primeiro a notar os olhos revirados de todos que não eram negros.

"Desculpe", disse um professor que eu sabia ser uma grande referência no *campus*, interrompendo o aluno, "mas não acho que Spike Lee esteja propondo nenhuma escolha, ao contrário de Brecht. Nem moral nem política. O que é aquela música que toca o tempo todo? "Fight the power"? É ou não uma incitação ao ódio?".

Naquele momento eu fui obrigado a intervir, deixando claro que Spike Lee não é definitivo em *como* combater esse poder. Concluir que é através da violência ou do ódio seria precipitado.

"Ah, Alessandro! *Eles simplesmente des-tro-em a pizzaria daquele italiano. Sal, não é este o nome dele?*", foi a sua conclusão de tudo.

O que me forçou a buscar todo meu histórico de estudo semiótico. Falar de símbolo, emissor, ruído e, ainda assim, ouvir uma argumentação que vinha carregada da sua subjetividade — de homem branco. Para aquele professor, sempre ficou *"muito claro que o negócio de Spike Lee estava mais para Malcolm X do que para Martin Luther King"*.

Eu respondi que deveríamos deixar o aluno continuar com a defesa.

O professor falou que o filme de Spike Lee tinha *"violência em excesso"*, e que era *"impossível iniciar uma discussão civilizada assim"*. Ele estava ignorando completamente os recursos ficcionais para se concentrar na sua opinião de que *"Spike Lee é um desses caras a favor da resposta armada"*.

Aquele, confesso, foi um dos momentos mais constrangedores da minha vida. O professor era um catedrático já antigo naquela Faculdade de Comunicação Social. Docente em disciplinas teóricas fundamentais do primeiro ano e com uma certeza que vemos com alguma constância: nada derruba a convicção de um homem branco privilegiado.

"Dizer que Spike Lee é símbolo, eu não concordo. Ele pode ficar mais três, quatro horas, enunciando uma lista de símbolos nos filmes do Spike Lee. E pode mostrar uma porção de filmes do Spike Lee: do negro que quer se casar com a branca e é odiado por seus amigos negros, aquele Febre de alguma coisa. Ele pode mostrar Malcom X dividido entre a mulher negra boazinha e a branca má. Eu vi os filmes do Spike Lee! Eu conheço os filmes do Spike Lee. Alessandro, ele pode ficar outras quatro horas falando de escolhas e símbolos, e eu não concordo. Só que esta é a minha opinião. Mas se você está dizendo o contrário, Alessandro, quem sou eu para discordar, né? Quem sou eu?"

Ele fazia a pergunta, mas, na verdade, eu é quem deveria estar fazendo. Porque fui eu que não discordei daquele professor. Quer dizer, discordei até o fundo da minha alma, porém não gastei mais um pingo de saliva para contra-argumentar. Porque o fato é um só: a sua posição estava consolidada. Ali estava alguém com uma opinião muito preconcebida e totalmente imutável.

E não, eu não precisava gastar meu verbo para colocar o cinema de Spike Lee como exemplo máximo de uma prática de expressão cultural criada para resistir à opressão e exprimir nossas experiências negras de resistência e de luta. Eu já estava, àquela altura, consumindo tudo o que podia sobre cinema — como um apaixonado, revirando lojas de DVD's no centro da cidade para abastecer minha cada vez mais respeitável videoteca; lendo tudo o que podia e me dedicando especialmente ao cinema negro. Entender em maior profundidade todas as ramificações de uma produção que, dos anos 1920 aos 1960, considerando os Estados Unidos, só circulava em comunidades negras — e, quando não era nessas comunidade, o negro era representado de maneira servil e animalizada, inclusive nos filmes de gênero como o horror, em que era demonizado ou aparecia como a vítima rapidamente trucidada, e só a partir dos anos 1970 os movimentos civis favoreceram o surgimento de um cinema negro mais expressivo — foi algo que, leitura após leitura, foi acontecendo.

Naquele momento, compreender a origem do cinema negro, tendo como ponto de partida o cinema norte-americano, se tornou uma consequência do tanto que eu já havia mergulhado na música e na literatura negras, desde meus primeiros contatos com essa arte na infância. Como bacharel em Comunicação Social, para mim passou a ser interessante e natural demais me aprofundar no movimento da Blaxploitation[1] e sua importância na presença e representatividade negra no cinema, na direção e no protagonismo. Em 2003, eu estava consumindo tudo o que eu podia: já tinha dissecado os clássicos setentistas — *Shaft, Sweet Sweetback's Baadasssss Song, Coffy* — e, na sequência, todos os astros surgidos nos anos 1980: Eddie Murphy, Angela Bassett, Denzel Washington, Samuel

---

1 Junção da palavra negro em inglês (*black*) e exploração (*explotation*). Expressão usada para definir os filmes negros da década de 1970, de terror ou não. Algo parecido havia sido testado entre as décadas de 1910 e 1950 (os chamados *race films*). "Blaxploitation descreve uma era de lançamentos de filmes negros que frequentemente se inspirava nas ideologias do movimento Black Power enquanto apresentavam temas de empoderamento, autossuficiência (ainda que nem sempre pelos meios legais) e toda de consciência. [...] Os filmes blaxploitation geralmente tinham uma mensagem contra o status quo, desafiando a exploração 'do Homem' ou 'dos branquelos' em detrimento das comunidades negras (por exemplo, importação de drogas, círculos de prostituição e policiais corruptos), embora raramente a crítica passasse de uma acusão contra alguns indivíduos ruins. [...] Os filmes foram 'condenados por líderes de opinião negros em todo o espectro político por causa de seus estereótipos criminais e identificaos, com razão, como produtos de estúdios, escritores e diretores brancos', ainda que os filmes se mostrassem populares, especialmente entre negros que apreciavam ver personagens e comunidades negras nas telas. Além disso, os filmes eram notoriamente exploradores de mulheres, pois uma marca registrada dos filmes blaxploitation era a sujeição de suas personagens femininas ao tratamento misógino, abuso e estupro. O blaxploitation veio a ser conhecido como um estilo de filme em si mesmo, com clássicos de ação/drama como *Sweet Sweetback's Baadasssss Song* (1971), *Shaft* (1971), *Super Fly* (1972), *Coffy: em busca da vingança* (1973), *Foxy Brown* (1974), *The Mack* (1973) e *Dolemite* (1975), além de 'filmes negros' de terror como *Blácula: o vampiro negro* (1972)". COLEMAN, Robin R. *Means Horror Noire*. Darkside Books, 2019. p. 207-208.)

L. Jackson, Whoopi Goldberg. Até ser apresentado àquele filme que permitiu a um diretor negro representar a realidade negra sob a perspectiva da cidade de Nova York: Spike Lee, que aquele professor resolvera massacrar naquela banca. Na sequência, também fui assistir, assim que pude, a *Boyz n the Hood*, e entender a negritude sobre o prisma das famílias vivendo no centro-sul de Los Angeles. Na indústria cinematográfica africana só muito recentemente pude mergulhar, com a facilidade das plataformas de *streaming*. Naquele momento, o máximo que podia chegar a nós era a representatividade de Ousmane Sembène, cineasta senegalês, considerado o *pai do cinema africano*, reconhecido internacionalmente por seu *Garota Negra*, de 1966.

Eu estava também, na medida em que me era possível, atento ao que se produzia nessa seara no Brasil. E digo na medida em que me era possível porque, se o cinema brasileiro, de forma geral, tinha dificuldade para se fazer presente em salas de cinema, imagine um cinema brasileiro que se pretendia interlocutor de qualquer aspecto da negritude, o quanto era difícil estar presente em uma sala no Rio Grande do Sul! Com sorte, podia-se assistir em alguma mostra especial (talvez na Casa de Cultura Mario Quintana, talvez na Usina do Gasômetro) a filmes como *Abolição*, de 1988, de Zózimo Bulbul[2] e *Na boca do mundo*, de 1979, de Antonio Pitanga.

É claro que me tomou por completo a criação do movimento Dogma Feijoada, em 2000, surgido para questionar as imagens e representações do negro no cinema brasileiro — um movimento levantado por produtores, documentaristas e cineastas, dentre os quais se destaca Jeferson De —, mas eu só veria as consequências dessa tomada anos à

---

[2] Zózimo Bulbul, nascido no Rio de Janeiro em 21 de setembro de 1937, despontou como ator nos anos áureos do Cinema Novo, tendo atuado em filmes muito importantes na História do Cinema Brasileiro e trabalhado com os diretores Glauber Rocha, Leon Hirzman, Cacá Diegues, Antunes Filho e outros. Trabalhou em aproximadamente 30 filmes como ator. Zózimo foi o primeiro protagonista negro de uma novela brasileira, fazendo par romântico com Leila Diniz em *Vidas em Conflito*. Insatisfeito com a condição reservada aos negros nas telas, decidiu escrever e dirigir seus próprios filmes. Em 1974, dirige o curta-metragem em preto e branco *Alma no Olho*, considerado uma das melhores obras da cinematografia afrodescendente. Em 1988, lança o seu longa-metragem *Abolição*, que propõe uma reflexão crítica sobre a então comemoração dos 100 anos da abolição da escravatura. Dirigiu também inúmeros curtas, sempre com um olhar para o negro na sociedade brasileira: *Aniceto do Império* (1981), *Samba no Trem* (2000), *Pequena África* (2002), entre outros. Em 2007, fundou o Centro Afro-carioca de Cinema, onde desenvolveu um trabalho de referência para a Cinematografia Afro-brasileira. Morreu em 24 de janeiro de 2013, em consequências de um câncer no colo do intestino.

frente, com *Bróder!*, realizado em 2010, de Jeferson De; *As filhas do vento*, de 2004, de Joel Zito Araújo, e os trabalhos de Sabrina Fidalgo.

Naquele momento, tomava para mim a missão de consumir o que podia. Por amor ao cinema e por uma certa proximidade com profissionais representativos que, se não eram professores na universidade onde estudei, dialogavam de forma intensa com o meu curso de comunicação social: eles eram gaúchos e estavam produzindo algumas obras a que precisávamos assistir. Carlos Gerbase, com quem tive aula, tinha uma produção constante e importante, mas nada com que eu me sentisse realmente envolvido: qualquer um dos seus filmes mais recentes naquele momento (*Tolerância*, de 2000) tinha zero participação de atores negros, por exemplo, quanto menos um diálogo com nossa cultura.

Quem chamava minha atenção era outro sujeito: Jorge Furtado, cineasta e roteirista branco, também gaúcho, de texto apurado e narrativa sofisticada. Tudo o que ele produzia para a TV me chamava a atenção: adaptações de Luis Fernando Veríssimo, reinvenções da história do Brasil, comédias de costume. O fato é que eu cheguei a ele como *qualquer* estudante de comunicação chegaria, no Brasil — quiçá, no mundo: através do seu internacionalmente premiadíssimo curta *Ilha das Flores* (considerado pela Associação Brasileira de Críticos de Cinema como o melhor curta-metragem brasileiro da história), um pseudodocumentário de 1989, com linguagem quase científica, que mostra como a economia gera relações desiguais entre seres humanos. Uma produção realizada só a alguns quilômetros de onde eu vivia, a referida Ilha da Flores, local na cidade de Porto Alegre destinado tanto ao depósito de lixo quanto à construção de casas abastadas. Depois de ser apresentado a ele, era natural que eu conhecesse outro famoso curta seu: *O dia em que Dorival encarou a guarda*, adaptação de um livro de Tabajara Ruas. Trata-se de um filme sobre um detento em uma prisão militar — Dorival —, tentando convencer a guarda do quartel a permitir que ele tome um banho. Ao ver na tela aquele detento negro, João Acaiabe, algo fez *click* para eu me interessar ainda mais pela obra de Furtado.

Consumir cultura negra é uma evolução da percepção da nossa negritude. É uma aceitação e uma busca de aprofundamento nela. É claro que não há consenso quanto ao conceito de *cinema negro*. Entendemos ele por seu roteiro, pela presença de atores negros, de um diretor negro? O filme precisa mencionar todas aquelas premissas apresentadas pelo Dogma Feijoada? Ser dirigido por um realizador negro, apresentar personagens, inclusive o protagonista, desse segmento populacional — sem fazer uso de estereótipos e maniqueísmos — e abordar temática relacionada à questão racial ou cultura negra? Obviamente que cumprir todos esses requisitos nos faz deparar com um cinema *essencialmente* negro. Mas, se continuamente estamos falando sobre *naturalização da presença negra*, a simples existência representativa de um personagem — livre de estereótipos e maniqueísmo e, principalmente, clichês relacionados às pessoas negras — não se constitui em uma obra *com presença negra*?

Entre 1995 e 2002, convencionou-se designar o cinema feito no Brasil via estruturação de um sistema de incentivos fiscais e, após um período de estagnação, de *Cinema da Retomada*. O que se viu, naquele momento, foi uma série de produções que versaram sobre as narrativas de costume das muitas comédias cariocas protagonizadas por atores globais e, que bom, também alguns filmes muito importantes: *Central do Brasil, Bicho de Sete Cabeças* e *Abril Despedaçado* que o digam. Houve também um mergulho profundo na abordagem da miséria sob um viés estigmatizante: a periferia vista tão somente sob o clichê da criminalidade, um olhar padronizado para as comunidades carentes e pessoas negras, que alguns nomearam como *Estética da Fome*. Foi a denominação encontrada em certas abordagens críticas mesmo para uma obra importante como *Cidade de Deus*, filme de 2002 com uma narrativa que se utiliza em muitos momentos de soluções próprias de filmes publicitários, mercado experienciado por seu diretor, Fernando Meirelles, e seus movimentos de edição veloz *a la* Quentin Tarantino e Guy Ritchie. Um produto extremamente *pop*, ágil, adaptação eficiente de um clássico da literatura escrito por Paulo Lins, mas também hábil em perpetuar os papéis daqueles que pertencem ao asfalto e aqueles que devem ficar no morro.

No meio de tudo isso, eis que ele, o diretor de *Ilha das Flores*, me chegou com uma gratíssima surpresa em 2003: quase um sopro refrescante em meio àquele cinema viciado. Com trama ágil, roteiro redondíssimo, um filme com uma capacidade há tempos não vista de contar uma boa história, amarrada por interpretações sensíveis e verossímeis: O Homem Que Copiava. Considerando-se a bagagem pós-moderna de Jorge Furtado, um filme capaz de trazer ainda um debate contemporâneo sobre a fragmentação tanto das informações que recebemos quanto acerca do universo de influências à nossa volta. É mais do que metafórico que fosse protagonizado por um operador de copiadora, alguém que recebe tudo em pedaços, e não consegue ao menos concluir a leitura de um soneto de Shakespeare porque acabou-se o número de cópias e ele deixou de ler a última estrofe. O *zapear* constante e insignificante na busca somente de imagens na televisão, as relações pessoais medíocres, e as próprias ilustrações feitas pelo protagonista com restos de cópias malsucedidas são artifícios utilizados na busca dessa colagem do mundo pessoal de André — um PROTAGONISTA interpretado por esse ator a quem eu estava sendo apresentado naquele momento: Lázaro Ramos.

Um negro *normalizado* em um filme brasileiro. E entenda o que quero dizer por normalizado: ele é um sujeito negro recebendo toda a herança de assim o ser — o pai saiu de casa quando tinha 4 anos, ele trabalha para ajudar a mãe a pagar o aluguel em um bairro pobre de Porto Alegre, bem como a prestação da TV. A grana é um problema e o *leitmotiv* da ação fílmica, mas, de resto, ele é o protagonista de um filme de *golpe* no qual a raça não é um componente dramático além das construções de personagem que eu acabei de citar. Isso é normalização: ter uma pessoa negra na mesma situação que uma pessoa de qualquer etnia poderia estar. E não negando sua origem, mas usando-a só quanto é necessário para entendermos sua história e construirmos empatia com o personagem.

Quando você compreende esse personagem — um jovem operador de fotocopiadora, trabalhador em uma papelaria da Zona Norte de Porto Alegre, com uma vida extremamente entediante, em um trabalho repetitivo e no qual não é necessário grande quantidade de pensamentos profundos, uma vida enfadonha, corroborada por uma convivência monotemática e distante com a mãe em um apartamento pequeno, cujas únicas distrações são as ilustrações, e a paixão pela vizinha Sílvia, interpretada sensivelmente por Leandra Leal, a quem observa através de um binóculo (comprado em muitas prestações) pela janela do seu quarto —, você entende o que Lázaro Ramos escreveu no seu livro *Na Minha Pele*:

> *"Hoje compreendo que buscava ter minha voz escutada, ter uma carreira com papeis diversificados. Isso eu aprendi no Bando de Teatro Olodum, um lugar que nunca me impôs limites. Lá fui Sancho Pança, Mac Navalha e Zumbi dos Palmares. Onde mais eu poderia ter vivido esses personagens no mercado cultural brasileiro da década de 1990 e primeira década dos anos 2000?"*[3]

Aí estava um ator falando sobre a percepção da sua negritude e de suas limitações — e de como burlar isso. Mas quando você lê o livro de Lázaro, ou quando você para e analisa sua carreira, percebe que essa percepção se dá com *orgulho*: um sentimento construído como privilégio por alguns negros que têm uma família que lhe assegure, desde a mais tenra idade, uma espécie de cama de proteção.

Uma cama de proteção feita de eventos, em que ser negro é festejado; em que você é cercado por negros que lhe enchem de autoestima; em que você pode, felizmente, celebrar, junto de outros, tudo o que a nossa cultura negra tem para nos oferecer — de mais ancestral, afetuosa e poderosa.

Foi assim que eu cresci.

Mas, então, a percepção da sua negritude pode acontecer como exclusão: uma chicotada recebida quando se sai daquele círculo de proteção em que o negro se torna, então, só mais um; na rua, ao alcance dos olhos de quem lhe emprega preconceitos com base na sua própria incultura. Basta acreditar, como Lázaro Ramos escreve em seu livro, "que era possível ser o que eu sonhasse e me empenhasse em ser"?

Porque, não obstante todo o talento, todo o esforço, todo o trabalho, há um simples fato: somos negros. E ser negro pode ser como uma cama de pregos feita de olhares enviesados, oportunidades negadas, tratamento ríspido e até violência emocional e física.

---

[3] RAMOS, Lázaro. *Na minha pele*. Rio de Janeiro: Objetiva, 2017.

Descobrir-se negro geralmente é formado por essas duas percepções, com as devidas particularidades, é claro. Mas as particularidades da descoberta de Lázaro Ramos, como negro, podem ser conhecidas por intermédio das diferentes obras que o artista — como autor — protagonizou ao longo da sua carreira, bem como suas entrevistas. Sempre com vocalização e argumentação muito, muito claras.

É bem difícil encontrar um artista brasileiro com uma limpidez e consciência tão claras sobre quem ele é, qual a sua trajetória, em que modelo está inserido e quais formas lhe são possíveis de empregar para ajudar a mudar uma realidade que está longe de ser a ideal — para ele e para os outros negros à sua volta.

Mas esse é Luiz Lázaro Sacramento Ramos — com seus 34 anos de carreira, tendo começado aos 10 anos de idade. O ator negro com mais protagonistas da história da TV brasileira. São mais de quarenta protagonistas, juntando televisão, cinema e teatro. Um artista já homenageado em mostras em Moçambique, Lima, no Peru, e Toulouse, na França. Um artista já indicado ao Emmy Internacional — um negro nascido em Salvador, Bahia, em 1º de novembro de 1978, e criado em uma ilha com pouco mais de duzentos habitantes, na Baía de Todos os Santos: a Ilha do Paty, distrito de São Francisco do Conde, a 72 quilômetros da capital baiana.

Foi lá que Lázaro forjou seus afetos: uma ilha sem polícia, com energia vinda de um gerador, onde as portas das casas estavam sempre abertas. Um lugar em que ser negro não era uma questão. Um local repleto de pessoas parecidas com Lázaro e "o cenário ideal para os negros escravizados ou os que tinham acabado de conquistar sua liberdade, pois era tomado pela Mata Atlântica, lugar perfeito para se embrenharem".[4]

O estudo do teatro começa na escola e já aos 10 anos fazia pequenos trabalhos, com o nome artístico Lula Somar (formado das duas primeiras letras do seu nome composto "Lu" de Luís, "La" de Lázaro e "Somar" do sobrenome Ramos, mas ao contrário).

---
4 RAMOS, Lázaro. *Na minha pele*. Rio de Janeiro: Objetiva, 2017, p.19.

Aos 16 anos, Lázaro entrou para o Bando de Teatro Olodum, grupo teatral vinculado ao bloco afro, formado em 1990 por atores negros. Aliás, como Lázaro deixa claro em seu livro, "o Bando, não. Fui chamado para fazer parte de um grupo de teatro para adolescentes, o Parque São Bartolomeu, comandado pela mesma diretora do Banco, a Chica Carelli". Mas Lázaro não se identificava com as questões de namoro e conflitos adolescentes desenvolvidas nesse grupo. Queria pensar sobre a condição do negro na sociedade, com o vigor que observou no Bando durante a semana de *workshop* do qual participou. Insistiu até a direção aceitar sua transferência.

Filho único de pais separados, Lázaro Ramos estudou Patologia Clínica na escola técnica e trabalhou em um laboratório para pagar as contas em casa, quando a mãe recebeu o diagnóstico de uma doença degenerativa que a levou a falecer antes de ver o filho famoso.

Em entrevista ao *Nexo Jornal*, Lázaro comentou que o teatro e a arte serviam como válvula de escape naquele momento, para ter um lugar para se comunicar. Por isso, enquanto trabalhava como ator no Bando de Teatro Olodum, Lázaro se sustentava, em paralelo, com seu trabalho de Patologia.

Porém, aos 19 anos, Lázaro já tinha desempenhado as mais diversas funções no Bando de Teatro Olodum, de protagonista a assistente de figurino. Foi produtor, organizou uma turnê do grupo por cidades como Recife, João Pessoa e Fortaleza — e tudo isso lhe deu a certeza do quanto queria ser ator, largando a patologia clínica. Ao participar do filme *Cinderela Baiana*, em 1998, com Carla Perez, a loira que era um fenômeno no grupo *É o Tchan*, seu cachê era o equivalente a um ano de seu salário no laboratório — com isso, deu a si mesmo o prazo de 20 meses para investir só em teatro. Era seu compromisso com o deslanchar de sua própria carreira. Depois de uma participação — ao lado de seu grande amigo, Wagner Moura — no filme *Sabor da Paixão*, com Penélope Cruz, seguiu Wagner até Recife para participar de *A Máquina*, que lhe deu grande exposição. A peça se tornou sucesso nacional, percorrendo Curitiba, São Paulo e Rio de Janeiro. Era o momento de Lázaro frequentar novos ambientes e, assim como eu, passar a fazer o teste do pescoço[5] dando-se conta de ser o único negro em restaurantes e bares. A exceção.

A temporada de A Máquina no Rio de Janeiro foi o momento da efervescência do cinema nacional: em um mês, Lázaro fez testes para sete filmes, passando em cinco: As Três Marias, O Homem do Ano, Madame Satã, Uma Onda no Ar e Cidade de Deus. Não participou dos dois últimos por falta de tempo. E Seu Jorge, que faria Madame Satã, privilegiou Cidade de Deus: o papel de João Francisco dos Santos, malandro, artista, presidiário, pobre, homossexual, frequentador da Lapa, no Rio de Janeiro, acabou sendo vivido por Lázaro Ramos — um personagem fundamental para sua carreira deslanchar, abrindo um espaço inimaginável até então.

Lázaro ganhou os mais diversos prêmios como ator com esse filme, como o Grande Prêmio BR, o prêmio da Associação Paulista de Críticos de Arte, Prêmio do Juri na Mostra Internacional de Cinema de São Paulo, Festival de Cinema de Lima, entre outros. Em novembro de 2015, o filme entrou na lista da Associação Brasileira de Críticos de Cinema como um dos 100 melhores filmes brasileiros de todos os tempos.

Ocorre que, ainda antes de Madame Satã estrear, Lázaro Ramos já havia protagonizado o filme que só estrearia em 2003, que foi a minha descoberta do seu trabalho: O Homem que Copiava. Engraçado e sensível, trata-se de outro filme que firma a carreira do ator, com os diversos prêmios e indicações recebidos.

Lázaro Ramos logo protagonizou uma série de filmes em sequência. Filmes lançados num curto espaço de tempo que nos trouxeram o sentimento — verdadeiro — de que Lázaro Ramos estava dominando o cinema brasileiro.

No mesmo ano de Madame Satã, foi lançado As Três Marias e, no ano seguinte, O Homem que Copiava, Carandiru e O Homem do Ano.

---

5 O teste do pescoço é um dos tantos códigos e ações próprios da cultura negra, similar ao tradicional ato de menear a cabeça ou arquear as sobrancelhas ao passar por outra pessoa negra na rua. Nossa atitude rápida de comunhão com os nossos. O teste do pescoço implica girar o pescoço, em um movimento muito sutil — daquele jeito de quem parece só querer se ambientar—, para fazer um rápido levantamento, uma contagem da quantidade de negros eventualmente presentes em ambientes onde nossa presença, infelizmente, não é naturalizada.

Em 2004, lá está Lázaro, com *Meu Tio Matou um Cara*, também de Jorge Furtado, além do filme *Nina*.

Na sequência, veio *A Máquina*, produção do teatro que ganhou sua versão cinematográfica, além de *Cafundó*, *Cidade Baixa*, *Quanto Vale ou É por Quilo?* Uma quantidade de filmes, sucesso e prêmios que, segundo Lázaro conta eu seu livro, não apagaram "os desafios de ascender socialmente e se inserir em outra realidade sendo uma exceção. Os olhares reais e os de soslaio. Os subtextos que se percebem nas entrelinhas".[6]

Em 2005, Lázaro foi chamado ao Canal Brasil para apresentar um programa de turismo. Acabou convencendo-os de sua ideia para o programa de entrevistas *Espelho*, além de dirigir um minidocumentário para a série *Retratos Brasileiros*, no qual investiga a trajetória de Zózimo Bulbul.

Lázaro encontrou em Zózimo a inspiração para sonhar mais e ter como princípio que "seu lugar é aquele onde você sonha estar". A descoberta de Lázaro Ramos também significou para mim a certeza de que não há lugar predeterminado para alguém estar. Na minha adolescência eu fui um dedicado ator teatral, tendo pensado muito seriamente em fazer disso a minha carreira. A falta de expoentes nacionais que me mostrassem aquilo como uma possibilidade real, quando eu tinha meus 17 anos, não foi o motivo da minha mudança de rumo. Mas, independentemente da minha escolha, só saber que Lázaro Ramos poderia ser uma inspiração para mim e milhares de crianças negras — elas, sim —, desejosas de investir em sua carreira artística, era um fator que tornava mais fácil acreditar nas possibilidades da cultura nacional como fator de transformação.

Em seguida à conquista do programa, Lázaro começou seu trabalho na televisão aberta, na Rede Globo, na minissérie *Pastores da Noite*, baseado na obra de Jorge Amado.

No ano seguinte, ao lado de Lúcio Mauro Filho, Bruno Garcia, Wagner Moura e Zéu Britto, forma o quinteto da série *Sexo Frágil*, em que todos os protagonistas interpretavam papéis masculinos e femininos.

---

[6] "Qualquer homem negro no Brasil, por mais famoso que seja, ou por maior mobilidade social que tenha experimentado, não tem poder real. Não é dono dos bancos, não tem controle das grandes empresas, não tem representação política ou reconhecida importância intelectual e acadêmica. Esses são os elementos concretos que investem de poder pessoas ou segmentos em nossa sociedade." (CARNEIRO, Sueli. Gênero, raça e ascensão social. *Revista Estudos Feministas*, 1995.)

Após o documentário no Canal Brasil, 2006 é o ano que efetivamente marca a estreia de seu programa *Espelho*. Nele, Lázaro promove o encontro com diversas personalidades, discutindo temas pertinentes ao cotidiano brasileiro. Em 2013, uma entrevista com o *rapper* Criolo, em que o cantor mostra-se indignado com o cenário político brasileiro, viralizou nas redes sociais, trazendo grande destaque ao programa.

Em 2007, o ator estrelou, junto com Wagner Moura, o filme *Ó Paí, Ó*, que no ano seguinte se torna uma série na Globo. Naquele ano, Lázaro é considerado pela *Revista IstoÉ* um dos cem brasileiros mais influentes — e isso é o leme da carreira que segue uma rota de ascensão que concilia qualidade profissional, reconhecimento de público e crítica, com relevância social. Prova disso é o fato de, em 2009, ser nomeado embaixador do Unicef. No mesmo ano é considerado pela *Revista Época* — novamente a distinção — um dos cem brasileiros mais influentes do ano.

"Você podia ser só o ator Lázaro Ramos e isso já era suficientemente grande, mas não. De uma maneira supergenerosa, você faz questão de colocar os olhos do mundo onde os olhos do mundo precisam estar." Esta é uma declaração que Emicida fez para Lázaro Ramos, no dia 9 de abril de 2022, no programa *Altas Horas*, ao agradecer ao convite para participar do filme que este último lançou, em 2022, *Medida Provisória*. Essa generosidade a que Emicida se refere pode ser a justificativa para a carreira múltipla de Lázaro. Ator de excelência reconhecida, podia dedicar-se só aos múltiplos convites que recebe. Mas "faz questão de colocar os olhos do mundo onde os olhos do mundo precisam estar". E uma das outras formas que encontrou para fazer isso foi na sua incursão pela literatura infantil. Se, em 2000, ele lança *Paparutas*, uma referência à ilha do Paty, dez anos depois ele retorna com A *Velha Sentada*, em que aborda a relação das crianças com a internet e o poder da imaginação.

O livro deu origem a um espetáculo infantil, A *Menina Edith e a Velha Sentada*, espetáculo musicado com 12 canções, que misturam vários estilos e intérpretes, como James Brown, Raul Seixas, Amy Winehouse, Pitty e Cartola, sempre acompanhados de uma banda, além de coreografia e truques circenses. O espetáculo foi vencedor do Prêmio Zilka Salaberry, em 2014, na categoria Melhor Diretor para Lázaro Ramos.

Em 2015, a produção é novamente reconhecida, desta vez com dois Prêmios CBTIJ (Centro Brasileiro e Teatro para a Infância e Juventude), nas categorias Música Original e Texto Adaptado.

O terceiro livro de Lázaro, *O Caderno de Rimas do João*, é baseado em termos curiosos que ouviu de diversas crianças, principalmente de seu filho mais velho, João Vicente. Por meio de rimas, o autor tenta explicar temas complexos como corrupção e dinheiro.

Lázaro Ramos é um ator que vem, há bastante tempo, ocupando o teatro, a televisão e o cinema brasileiros para, entre outras coisas, mapear nossas referências negras. Na sua clareza de raciocínio e intenções, vem dizendo, com cada vez mais potência, que as nossas referências existem e que podem discutir qualquer tema.

Prova dessa sua consciência de ator negro no Brasil é o livro de memórias que lançou em 2017, *Na minha pele*, que ele classifica como "uma conversa disforme sobre construção de identidade".

Na minha pele é um livro em que o autor discorre a respeito de afeto, preconceito, racismo e muito mais. Ele utiliza o local de origem de sua família, as conversas com seus parentes e amigos — materiais de alimentação para conduzir uma conversa em torno da temática pungente do livro: as relações raciais no Brasil, especificamente o olhar crítico do próprio autor e das vozes daqueles que o circundam: sua família, amigos, atores, cineastas, escritores, desconhecidos e os entrevistados do programa *Espelho*. O livro de Lázaro Ramos traz importantes reflexões. Voz para questões que atuam com silenciosa sordidez em nossa cultura e precisam ser trazidas à tona.

Ele diz, por exemplo, que é "[...] mais fácil escolher um argumento — como defender que no Brasil o racismo é mais brando — e insistir nele, dizendo que tudo é mimimi ou mania de perseguição. Sem assumir a complexidade, nada muda de lugar".

Também fala que "o racismo é o crime perfeito porque só a vítima vê", também analisando a tentativa de silenciar aquele que sofre o racismo, sem estabelecer o diálogo, sem conversar sobre o assunto. O ator, apresentador, diretor e escritor cita, por exemplo, a naturalidade com que todos consideram normal que os presídios, manicômios e favelas sejam tomados por pessoas de pele escura. E isso — que não se estabeleça um diálogo sobre essa situação e não se lide com isso — é um choque para Lázaro Ramos.

No livro, ele também é muito delicado ao se referir a algumas personalidades negras que lhe são importantes e, certamente, fundamentais para todos nós, negros: o poeta Luiz Gama; as escritoras Ana Maria Gonçalves e Conceição Evaristo; a jornalista Glória Maria; Zózimo Bulbul; o geógrafo Milton Santos; o cineasta Joel Zito Araújo; o historiador Jaime Santana Sodré, o escritor e estudioso Nei Lopes; o professor Carlos Augusto de Miranda Martins, dentre outros.

No fim das contas, fugindo inclusive de análises rasas que se concentram no que o título do seu livro pode sugerir, talvez o resumo de tudo seja não considerar essa questão apenas uma demanda social. O que Lázaro considera o grande cerne do tema é que seu livro fala sobre afeto. No sentido mais simples: um afetar o outro, encontrando semelhanças de forma com que as diferenças não afastem as pessoas.

Lázaro, casado com a atriz Taís Araújo, tem dois filhos: João Vicente, nascido em junho de 2011, e Maria Antônia, nascida em janeiro de 2015. Com a esposa, contracenou na telenovela *Cobras & Lagartos*, interpretando o personagem Foguinho, um trambiqueiro simpático que caiu no gosto do público e pelo qual foi indicado ao Emmy de melhor ator no ano de 2007.

Em 2013, voltaram a contracenar juntos no filme *Acorda Brasil*; em 2014, em *Geração Brasil* e, em 2015, em *Mister Brau*.

Os dois também estão juntos na montagem dirigida por Lázaro Ramos, *O Topo da Montanha*, comédia dramática da americana Katori Hall, que remete aos últimos momentos de vida de Martin Luther King.

O artista baiano conseguiu nas últimas décadas se destacar de forma quase simultânea no cinema, no teatro e na TV. Autointitulado "exceção que confirma a regra", o ator se tornou também — junto com a esposa Taís Araújo — uma voz popular na luta pela igualdade racial no País. E, mais recentemente, somou à sua carreira outro grande feito para essa luta: seu primeiro longa-metragem, *Medida Provisória* — que tem roteiro baseado no sucesso teatral brasileiro *Namíbia, Não!*, de Aldri Anunciação — nos mostra um pesadelo assustador que joga, em uma determinação governamental de "devolução" de afro-brasileiros (as pessoas de melanina acentuada), toda a ojeriza que um país racista têm sobre a população negra. Uma ojeriza nunca reconhecida, como bem resumido em uma fala de Isabel, personagem de Adriana Esteves no filme: "Racista jamais! Só estou fazendo o meu trabalho".

Não é preciso que toda obra seja reflexão clara do momento em que é concebida — embora seja sempre resultado do seu tempo. Porém, quando o é, a tal ponto que nos traz o amargor de uma realidade bem possível, desvenda as camadas propostas por um cineasta extremamente lúcido. Um cineasta que faz malabarismo equilibrando humor, drama e *thriller* com a habilidade de um veterano.

Afinal, "será que a gente nota quando a história está acontecendo?", pergunta o personagem Antônio, papel de Alfred Enoch, logo nos minutos iniciais do filme. Respondendo à pergunta de Antônio, a história já nos mostrou que, na maioria das vezes, não notamos.

A partir do momento em que a Medida é promulgada, há duas consequências possíveis: a primeira, dos negros concordando em voltar para "seus países de origem". Mas como saber que países são esses, se nossa história é totalmente invisível? "Ah, mande-os pra África!" Mas a África é um continente. Para onde "devolver" todos esses negros? A resposta pode ser, e praticamente é, para qualquer lugar "longe daqui".

Mas há a segunda consequência, ou força: a dos negros que resistirão bravamente, querendo se manter por insistência e inteligência no país em que nasceram, escondendo-se em abrigos subterrâneos: são os afro-bunkers.

Troféu de Melhor Roteiro no Indie Memphis Film Fest, considerado o "melhor filme brasileiro desde *Cidade de Deus*" no festival Pan African Filme, além de sucesso da crítica especializada após exibição no badalado SXSW, entre outros festivais internacionais, *Medida Provisória* é Lázaro Ramos estreando em um longa com total domínio narrativo, alternando com maestria e sutileza diferentes gêneros, em uma obra que tem tanta técnica quanto paixão. Nas mãos de um cineasta negro menos habilidoso, um filme com tal premissa poderia rapidamente se converter em pura ferramenta de militância. Mas tratado por um artista experiente em construir narrativas em várias plataformas — como ator finalista do Emmy, apresentador e escritor premiado, além de diretor —, o que temos é um filme extremamente consciente de sua mensagem, mas que é entretenimento que nunca perde a tensão e a emoção genuinamente cinematográficas de vista.

Este já é um filme histórico: reúne, à frente e atrás das câmeras, o maior número de cineastas negros na trajetória do cinema brasileiro. Não obstante, utiliza esses fatos, que são propícios para criar manchetes e *buzz*, para ir fundo em questionamentos, como "O que significa ser brasileiro? Quem é preto? Quem é branco?". Afinal, é óbvio que, após séculos, as linhas são tênues demais: pessoas negras podem parecer brancas, pessoas brancas podem parecer negras e há milhões de pessoas miscigenadas, cuja identidade não é facilmente definida por uma segmentação racial tradicional.

O que talvez seja a nota fundamental a respeito da estreia de Lázaro Ramos em um longa-metragem, é: não é surpreendente que esse artista consiga entregar uma obra com tanta excelência. Ele está fazendo isso muito bem, há muito tempo. Dominando espaços por meio de seu talento multifacetado, sempre levantando questionamentos, debatendo sobre discriminação, igualdade social e construção de estereótipos. Por meio de uma ferramenta que nos é tão cara no dia de hoje — e sempre: a arte.

Com sua carreira, sua construção na literatura e sua busca em todos os empreendimentos artísticos, Lázaro tem nos permitido falar sobre representatividade, empoderamento e visibilidade: artifícios que vão além da reparação, porque não se trata de reparação, mas de potencialização humana, social e econômica.

É preciso muito esforço para isso, e Lázaro Ramos tem ajudado no debate de que pessoas negras são pessoas como quaisquer outras, e precisam ser respeitadas e consideradas como tais. De que negro não é um adjetivo para colocar um indivíduo em uma posição segregada e enquadrá-lo em perspectivas pequenas, limitantes.

A luta pelo fim do racismo é um grito de liberdade que ultrapassa a conquista de direitos e brada pelo reconhecimento de humanidade.

A medida que lia seu livro, fui me reconhecendo — cada vez mais — com esse Lázaro em vários aspectos. Ambos tivemos nossa mãe como empregada da casa de brancos. Ambos sofremos com o sentimento dúbio da falsa generosidade de nessa casa sermos bem recebidos, ou aturados. Porém, ambos dividimos algo em comum que, certamente, nos fortaleceu: crescemos ouvindo que éramos fortes, que éramos lindos. Ambos crescemos sem saber se seríamos discriminados ou nossas "escolhas ficariam mais difíceis por causa da cor" da nossa pele.

Talvez, por tudo isso, nós compactuemos com uma visão de vida que — é claro — é tão bem traduzida por esse artista que é uma admiração para todo o sempre: *"não há vida com limite preestabelecido. Seu lugar é aquele em que você sonha estar"*.

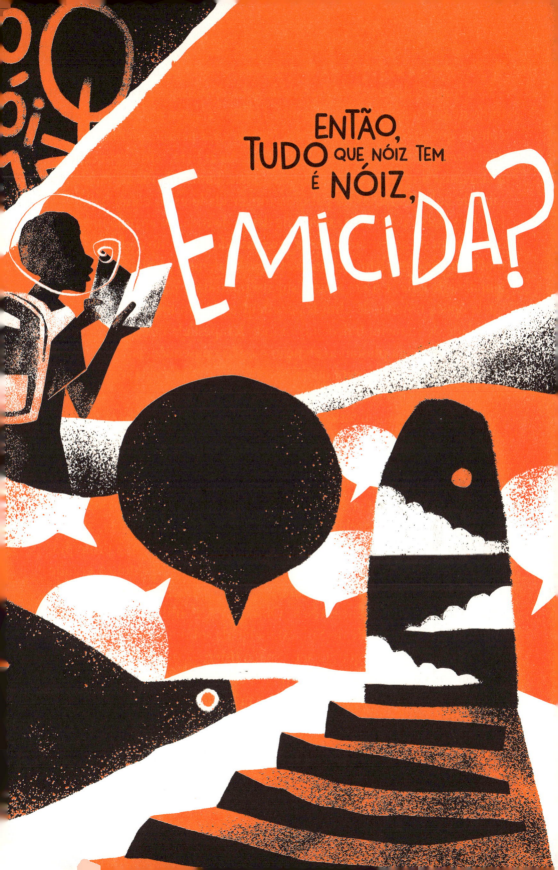

VENTOS ALÍSIOS EM UMA VELOCIDADE ESTÚPIDA, revirando guarda-chuvas coloridos, *trench coats* de gabardine, capuzes amarrados em torno de pescoços, moletons Tommy Hilfiger e capas plásticas dos meus colegas que colocaram os pés para fora de casa para ir estudar naquele vasto *campus*, com o tempo daquele jeito. Ao ar livre, o frio congelante e a chuvinha fina era só uma irritação a mais, tamborilando na janela das salas de aula. As folhas no pátio da universidade eram como bailarinas fugidias: elaboravam uma espécie de dança de roda, escapando umas das outras num ritmo estranhamente compassado enquanto a chuva não as molhava por completo, deixando-as pesadas demais para qualquer outra tentativa de balé. Eu era aquele sujeito mirando o pátio pela janela naquela época nojenta de chuvas persistentes, de um tipo que muda a intensidade de maneira traiçoeira, virando tempestade nos momentos em que ninguém está prestando atenção e cujas consequências só se descobrem no dia seguinte, para quem vê o noticiário logo pela manhã antes do programa de receitas.

O ar cheirava a ligustros, granitina e excitação pós-púbere.

E não importava: a cada vez que eu entrava ali, meu espanto começava quando levantava os olhos e me deparava com aquele mastodonte acinzentado tomando conta da avenida Ipiranga, um lado do seu terreno chegando até a avenida Bento Gonçalves, suas duas metades unidas por uma passarela sobre o riacho que corta a avenida, até encontrar o hospital mantido pela universidade. Mesmo que, a princípio, acreditasse que aquela era somente uma universidade católica grande como todas as universidades católicas são, não tardei a me dar conta de quão grande ela era. Gigantesca. Obscena. A Pontifícia Universidade Católica do Rio Grande do Sul, estabelecida sobre um *status* de austeridade tão imponente quanto seu espaço físico — um reconhecimento do qual toda a cidade se orgulha imensamente, mas que para mim gerava um sentimento agridoce cada vez que precisava colocar os pés no seu *campus*.

Eu passei quatro anos ali dentro. E, ao contrário de construir a personalidade que seria definidora de toda a minha vida, já que aprendemos que *é* o que acontece com jovens nos filmes, quando descobrem quem eles são, nos anos incrivelmente formadores da universidade, aqueles foram quatro anos em que passei aturdido com uma dificuldade em construir a personalidade de ser um jovem negro em meio a um espaço nitidamente branco e elitista. Porque, mais uma vez, parecia que eu *não deveria* estar ali, naquele grande e caro *shopping center* da educação. Quem era eu para desfrutar do privilégio garantido por alunos cujos pais podem pagar valores que, de alguma forma, lhes parecem justificáveis ainda que perante o fracasso de seus filhos não terem ingressado na universidade federal? Quem era eu para desfrutar dos pequenos luxos que se espalham em volta dos espaços de ensino? Eu: o aluno-funcionário. Alguém que só conseguira estudar ali porque pagava o valor das mensalidades, que eu nunca teria condições de custear, com o esforço do meu trabalho durante a outra parte do dia.

Eu me sentia um intruso, era essa a grande verdade.

Talvez fosse um problema só meu, já que, provavelmente, outra pessoa se sentiria extremamente orgulhosa de ter alcançado o que eu alcancei. Mas, naquele momento, eu não conseguia me sentir assim. Eu era apenas o garoto formado como Técnico em Edificações, da escola pública, que dera a sorte de ser contratado para a Faculdade de Arquitetura daquela universidade. E, por causa disso, contar com quase 90% de isenção na minha mensalidade. Eu só conseguia me sentir o garoto negro que não deveria estar ali, aproveitando os mesmos espaços que meus colegas brancos, enfiados em seus grossos *parkas*, gorros peruanos e luvas de dedos coloridos, bebendo café com leite aos golinhos em copos de isopor.

Eu só me sentia um *bolsista* intruso naquele curso de Publicidade e Propaganda que eu resolvera cursar, pago com o suor do meu trabalho.

E era muito, muito estranho, porque parecia que eu estava sendo sugado de tudo o que até então construíra a muito custo: todo o meu embasamento racial, toda minha certeza, todos os meus referenciais ameaçavam ruir, como se nada fossem, e eu devesse me inclinar à cultura obviamente europeia, aos pilares de uma universidade baseada nas premissas maristas do francês Marcellin Champagnat, como se as minhas premissas nada mais significassem, já que, obviamente, minha ascendência africana não era, nem minimamente, objeto de consideração ali.

Esse era o sentimento em que eu estava, na transição da minha vida universitária para a minha carreira profissional. Eu já havia me formado tardiamente, porque, antes da Publicidade, experimentara alguns anos de tentativa no curso de Arquitetura e Urbanismo. Então, estava correndo contra o tempo para me inserir no mercado mais elitista possível: de publicidade em pleno Rio Grande do Sul. Eu só pensava em tornar meu portfólio criativo cada vez melhor. Eu vivia para admirar nomes como David Ogilvy, J. Walter Thompson, Jay Chiat, Alex Bogusky e Washington Olivetto, nenhum deles negro, é claro. Todos premiados e considerados brilhantes em seu ofício. Mas era a minha obstinação naquele momento: me tornar um redator publicitário bem-sucedido, conhecer a obra daqueles considerados referências e, com sorte, trabalhar na agência de algum deles.

De 2002 a 2006, quando me formei, foram anos bem estranhos. De 2006 a 2009, não foi muito diferente. Parecia que eu estava quase completamente destituído de minhas bases negras sólidas.

Pouco do que eu vivia ou como agia naquele momento era realmente legítimo — olhando em retrospecto, tudo parecia tão artificial quanto as campanhas publicitárias que eu precisava criar. Ao mesmo tempo, a situação era a seguinte: eu era um dos únicos — e nós, os negros em agências de publicidade de Porto Alegre, nos apoiávamos e nos atualizávamos sobre quantos éramos e em que posição estávamos — criativos negros em condição de destaque profissional no estado inteiro. E eu apliquei bem aquela minha obsessão. Logo, desde o estágio que consegui na maior agência publicitária do Rio Grande do Sul, até o processo de percorrer outras grandes empresas na cidade, eu fui um sujeito obstinado por trabalho, elencando ótimos resultados e alguns prêmios. Então, não tardou para eu virar o sujeito que estampava algumas matérias em revistas e *sites* regionais do setor e, também, aquele quase *token*: o criativo publicitário negro que brancos achavam ser capaz de dirimir as terríveis dúvidas contemporâneas que assolavam os temores politicamente corretos de todos de não estarem agindo de forma politicamente correta.

Eu me tornei uma espécie de manual ambulante que era confortável ter sempre por perto para responder se, afinal, eu também achava que a versão cinematográfica de Cidade de Deus tinha contribuído de maneira negativa para aquela comunidade. Ou se o fato de Machado de Assis não ser *notadamente* descrito como negro, mas quase sempre como *mulato*, contribuiu negativamente para a autoestima dos negros (*"Aliás, os negros gostam de ser chamados de mulatos?"*). Ou se Monteiro Lobato tinha notadamente sido racista na construção da sua personagem Tia Anastácia. Ou, se o *rap* era realmente uma manifestação cultural que, ao longo dos anos, trouxera mais fatores positivos ou negativos aos negros.

É claro que todos os questionamentos vinham camuflados como simples motes de interesse profissional, indagações para as quais eu teria pleno conhecimento por toda minha *experiência*. Mas não me agradava o fato de ter de me tornar o *conhecedor*, o sujeito não ameaçador com quem dirimir as dúvidas sobre *a questão toda*, que era a maneira codificada como meus colegas se referiam a qualquer tema racial. Além de negro, então, eu precisava ser *especialista em negritude*?

Foi, afinal, por um desejo particular ou para me tornar um *especialista* para outros que, naquele momento, eu me dediquei então a estudar? Eu estava respondendo a um interesse meu, genuíno, ou só me imbuindo de respostas prévias sobre militância, políticas inclusivas, cotas raciais e personagens negros bandidos nas novelas de televisão, quando passei a me dedicar a todos aqueles intelectuais negros?

Independente de qual o objetivo real daquela minha nova dedicação, uma coisa era fato: tudo aquilo confluiu para meu desejo de consumir mais e mais *cultura negra*. E aquilo era mais um reencontro com a minha juventude e os bailes *blacks* no Cecores, o Centro Comunitário da Restinga, momento em que Mano Délcio, o DJ da Rádio Princesa, a rádio mais negra da cidade, nos embalava ao som daqueles sons que estavam recém tomando as rádios nacionais: o *Rap do Arrastão* ou o *Melô do Bêbado*. Quem não ia achar mil grau vendo nego montando caixa de som calçando Le Cheval?[1] Se você estivesse na estica, estaria naqueles bailes, calçando tênis brancos, contorno do solado finalizado com giz, calças três listras da Adidas e boné de couro com o touro do Chicago

---

[1] Referência à música "De Onde Cê Vem?", de Emicida.

Bulls. Todos tiravam suas melhores roupas do armário; os ambulantes, munidos com seus isopores repletos de cerveja, estacionavam seus carros junto às calçadas e, de porta-malas abertos, ofereciam bebidas doces feitas com vodca, groselha e sucos coloridos.

Com alguma sorte, você pode fazer parte da história. Com muita sorte, você podia estar testemunhando o ponto zero do movimento baile *funk*, em algo que transitará para o movimento *hip-hop*; e ser uma das cabeças presentes a escutar uma sucessão dos primeiros *funks* cantados em português com bases originais criadas especialmente para cada faixa. Você pode sentir que é uma noite maravilhosa para se estar ali, curtindo aquele som e, mesmo assim, não saber que o motivo para poder se gabar de verdade só vai ser reconhecido dali a muitos anos, quando aquelas músicas forem consideradas pedras fundadoras, peças fundamentais da história da música brasileira.

Estar presente em um momento fundador: foi esse mesmo sentimento que me assolou em 2009, o ano em que meu então colega de agência publicitária, Fabio Buss, me chama e diz que eu tenho que conhecer o *"Will Smith brasileiro"*. Eu não sei o que aquela afirmação pretendia, já que Will Smith, para mim, sempre foi a fusão entre qualquer coisa bem comercial que envolva cinema não muito profundo e *rap* de fácil aceitação entre as mais diversas camadas no mundo. Mas lá fui eu, me sentar à frente do computador para abrir o YouTube e ser catapultado eternamente para dentro de *Triunfo*. E desde então, desde que aquele som ressoou nos meus tímpanos, Emicida nunca mais saiu da minha vida.

Quem era aquele cara magro, verborrágico, com rimas cheias de um *flow* pesado, guardando tanta bagagem de *rap* em uma idade tão visivelmente precoce?

"Eu nasci junto à pobreza que enriquece o enredo
Eu cresci onde os moleque vira homem mais cedo" [2]

---

2 TRIUNFO (A Rua É Nóiz). *Pra Quem Já Mordeu Um Cachorro Por Comida Até Que Eu Cheguei Longe*. Intérprete: Emicida. Laboratório Fantasma, 2009.

Meu destino musical estava irremediavelmente fadado, escrito por um gênio precoce de 24 anos de idade, que pôs por terra toda a minha busca pela síntese entre sofisticação musical e qualidade *pop*, azeitadas sempre por doses generosas do melhor do *funk* e do *soul* do *hip-hop*. E quem conhece Grandmaster Flash, Run-DMC, Racionais, RZO, Xis, Rappin' Hood e Sabotage sabe ao que eu me refiro. Mas quem não conhece também sabe, pela tradução que Emicida consegue fazer de toda essa carga, norteando seu trabalho para algo não só próximo dos iniciados do *hip-hop*, mas de todos os apaixonados por boa música.

Em um 2009 marcado pela posse de Barack Obama como presidente dos Estados Unidos da América, pelo assassinato do presidente da Guiné-Bissau, pela visita do Papa Bento 16 ao continente africano, pela primeira extração de pré-sal e pela posse de Jacob Zuma como presidente da África do Sul, Emicida obliterou uma cena mergulhada nos caldos de uma Lady Gaga que atingia o topo da Billboard Hot 100, pela morte de Michael Jackson em junho, pelo anúncio da volta do Bee Gees e pela informação do fim da carreira do A-ha. O que existia de mais entusiasmante na música brasileira provavelmente era o que estava sendo premiado pelo Multishow: Seu Jorge, como melhor cantor; Marisa Monte, como melhor cantora; NX-Zero, como melhor CD, e Fresno, como melhor grupo.

Era mais do que providencial o surgimento de um jovem dialogando com as bases do *hip-hop*, com a música como estado de urgência, como representação máxima de onde ele vem.

"*Sou tudo aquilo que pensaram que ninguém seria.*"[3]

Emicida marcou minha vida de duas formas bastante fortes: 1ª) ao ser um marco fundamental naquele momento em que estava buscando

---

[3] TRIUNFO (A Rua É Nóiz). *Pra Quem Já Mordeu Um Cachorro Por Comida Até Que Eu Cheguei Longe*. Intérprete: Emicida. Laboratório Fantasma, 2009.

minhas bases sólidas negras e 2ª) por ser exemplo de excelência no seu ofício.[4]

Eu estava nessa segunda busca desde que me entendia por gente, tentando me tornar um escritor. O fato de ter escolhido Publicidade e Propaganda era só uma estratégia: ter um ofício que me garantisse possibilidades financeiras, enquanto perseguia minha busca literária, era meu conforto.

Mas, desde a infância, quando todos os meus amigos estavam jogando futebol e, na adolescência, quando talvez eu devesse os estar acompanhando em todos os bailes, eu trocava nomes como Jackson, Ross, Wonder, por James, Salinger, Kipling, Woolf, Joyce, Brontë, Fitzgerald, Isherwood, Dickens, Nabokov, Sterne, Green, Orwell, Roth, Pynchon, Calvino, McEwan, Coe, Capote, Fante, Updike, Ishiguro, Burgesss e Poe. Tudo bem que, na maioria das vezes, tudo o que eu conseguia, mesmo, era me sentir apenas um garoto ridículo que achava que poderia

---

[4] E talvez tenhamos que ir muito longe para conseguir justificar uma frase que é latente, ponto de encontro entre as várias crianças negras na sua formação: "faça dez vezes melhor", seja lá o que signifique isso. Não obstante o fato de ouvirmos uma frase como esta, frequentemente em tenra idade, não é preciso ir muito longe para nos darmos conta de que o comparativo é em relação ao outro, o branco. "Faça dez vezes melhor que um branco." A continuação implícita dessa recomendação é: para que sua intelectualidade não seja posta à prova, para que sua capacidade produtiva não seja reduzida a poucos clichês associados aos negros. O fato é: nossos pais não precisaram ler Alberto da Costa e Silva ou estudar os vários estereótipos discriminatórios e racistas sobre o homem negro africano; estereótipos estes originários do tráfico humano negro praticado no continente africano pelos árabes islâmicos, que já possuíam e manipulavam o argumento etnocêntrico da inferioridade da população negra; álibi muito utilizado a partir do século 10 no mundo islâmico para o desenvolvimento da prática da escravidão, "foram reforçando-se, um a um, os estereótipos a partir dos quais se construiria toda uma ideologia racista: os pretos eram curtos de inteligência, indolentes, canibais, idólatras e supersticiosos por natureza, só podendo ascender à plena humanidade pelo aprendizado da escravidão", conforme se pode ler em A *Manilha e o libambo: a África e a escravidão, de 1500 a 1700* (Rio de Janeiro: Nova Fronteira, 2002), de Alberto da Costa e Silva. Se esse foi o caminho científico que justificou ideologicamente a escravidão dos povos africanos, é também, até hoje, elemento do imaginário que constrói a pessoa negra como feia, suja, suspeita, criminosa, hipersexualizada e dotada de pouca inteligência. Sendo, portanto, afeito aos trabalhos braçais, tão somente. Ora, o saber negro é feito de recuperação constante de nossa identidade, porque a distorção, o escamoteamento e a falta de referências sobre a história e a cultura africanas desembocam no desconhecimento formal de nossas raízes, que são também as raízes do Brasil e dos países da diáspora. Como Elisa Larkin Nascimento nos aponta em *Afrocentricidade: Uma abordagem epistemológica inovadora* (São Paulo: Selo Negro, 2009), "a falta de conhecimento contribui para que muitos afrodescendentes tenham baixo autoestima, o que impede seu acesso pleno às oportunidades e mina sua capacidade de lutar por direitos". O que é fato: nosso saber negro também é passado, de geração em geração, de forma que responde somente à nossa necessidade de sobrevivência e evolução, porque está entranhando em nosso ser. Por isso, um pai, um avô, um tio, não se imiscui de, infelizmente, nos passar essa mochila pesada de dor, desde muito cedo. Mais uma pedra que temos que carregar para seguir em frente: "faça dez vezes melhor". Para muitos, infelizmente, uma rocha de tamanho gigantesco; para mim, felizmente, um motor de ascensão, quase um mantra na minha busca de excelência, que culminou, naquele momento, em conhecer um profissional, um artista negro tão excelente quanto Emicida.

fazer alguma coisa de útil tendo como referência todo aqueles exemplos brancos que, na verdade, não tinham muita relação com a minha vida. Mas o fato é que eu estava numa busca desde então.

E sabe o que sempre foi uma busca? O *hip-hop*. Não obstante todas as vertentes musicais, influências, limitações, necessidades, ferramentas que levaram ao seu surgimento, sua busca para *ser* nasce de basicamente duas coisas: música e linguagem musical de resistência à opressão. É assim que ele nasceu e, como qualquer coisa viva, é natural que esteja sempre numa rota de modificação, alteração ou sofisticação. Assim como nós sempre estamos.

Pensar *rap*, pensar *hip-hop* é rememorar os anos 1970, quando Gil Scott-Heron e Grandmaster Flash desenvolveram novas formas de música política, expressando as experiências de opressão e luta nos meios negros urbanos.

Mas quem disse que um moleque no meio de uma batalha, em 2006, derrubando adversários como um homicida aniquila seus inimigos está preocupado com toda essa teoria da cultura de mídia? Ele está preocupado em mostrar toda sua capacidade intelectual rápida, apta em transformar raciocínio sobre o parco conhecimento a respeito do oponente, em rimas potentes, entusiasmantes e, de preferência, humilhantes. Está preocupado em ser excelente no seu ofício.

E Emicida estava fazendo isso desde antes de eu conhecê-lo através do *single* que deu tração à sua carreira. Em 2006, Emicida se sagra campeão da Liga dos MCs. Nem sei quantas dessas batalhas ele efetivamente ganhou na Santa Cruz e na Rinha de MCs, reduto das tradicionais batalhas entre *rappers*. Só sei que assisti a tudo o que o YouTube me apresentou sobre Emicida desde então. Porque, mesmo eu, um cara nascido na Restinga, periferia das periferias de Porto Alegre, precisava mergulhar mais e entender essas batalhas de *rap*, objetos culturais históricos do *hip-hop* de São Paulo. E foi isso que fiz, vídeo após vídeo, reportagem após reportagem, música após música.

Foi a maneira de descobrir que a mesma tortuosidade, os improvisos e as batalhas contra o improvável, que consagraram Emicida nas suas lutas, encontram eco na sua própria vida. No caminho sinuoso e nem um pouco simples que é ter crescido sem o pai, morto numa briga de bar na sua infância. Mas sua mãe estava ao seu lado, firme. Assim como seu irmão. Com dona Jacira, Emicida acostumou-se a ouvir MPB. O seu pai era DJ de bailes *black*. E o padrasto, vindo do campo, lhe ensinou a gostar de moda de viola. Dona Jacira levava os filhos pequenos a cultos evangélicos, menos para rezar e mais para filar refeições em tempos mais duros: uma época que serviu também para Emicida absorver dos sermões dos pastores o poder de persuasão que usaria mais tarde no *freestyle*. Para desespero dos puristas, Emicida — de registro Leandro Roque, nascido no Jardim Fontalis, na zona norte paulistana — é um *rapper* que sempre valorizou música sertaneja, MPB, *funk* carioca e pagode. Talvez isso seja parte da receita do seu sucesso.

Não demorou para que Emicida fosse visto por todos como um fenômeno. Mas, à revelia do que era uma espécie de código de conduta não verbalizado dos *rappers* naquele momento, desde os anos 1990, Emicida logo se portou como o astro da música que estava fadado a ser. O problema é que a comunidade do *rap*, até então, não via com bons olhos o aceite a todos os convites de impacto midiático que recebia. Ir no programa do Jô Soares, gravar com a banda de rock NX Zero? Bastou atitudes como essas para ser rotulado como traidor do *rap*, *rapper* de *playboy*. E, óbvio, para ser questionado mesmo pelos não pertencentes ao movimento *hip-hop*.[5] É a tentativa de perpetuação do estereótipo tanto do negro quando do *rapper*. Um lugar já apontado pelo geógrafo e intelectual negro Milton Santos: "Ser negro no Brasil é, com frequência, ser objeto de um olhar enviesado. A chamada boa sociedade parece considerar que há um lugar predeterminado, lá embaixo, para os negros".

Esse é o tipo de raciocínio real de quem traz essas críticas, o raciocínio de quem prefere ver o artista morrer de fome, mas cumprir um

---

[5] Em 2011, Emicida é apresentado por Antônio Abujamra no Programa *Provocações*, exibido pela TV Cultura, da seguinte maneira: "*Embora pobre, negro e da periferia, Ele se tornou um destruidor de todos os dogmas do rap brasileiro [...]. Andou na contramão do movimento* hip hop *e se aproveitou da curiosidade da mídia, agora interessada no dinheiro da classe média que brota nas periferias. Deu entrevistas na televisão, o que os MCs não toleram. E para coroar, participou de um festival na Califórnia, Estados Unidos. Quem é, esse subversivo da periferia?*" (Abujamra, 2011). Em seguida, Abujamra pergunta se Emicida seria um traidor do rap, e o rapper responde: "*eu acho que eu não sou um cara que concorda com as coisas, eu não traí o rap, eu acho que lutei e voltei para essência dele*".

ideal que se tem como pressuposto de comportamento. Isso é preferível, em suas noções atravessada do que é uma sociedade, do que desejar que um artista negro, de *hip-hop*, possa alçar uma trajetória que, em terras gringas, já está muito amadurecida: dominar o *mainstream*, se ver como empresa, fazer o negócio da música girar e, de quebra, ganhar muito dinheiro.[6] Que disparate, não? Negros pobres passando a ganhar dinheiro? E é, mais uma vez, Milton Santos quem resume o que se esconde por trás do esforço constante de manter os pobres cada vez mais pobres: "Existem apenas duas classes sociais, as do que não comem e as do que não dormem com medo da revolução dos que não comem".

Emicida, preocupado em ser excelente no seu ofício, usou as armas que tinha e foi catando outras pelo caminho à medida em que elas foram surgindo — um processo artístico e profissional que foi intensificando ainda mais os motivos da minha admiração por sua estratégia de carreira. É importante, no entanto, ter um olhar realista e analítico para tudo o que Emicida conquistou, para que ter um artista como ele como inspiração não nos cegue a respeito dos obstáculos próprios das condições sociais e raciais que enfrentamos: o alcance a que chegou Emicida — reiterando aqui, novamente: um artista negro, periférico, de um estilo musical periférico, não agraciado por sobrenome abridor de portas — *não é regra*, está longe de ser regra, ainda que se afirme enquanto inspiração para um grande número de jovens que vivem nas periferias brasileiras e que buscam ascensão social por meio das suas rimas. O fato é que refletir sobre a carreira de Emicida auxilia no entendimento do modo como um artista periférico se inserir no mercado *mainstream* pode gerar tensões e contradições no discurso político do *hip-hop*, manifestação cultural esta que precisa defender e manter premissas — ao mesmo tempo em que o artista precisa crescer e enfrentar embates éticos e morais na sua ascensão.

---

[6] Sobre isso, também, Emicida falaria em 15 de maio de 2018, em entrevista concedida para Guilherme Henrique e João Miranda, na *Le Monde Diplomatique*: "*Talvez minha cruz seja a liberdade. Tenho um bagulho selvagem. Livre e selvagem, e não estou contando com a compreensão dos outros. No momento que precisávamos romper com a tradição, rompemos, sem medo de ser feliz ou triste. Fazíamos um tipo de música que o movimento do qual éramos parte não incentivava. Pelo contrário, debochavam, chamando de 'rap alternativo', 'mochilinha', 'rap de playboy'. 'Rap alternativo' era o mais respeitoso... É louco quando esse '; 'alternativo' vira a via principal*".

Existe uma predisposição estética e moral às formas como os negros têm chegado à ascensão social. É uma aceitação que *tolera* que negros ascendam através de alguns pilares, *lugares sociais* em que se entende — principalmente por suas premissas físicas — que aos negros é permitida a liderança: esportes, artes e, em muito menor grau, e muito recentemente, a política. "*A cidade, mais elástica que o campo, permitiu ao negro a livre associação, brotando por toda parte aquilo que alguém, com propriedade, chamou 'grupos específicos'*."[7] É o princípio de *aceitar* que um negro ascenda através do *hip-hop* — reconhecido signo e símbolo de potência da autenticidade racial —, uma vez que se tem consenso de que esse é um *grupo específico* de propriedade cultural negra. E, já que o mesmo veio a ser aceito como elemento de entretenimento *também* para os brancos (considerando-se internacionalmente, essa premissa é ainda mais potente, uma vez que o *hip-hop* é o gênero musical mais lucrativo comercialmente), é natural e permissivo que aos negros se tolere a liderança e, consequentemente, a ascensão social, neste território. A lógica é quase a mesma de entender a necessidade de termos um ator como Sebastian para entreter os brancos que poderiam escolher e comprar as roupas apresentadas por esse menestrel negro na C&A nos anos 1990, embora naquele momento aos negros não houvesse a mesma permissão. O que é diferente, agora, é a cooptação de um gênero e cultura já tradicionalmente valorizado na periferia e que extrapola seu "*grupo específico*" e se insere no *mainstream*. Emicida é o novo Quincy Jones, cuja narrativa pessoal de superação racial se tornou algo emblemático para a criatividade negra em geral e o gênio musical negro em particular. E a identificação — e permissão — de um gênio negro (seja musical, seja em outras áreas do entretenimento e das artes de massa) constitui uma importante narrativa cultural.

A obra de Emicida demonstra os frutos estéticos e comerciais da dor e da miséria e tem um significado especial para mim, porque os músicos têm um papel especial na longa luta para representar a criatividade, inovação e excelência negras. Emicida é Quincy Jones porque se assemelha

---

[7] SANTOS, Joel Rufino dos. *Saber do negro*. Rio de Janeiro: Pallas, 2015.

a quase todas suas características, trazidas ao novo momento, como nos lembra Paul Gilroy: *"empreendedor, preeminente produtor musical, executivo de gravadora, arranjador de muito talento [...], o mais recente modelo em uma longa sequência que descende da escravidão e do heroísmo representativo de homens como Frederick Douglass"*.[8]

Desde sua primeira *mixtape*, *Pra quem já mordeu um cachorro por comida, até que eu cheguei longe*, Emicida traduz, em 25 canções gravadas ao longo da sua carreira, os frutos estéticos da dor e da miséria vividos até então:

> *"Os vidro sobe, quem deve se apavora pensando*
> *E se eles quisesse se vingar da escravidão agora?*
> *'Tô pra morrer igual os 300 de Esparta, vocês duvidaram até*
> *Chegar o teco de orelha nas carta*
> *E agora é sério, nós num tá de brincadeira não, você ainda*
> *Acha que a guerra mesmo é no Afeganistão?*
> *Seus ratos se camuflam com a roupa da cor da Babilônia,*
> *E as quadrada cromada brilhando mais do que Antônia*
> *Nego fujão de alma vazia com banzo tudo confuso de capuz*
> *Cabisbaixo no último banco do buzo*
> *Reprimindo ódio, procurando razão pra viver, problema pra nós*
> *Num é morrer, foda é num ter o porquê"*[9]

O disco rapidamente se converteu em um considerável sucesso no *underground* do *hip-hop*, conseguindo alcançar, naquele momento, mais de 10 mil cópias vendidas por meio do boca a boca. E foi tudo no boca a boca e na produção manual. É desta *mixtape* a música responsável por eu descobrir Emicida: "Triunfo", produzida por Felipe Vasão. O *videoclipe* desta música, inclusive, concorreu ao prêmio de melhor vídeo no Video Music Brasil, em 2009. Mayk Nascimento nos apresenta o seguinte, em

---

[8] GILROY, Paul. *O Atlântico negro*. Rio de Janeiro: Editora 34, 2001.

[9] "TRIUNFO (A Rua É Nóiz). *Pra Quem Já Mordeu Um Cachorro Por Comida Até Que Eu Cheguei Longe*. Intérprete: Emicida. Laboratório Fantasma, 2009.

sua tese defendida no Programa de Pós-Graduação em Sociologia pela Universidade Federal da Paraíba, "O mundo do *rap*: entre as ruas e os holofotes da indústria cultural", a entrada do *rapper* na indústria cultural "lhe garantiu o acesso a melhores condições de produção artística e a um universo de referências culturais mais amplas. No entanto, temos que problematizar até que ponto o MC consegue conciliar a entrada na indústria cultural com a crítica social que marcou seus primeiros trabalhos".

Na primeira *mixtape*, ouvimos faixas que se tornariam *hits* entre seus fãs como "Ela Diz", "Vai ser Rimando" e "Ooorra", um *revival* dos anos sofridos com a falta do pai, dos tempos de fome e descrença e quase entrada para a criminalidade. Todos *raps* que já demonstravam um talento ímpar e uma grande capacidade lírica e de produção.

Eu consumia a música de Emicida no mesmo momento em que estava dominado pelo hábito de adentrar qualquer ambiente e fazer um rápido levantamento — um movimento muito sutil de pescoço, daquele jeito de quem parece só querer se ambientar, com um meio sorriso nos lábios —, uma contagem da quantidade de negros presentes por ali. Porque eu estava inserido em lugares de elite branca, e Emicida, naquele momento, representava um resgate da minha ancestralidade negra, combinado a todas aquelas características de um Quincy Jones que listei anteriormente e que, conforme sua carreira ia avançando, tornava minha admiração por ele ainda maior: ele era um norteador de minhas atitudes pessoais e profissionais sem que, obviamente, tivesse a menor noção disso. Era um entrelaçamento de estratégia empresarial à cultura de raiz, sempre trazendo à tona os *arquitetos do* rap, parafraseando Marcelo D2, e fazer das suas origens o salto providencial para ir muito além me inspirava: Emicida sempre citou nomes fundamentais do *rap* paulistano como Pepeu, Thaíde & DJ Hum, Athalyba E A Firma como suas primeiras influências. E a inspiração para as suas primeiras músicas teriam vindo de duas fitas cassetes, compradas de um camelô, *Sobrevivendo no Inferno*, dos Racionais, e *Os Cães Ladram Mas a Caravana Não Para*, do Planet Hemp. Foi levar para casa, ouvir e fazer com que Leandro Roque quisesse colocar suas próprias rimas no papel.

Esse momento de inspiração pela música também foi o momento em que Emicida começou a se envolver com a cultura *hip-hop*, acordando cedo no sábado e indo pintar muros com os amigos para depois dançar num estacionamento, ir a um *show*, um festival de DJs, um concurso de *break*. Os quatro elementos do *hip-hop* — o grafite, o *break*, o MC e o DJ — estavam se incrustando na vida de Emicida que, logo após o sucesso do lançamento da primeira *mixtape*, começou a receber dezenas e dezenas de convites para *shows* em todo o Brasil. O clipe de "Triunfo" rapidamente conquistou cerca de 2 milhões de *views* no YouTube. Isso o levou a participar do Vídeo Music Brasil, então premiação mais importante da música brasileira, promovida pela filial tupiniquim da MTV, mesmo sem conquistar prêmio algum. Mas a solidez de cuidar da sua carreira desde o primeiro momento, com a Laboratório Fantasma, fez com que as propostas de gravadoras, que também não paravam de chegar, nunca parecessem tentadoras ou sólidas o bastante. Não sólidas o suficiente como o que ele queria, que era manter as pessoas que estavam desde o começo ao seu lado e estar, dali a 20 anos, ainda fazendo música. Ter a sua própria empresa — misto de gravadora, produtora, editora, marca de moda — coloca o artista negro no centro de decisão de uma cultura de mercado que fetichiza a *"cultura de rua"* e encontra, na eventual promoção dela, a sua forma de colocar em cena a condição histórica do racismo que ainda está longe de ser superada. Se estamos em um contexto no qual o negro está *"virando moda"*, que os benefícios desse fenômeno também sejam distribuídos a artistas/empresários negros, responsáveis por essa moda, e não por aqueles que não suportam que se ultrapasse certos privilégios da elite e classe média alta no Brasil. Como diz o próprio Emicida em "Ooorra":

> *"Odeio vender algo que é tão meu*
> *Mas se alguém vai ganhar grana com essa porra, então que seja eu*
> *E os que não quer dinheiro, mano é porque nunca viu*
> *A barriga roncar mais alto do que eu te amo".*[10]

---

10 OOORRA. *Emicídio*. Intérprete: Emicida. Laboratório Fantasma, 2010.

Na busca de fazer do negro mais do que uma moda, em 2010 Emicida lançou uma nova *mixtape*. *Emicídio* foi uma grande preparação até o artista realmente lançar seu primeiro álbum. Músicas como "Rua Augusta" mostram um Emicida mais solto, e um som tentando ter ainda mais apelo dentro da música brasileira. Participações de outros artistas como Kamau e Rael da Rima abrem espaço para novas sonoridades, o que justifica um disco como esse liderar aos poucos a retomada do *hip-hop* no Brasil, com um som muito atrelado à periferia, mas com uma mistura de outras referências de diferentes realidades do país.

Se comparei Emicida a Quincy Jones, acho extremamente válido trazer a relação que este último faz entre o *hip-hop* e o *bebop* no livro *Listen Up: The Many Lives of Quincy Jones* (Nova York: Warner Books, 1990): "O *hip-hop* é, em diversos sentidos, a mesma coisa que o *bebop*, porque era uma música renegada. Ele veio de uma subcultura privada de direitos políticos, que fora excluída do sistema. Eles disseram: 'Vamos recuperar nossa própria vida. Teremos nossa própria língua'."

O *rap* fornece essa linguagem à Emicida. O *rap* é essa linguagem de articulação, invenção e poder. *Rappers* têm vozes como os escritores. Têm cadência, ritmo próprio e escolhem manifestar seu poder literário e vocal de acordo com as necessidades de suas composições ou os projetos de suas *mixtapes* e discos. Me surpreende que, por determinação das designações próprias do universo fonográfico, mas especialmente, do universo fonográfico do *hip-hop*, *Emicídio* não seja o disco de estreia de Emicida. Porque é audível a grandiosidade da produção: é sólida e cinemática, aproximando-se da indústria de maneira intencional. É o clássico segundo álbum, ainda que não seja álbum. E as premissas e possibilidades e responsabilidades que esse trabalho traz já se apresentam na faixa de abertura, "E agora?", traduzindo o espanto inicial e o entendimento não total de quem naquele momento se deparava com um acontecimento inédito no cenário do *hip-hop*, respondendo questões acerca do fardo social e artístico carregado pelo *rap*. São narrativas que lançam possibilidades além do sofrimento do povo negro, pobre e periférico, mas consciente dos espaços no qual o artista se formou.

"Se o teu olho ganhou o que o meu ganhou
Cê vai fazer questão que o mundo veja o que cê conquistou
Não criei o capitalismo, nasci no meio do abismo comum
Mas tá no meio do lixo não me tornou um

Faz o que quiser falar, vejo o bonde
É nóis que tá, eu me pergunto, onde?
Em massa, nas cadeia e maderite
Cansei de só os terno serem pretos nos lugares chiques

[...]

Preocupado com o oponente, imagina
Quem vem de onde eu vim, tá fadado a levar tudo igual Katrina, jão
Sair do concurso de depressão
No curso da repressão, incluso entre os campeão

Vão ter que trampar pra vencer
Que que é? Tô pagando pra ver
Entendo, como a fome, fiz meu nome sozin'
Trouxe autoestima e matei clones, enfim
Se tô no jogo, o resto fica por prata, bronze
2010 voltei, boa sorte 2011 (e agora?)" [11]

Emicídio foi um deleite ainda maior para mim quando lançado, porque sua audição me remetia a folhear as páginas dos meus próprios diários: há as memórias de adolescência, representadas por "Santa Cruz"; os personagens urbanos em suas narrativas íntimas, caso de "Rua Augusta" e os doces instantes de contemplação de "Isso não pode se perder", que traz na voz de Xênia França no refrão um convite a olharmos para trás, mas vermos também o que alcançamos (*Vou te falar, lembra / De tudo que conseguimos ser / Casos pra contar, rir e chorar / Isso não pode se*

---

[11] E AGORA? *Emicídio*. Intérprete: Emicida. Laboratório Fantasma, 2010.

perder). "Então toma" é a porrada celebratória que exalta as conquistas; *rap* equivalente a "Triunfo" da *mixtape* anterior, mostrando um *rapper* ainda mais incisivo, repleto de força nas rimas que se constroem precisas sobre batidas ainda mais refinadas e uma produção musical esmerada, com seus recortes que atravessam a produção brasileira dos anos 1970, com seus pianos, e ainda dialogando com mestres como Racionais MC's. Entre um petardo como esse e a leveza de "Beira de Piscina", que fecha a *mixtape*, temos um passeio que vai da voracidade de um artista que nasce de carência afetiva e material até a serenidade de um sujeito de extrema sensibilidade enxergando as nuances da sociedade brasileira em sua complexidade infinita. Sem extremismos, mas propondo o que, para alguns, é extremismo: a moderação.

E daqui para frente, com moderação, entendendo e dominando as regras que regem o mercado fonográfico *mainstream*, sendo a mão que afaga e também a que arregaça com tapas na cara em forma de *raps*, a carreira de Emicida continuou ascendendo exponencialmente. Ele foi tocar no festival Coachella, em 2011, um marco na sua carreira. Mas outros festivais foram aparecendo: Rock in Rio, SWU, Creators Project, Sónar. À frente de todos, Emicida ia construindo o seu sonho de viver da música sem ao menos ter lançado um álbum de estúdio. Foi aí que uma junção perfeita faria com que o músico ganhasse o suporte e o *background* necessários para elevar-se ainda mais na carreira: a parceria com Criolo.

E essa união surgiu a partir de duetos realizados entre os dois, um projeto solo para o Sesc que, aos poucos, foi ganhando cada vez mais datas pelo país, até que em 2013 acabaram resultando em um CD e DVD ao vivo entre Criolo e Emicida. O *show*, gravado no Espaço das Américas, em São Paulo, teve superprodução da Natasha Filmes, Conspiração e Quanta e direção de Andrucha Waddington e Paula Lavigne, empresária de Caetano Veloso. A produção contou com mais de 40 câmeras GoPro, espalhadas entre os artistas e a plateia. O *show* contou, ainda, com um convidado de luxo: Mano Brown. A troca de papéis entre Emicida e Criolo, com cada um tocando uma parte solo de suas obras, para depois se unirem no palco, era o terreno ideal para que Emicida pudesse absorver as melhores características do Criolo: os pés e ouvidos muito bem fincados na MPB, que ele demonstrou muito bem no seu disco *Nó na Orelha*.

E, definitivamente, no lançamento do seu, então, primeiro disco de estúdio, Emicida deixou muito claro o artista maduro que ele já era. Talvez por estarmos há anos ouvindo seus singles e EPs e *mixtapes*, não parece uma obra de estreia. Por isso, rapidamente, foi alçado entre os melhores álbuns lançados no ano de 2013. *O Glorioso Retorno de Quem Nunca Esteve Aqui* parece ter sido todo construído para sucesso radiofônico e de plataformas de *streaming*. "Levanta e Anda", o *rap* que realmente acontece após uma introdução com poesia de Elisa Lucinda, é um estrondo. É uma rememoração de seus anos de infância, é a crônica dos anos de mofo e umidade, mas também é a ode a cantarmos que somos reis, que é um novo tempo, e que é preciso levantar e andar. O vocal potente e melodioso de Rael da Rima é o complemento ideal deste que é um dos meus sons preferidos de Emicida, sobre o qual ele falou também na entrevista ao *Le Monde Diplomatique*:[12]

> *"Eu estava no 43º andar de um hotel na Time Square, feliz pra caralho e comecei a pensar que dois anos antes eu estava no último banco, do último ônibus do terminal Santana, pensando no que fazer para ter o dinheiro da condução e ir gravar a primeira mixtape. Levanta e Anda fala disso: de observar suas incertezas e entender que pode dar uma merda se você for por outro caminho. Chegou um momento na minha existência que a maior certeza que eu tinha era essa incerteza, então só poderia pular nessa escuridão, sem saber o que ia acontecer, mas com o pensamento de não seguir nenhum outro caminho."*

É um disco repleto de participações: Tulipa Ruiz em "Sol de Giz de Cera", que também conta com a primeira filha de Emicida, Estela. O falecido Wilson das Neves, um dos maiores bateristas do mundo, canta

---

[12] "Me preocupa o fato de a poesia precisar ser óbvia pra caralho", Emicida. (Entrevista ao *Le Monde Diplomatique*, Guilherme Henrique e João Miranda, 15 de maio de 2018.)

no samba "Trepadeira". Pitty vem forte em "Hoje Cedo", uma das preferidas nos *shows* do artista. Tem ainda Quinteto em Branco e Preto em "Hino Vira Lata". O que não falta são amostras do repertório fértil desse *rapper* paulista, que explorou, sem parcimônia, sem economia, todo o talento e as referências que queria nesta sua incrível "estreia". Tal qual em vários dos *raps* presentes nas *mixtapes*, no seu primeiro álbum de estúdio também há o discurso que questiona o próprio modo de ascensão e aceitação do *rapper* que passa então a ser considerado *persona grata* em círculos que antes não o consideravam como tal. Mano Brown canta em "Negro Drama" sobre a penetração em novos espaços a partir do sucesso musical (*Entrei pelo seu rádio, tomei, cê nem viu / Nóis é isso ou aqui, o quê? Cê não dizia? / Seu filho quer ser preto, ah, que ironia*[13]). Já Emicida, na música "Bang!", além de questionar a entrada e pretensa glamourização do negro, indaga também acerca do menosprezo pela nossa dor, em comparação à dor universalmente aceita dos judeus:

> *"Normal, chame radical*
> *Mas não abraço que de ontem pra hoje ser preto ficou legal*
> *Palhaços em festa, raiz cortada*
> *A dor dos judeus choca, a nossa gera piada"*[14]

"A música negra não pode ser reduzida a um diálogo fixo entre um eu racial pensante e uma comunidade racial estável", já escreveu Paul Gilroy. Da mesma forma, Emicida já disse esperar que o moleque que fez *Pra quem já mordeu um cachorro por comida, até que eu cheguei longe*, esteja muito bem onde estiver, porque Emicida já não é mais ele. Se no *rap* que o fez despontar, o artista cantava que *"quem pensar pequenininho, tio, vai morrer sem"*, nos seis anos seguintes ao seu disco de estreia, Emicida pensou muito grande: colocou sua música para rodar em novelas, festivais de música nos Estados Unidos, turnês na Europa,

---

13 NEGRO Drama. *Nada como um dia após o Outro Dia*. Intérprete: Racionais MC's. Boogie Naipe, 2002.

14 BANG! *O Glorioso Retorno de Quem Nunca Esteve Aqui*. Intérprete: Emicida. Laboratório Fantasma, 2013.

trilha de *videogame* e muito mais. Sempre alternando com inteligência os *raps* melódicos que fazem a alegria das *Patis* da Zona Sul e os sons pesados, dedos na ferida que entregam a mente crítica e sensata de um dos pensadores mais relevantes sobre sociedade e raça no Brasil, atualmente. Quando lançou seu segundo disco em 2015, *Sobre crianças, quadris, pesadelos e lições de casa*, Emicida só estava fazendo o que faz muito bem: ir ainda mais longe.

Você entende por que Emicida é uma referência tão clara em minha vida? Cada trabalho seu é uma evolução, cada fala se sofistica sobre a forma de pensar o Brasil, cada novo projeto multiplataforma é uma inspiração no sentido de sempre fazer mais e melhor, conectando os parceiros necessários, mesmo as grandes marcas das quais é preciso usufruir o capital para realizações que vão ao encontro dos propósitos do artista. Tudo isso a partir do momento em que conseguiu — por muita luta, por economia, por produção doméstica — se inserir no *mainstream*, não se acomodando nunca. Se o seu *rap* já é *outra coisa* muito distante do que tínhamos como *rap* desde o fim dos anos 1980, é porque há uma busca constante de reinvenção. Um gosto por experimentar, propor novas combinações. Mas se há uma mão que quer se estender para ir buscar um elemento norte-americano, um *beat*, uma voz ou produção estadunidense, há também os dois pés muito fincados não só no que nossa brasilidade musical têm de mais rica. Mas, se ela é rica, é porque ela é essencialmente africana. E foi para a África, também, que Emicida se virou neste seu segundo disco que teve o continente como guia espiritual, já que, durante uma viagem de 20 dias por Cabo Verde e Angola, Emicida colaborou com vários artistas africanos, e só então finalizou o disco no Brasil, em uma primeira parceria entre a Laboratório Fantasma e a Sony Music, que o distribuiu internacionalmente. São 14 faixas, reunindo Caetano Veloso; sua mãe, Dona Jacira; Anna Tréa, artistas de Cabo Verde, Drik Barbosa; Rico Dalasam, Amiri, entre tantos outros. Mas "Passarinhos", música que canta com Vanessa da Mata, certamente é uma daquelas estratégias do artista quase à prova de erros. Rapidamente, foi parar no *ranking* Viral 50 Global do Spotify. Ou seja: foi das músicas mais ouvidas e compartilhadas no mundo inteiro. É, até hoje, uma das músicas mais solicitadas em *shows* do artista: uma daquelas simbioses perfeitas entre um *rap* muito melodioso e todos os elementos suaves e adoráveis que compõem uma canção que não se cansa de ser assobiada. Mas se essa canção está lá, leve, solar, aqui também está:

"Tô pelo adianto e as favela entendeu
Considere, se a miséria é foda, chapa, imagina eu
Scorcese, minha tese não teme, não deve, tão breve
Vitória do gueto, luz pra quem serve?
Na trama conhece os louro da fama
Ok, agora olha os preto, chama

Eles querem que alguém
Que vem de onde nós vem
Seja mais humilde, baixe a cabeça
Nunca revide, finge que esqueceu a coisa toda
Eu quero é que eles se f*d*"[15]

Vídeo após vídeo, reportagem após reportagem, eu fui mergulhando mais na obra do Emicida, e hoje entendendo em teoria por que eu sempre admirei o seu *flow* na prática. Eu sou um grande fã de Racionais e Mano Brown que, para mim, é um dos maiores artistas do mundo. Ele é base fundamental do *hip-hop* nacional. Mas eu sou um grande fã de Sabotage, também aqui presente, e grande fã de Rappin' Hood. E eu destaco estes últimos dois porque, para mim, Emicida tem uma levada no *rap* dele — seu *flow* — e nas diversas composições que foi criando ao longo da sua carreira, que abrem novas e fundamentais portas não só para o *rap* nacional, mas para a música nacional como um todo. E, mesmo o acompanhando desde 2009, foi agora, assistindo ao documentário *AmarElo, é Tudo pra Ontem*, produzido pelo Laboratório Fantasma para

---

[15] MANDUME. Emicida feat. Drik Barbosa, Amiri, Rico Dalasam, Muzzike, Raphão Alaafin (Sobre crianças, quadris, pesadelos e lições de casa, 2015).

a Netflix, que consigo me atrever a teorizar acerca da riqueza do que Emicida vem explorando musicalmente.

Quando Emicida lançou *AmarElo*, seu disco mais recente, em outubro de 2019, sua ambição já mirava voos mais altos que um simples conjunto de canções. O disco é resultado de anos de pesquisas e vivências em diversas partes do mundo. São *raps* com histórias e recados de amor, oferecendo um abraço em tempos muito, muito sombrios. Porque é isso o que fazem os artistas, né? Conseguem jogar luz sobre um ambiente nos momentos mais necessários. E é isso o que faz Emicida com *AmarElo*.

"*Amar é a forma mais revolucionária e instantânea de conectar as pessoas.*" É assim que o artista traduz a ideia presente em *AmarElo*. É quase uma ode contrária aos discursos mais combativos que nós vemos em tempos bicudos. E, mais uma vez, para ajudá-lo a falar sobre amor, ele se cerca de ótima companhia. São onze faixas, com vozes como as de Zeca Pagodinho, Fernanda Montenegro, Dona Onete, MC Tha, Drik Barbosa, Larissa Luz, Ibeyi, Majur e Pabllo Vittar. É um disco cujo nome tem origem em um poema de Paulo Leminski, que diz que "*Amar é um elo entre o azul e o amarelo*". E Emicida já contou como, nesse disco, não queria que suas músicas parecem partir de um ponto de reação. Mas sim de um ponto de ação, do ponto da grandiosidade em que *a gente só é a gente*, sem ter que responder a nada, sem ter que resistir a nada.

A despeito de Bronx, a despeito do Harlem, a despeito de Afrika Bambaata, Emicida é o artista que sabe que foi preciso haver Jovelina Pérola Negra, Jackson do Pandeiro, Wilson Batista, Jair Rodrigues e tantos outros bambas para que vicejasse o fruto do *rap*, nascido em uma grande árvore tão bem alimentada por todos estes seres sensacionais. Emicida está fazendo no *rap* o que sempre pareceu uma dificuldade do artista do *hip-hop* nacional: conhecer a atrelar tanto as suas bases teóricas e rítmicas, os motivos do seu nascimento e a irmandade inegável do *rap* com o samba. Se o samba é o Brasil que deu certo, o *rap* nacional também é. E Emicida vem fazendo isso também, passeando pelo caldeirão musical do Brasil e se deixando levar por todo o suingue da alma local. Mas é mais do que fusão, porque alguns artistas já fizeram isso. E no documentário da Netflix, é o próprio Emicida quem relembra de Os Brothers

Rap, Athalyba E A Firma, Rappin'Hood, Marcelo D2 e alguns outros. O que Emicida está fazendo é elaboração: trazendo uma nova linguagem artística que, com *AmarElo*, ele vem chamando de *"neosamba"*. E vem fazendo isso refletindo a respeito da nossa humanidade. Mostrando que precisamos de um símbolo forte para fazer as pessoas acreditarem de novo, nesse tempo de tanta vaidade, individualismo e exposição.

AmarElo, sendo Emicida, nasce em um momento em que ele dá um passo para trás para tentar entender onde estamos e sugerir que precisamos ter uma abordagem diferente das coisas, feita de *conexão*. Quando Emicida escolhe lançar seu mais recente disco no Theatro Municipal de São Paulo, também está se conectando — com a história e o movimento negro. Nas escadarias do prédio histórico é que foi fundado o Movimento Negro Unificado, no dia 7 de julho de 1978, no auge da Ditadura Militar. Foi ali que um grupo nobre se levantou, mãos em riste, e disse que a sociedade precisava, sim, respeitar o protagonismo negro na cultura brasileira. Não há prédio público no Centro de São Paulo que não tenho tido uma mão negra na sua construção. Mas a quantos é negado o direito de adentrar um prédio tão importante e sentar nas suas históricas cadeiras? Estar presente, protagonizar na excelência de um palco como o do Municipal diz muito sobre assumir os lugares somente reservados, até então, à uma elite branca brasileira. E a conexão com esse importante fato do passado diz muito sobre Emicida e sua missão como artista. Essa missão envolve, hoje, também, traduzir de maneira arejada e sensata o Brasil que se construiu a partir de uma estrutura política de ódio, que acarreta ainda mais desigualdade, violência, racismo e miséria. Para Emicida, há quatro pilares para se poder praticar o entendimento de uma situação alimentada por esta estrutura política: paz, clareza, compaixão e coragem.

Quando Emicida surge com um álbum como *AmarElo*, projeto muito ambicioso — como se mostrou quando ele lançou o seu desdobramento, o projeto *AmareloPrisma*, que envolve podcast, vídeos no YouTube e conteúdo nas redes sociais —, a tendência é dizermos que Emicida está sereno, calmo. Eu mesmo já fiz esse tipo de acusação, fã que sou dos seus *raps* mais incisivos. Mas Emicida, quando lança um trabalho como esse, está nos fazendo refletir sobre recuperar a calma, que é a primeira coisa que nos roubaram. Porque, veja só: estamos sempre nos virando, sempre correndo por dinheiro, por necessidades básicas para sobreviver. Só que sem calma ninguém pensa direito. Então, Emicida está fazendo revolução a partir da serenidade. E sua calma pode ser sentida na maneira como abre o disco — há serenidade em sua forma de cantar; segundo ele, advinda da destreza ao ninar sua primeira filha, quando descobriu a sua *voz de peito*, cada vez mais utilizada em contraposição aos brados dos *raps* iniciais —, com "Principia", uma canção sobre questões sociais, diversidade religiosa e um Brasil que convive lado a lado com a violência urbana, estatal e econômica. Ele já foi mais fundo ao explicar o significado:

> "'Principia' tem esse nome por causa dos livros do Isaac Newton, 'Principia Mathematica', que são os livros que contêm as três leis da física de Newton. E aí eu entendo que isso pode ser uma metáfora a respeito de como a raça humana se encontra na história. O livro do Newton fala que, quando um corpo entra em contato com outro, ele altera o destino do corpo menor através do movimento. Por mais que esse corpo menor tenha seu destino alterado de maneira mais brusca, o corpo maior também tem seu destino alterado. Então, a partir do momento em que a gente se encontra, tudo muda. Daí é a história da humanidade, mais o velho Newton e com um monte de tiazinha macumbeira cantando o refrão, porque a gente precisava fazer que isso ficasse divertido." [16]

> "O cheiro doce da arruda, penso em Buda calmo
> Tenso, busco uma ajuda, às vezes me vem o Salmo
> Tira a visão que ilude, é tipo um oftalmo
> E eu, que vejo além de um palmo
> Por mim, tô Ubuntu, ó, uau

---

[16] ROCHA, Gabriela Ferraz de Guilherme Lucio da. 7 Segredos de AmarElo que o Emicida quer MUITO te contar. *BuzzFeed*, 2020.

Se for pra crer num terreno
Só no que nóis tá vendo memo
Resumo do plano é baixo, pequeno e mundano
Sujo, inferno e veneno
Frio, inverno e sereno
Repressão e regressão
É um luxo ter calma, e a vida escalda
Tento ler almas pra além da pressão"[17]

"Principia", assim como *AmarElo* inteiro, é um respiro, é um parêntese. Emicida já disse que se, através do disco, conseguir fazer com que as pessoas se acalmem, respirem e olhem para o outro — porque tudo que nóis tem é nóis — *"a gente pode começar a construir uma parada muito bonita"*.

Fela Kuti dizia que a música é uma arma. Mas a gente pode escolher usá-la como arma pontiaguda, incisiva, que aponta e traumatiza, ou como arma que instrumentaliza, defende, constrói, reflete, permite respirar. Emicida vem fazendo da segunda opção a sua marca, sacando do seu coldre poético pura generosidade e humanidade em forma de rimas precisas, de melodias que afagam a alma. A sua música tem sido a flor que uma menina gentil deposita no cano do fuzil. E é maravilhoso aprender a parar e admirar a linda cena ensolarada que se forma a partir de momentos como este. O respiro que nos é possível quando alguém se dispõe a trazê-lo para nós — nós, negros, que estamos cansados de correr.

Eu estou cansado de correr desde que me entendo por gente. Ainda que um corredor otimista, disposto e com o real sentimento que posso animar meus irmãos e irmãs em minha corrida, também há momentos em que preciso parar para descansar. Poucas coisas eram mais asfixiantes do que viver naquela instituição de ensino que gritava que não era feita para mim e depois ingressar em uma profissão que berrava que não

---

[17] PRINCIPIA. *AmarElo*. Intérprete: Emicida (part. Fabiana Cozza, Pastor Henrique Vieira e Pastoras do Rosário). Laboratório Fantasma, 2019.

queria representar pessoas como eu. É tal como ser parte de um meio tomado por executivos brancos, em castelos de marfim, ditando os rumos musicais do país? Não sei, isso só Emicida pode me falar.

Mas considerando o quanto ele vem destacando a necessidade de respirar, quero crer que temos essa perda de ar, de vez em quando, em comum.

Por isso, é maravilhoso que ele venha, em toda sua carreira, trazendo este respiro possível. E respirar é indispensável e necessário, a todo momento. Por essa razão, ele é um artista tão fundamental e indispensável. A todo momento.

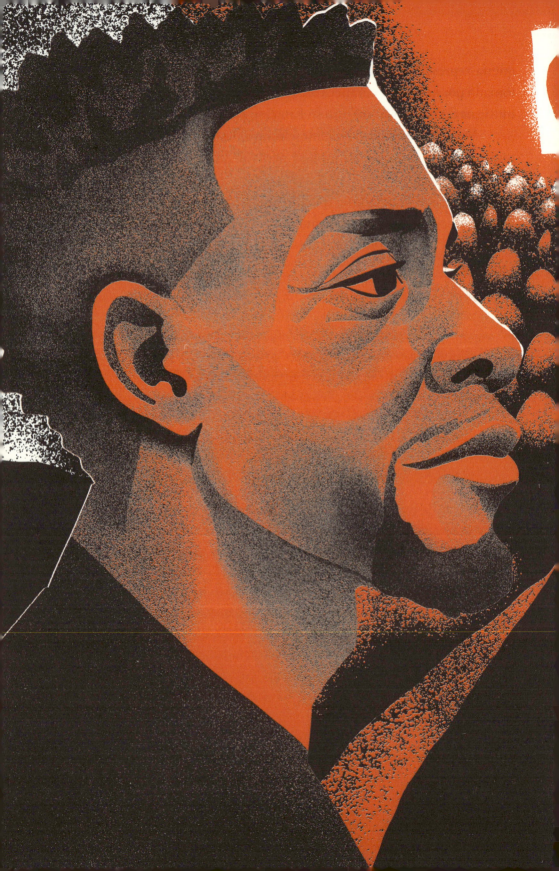

GET UPON

OCUPEMOS NOSSOS TRONOS, CHADWICK

EM 2015, o Cine Imperial era uma grandiosa ruína com elementos de arte marajoara encravada no centro da cidade, em frente à Praça da Alfândega. Um palácio decadente com a mesma falsa grandiosidade de velhas tias-avós que se levantam no meio da conversa para buscar um álbum com fotos de sua viagem para o exterior, de cinquenta anos atrás.

Gigantesco, com um pé-direito assustador e um mezanino que fazia qualquer um questionar por que não escolher o cinema do *shopping* mais próximo, ao invés daquela glória antiquada dos anos 1930, naquela praça então repleta de prostitutas no meio da tarde. A Praça da Alfândega já contara com dias melhores, sendo um importante território negro, principalmente entre os anos 1970 e 1980, quando os negros da cidade foram bastante influenciados pelo movimento para a garantia dos direitos civis dos negros norte-americanos, e acabaram por estimular os processos políticos de reafricanização e retomada dos espaços de sociabilidade pública na cidade.[1]

Naquele momento, no entanto, a atração para aquele cinema no centro de Porto Alegre era respondida por um questionamento: como resistir aos ingressos em ofertas incríveis no meio da semana? Era o que eu pensava, segurando o saco de pipocas que me era estendido por um vendedor vestido como se estivéssemos em um episódio de *Além da Imaginação*. Tudo naquele lugar, aliás, corroborava para aquela suspensão de descrença que — a cada vez que eu entrava ali — me fazia observar com atenção para ter certeza se estava no lugar onde imaginava que estava: era o meio da tarde, mas a escuridão e os elementos emulando de maneira tão melancólica aquela década repleta de sujeitos de cartola

---

1 "Os negros passaram a ocupar os espaços de sociabilidade pública, no centro da cidade de Porto Alegre, por meio de algumas esquinas, pontos de encontros, bares e galerias e *shopping centers*. [...]
Nesses territórios, por meio das relações socioculturais, os negros não somente realizam, até hoje, uma inscrição com acento étnico-cultural afro-brasileiro, com um *ethos* singular, como imprimem uma específica subjetividade, um estilo de vida social multifacetado. Assim, os valores culturais, estéticos, éticos, sociais e lúdicos são vivenciados pelos negros, que afluem ao centro da cidade, valendo-se de um modo afirmativo da cultura afro-brasileira. Muitos segmentos que surgiram persistem até os dias atuais, enquanto outros desapareceram para dar lugar a outros desejos, outras reinvindicações políticas, outras demandas sociais ou lúdicas, consolidando uma dinâmica sociocultural na ocupação desta parte da cidade." (Territórios Urbanos. In: BITTENCOURT JR., Iosvaldyr Carvalho. *Negro em Preto e Branco*: História Fotográfica da População Negra de Porto Alegre. Org. Irene Santo. Porto Alegre: Do Autor, 2005.)

pareciam me arrastar para um momento que não era aquele. Paredes com papéis em listras verticais, balcões engordurados repletos de balas azedinhas, refrigerantes chocos saídos de torneiras misteriosas: eu definitivamente escolhera um momento e local estranhos para assistir àquele filme. Em retrospecto, o próprio fato de ter escolhido um cinema no centro da cidade era estranho. Eu devia estar buscando alguma coisa no comércio local — e estar ali, na presença daqueles papéis de parede gigantescos que desabavam em caracóis, repletos de umidade, cercado pelo cheiro de mofo que tomava conta de tudo, tinha um caráter de urgência que talvez, ainda que inconscientemente, eu justificasse pelo filme e pelo ator a que eu ia assistir.

Eu comprei meu ingresso de uma menina que parecia contar os dias para a interdição do cinema pelo tombamento histórico — o que veio a acontecer alguns anos depois —, e escolhi um lugar bem no meio da sala, aproveitando o aclive que me garantiria uma vista privilegiada. Entendi que o cheiro de mofo, a imensidão de poltronas vazias e os casais que se abraçavam em cantos esparsos do cinema, mãos enfiadas em lugares misteriosos, completamente indiferentes ao filme que começava, faziam parte do pacote e pronto. O ar parecia pegajoso, como se todo ele fosse doce como as balas esquecidas no balcão de guloseimas. Alguém berrou *I feel good!* de um canto misterioso do cinema, da mesma maneira como se grita o nome de um jogador dentro do estádio. Verifiquei se havia rastros de chicletes antes de me sentar na poltrona e me recostei, satisfeito pelo pouco ranger de molas. Virei um gole do refrigerante gelado e pensei que estava me sentindo feliz sem ter a mínima ideia do motivo. Pensei mais um pouco, e quando os sons e as cenas iniciais de *Get On Up*, biografia de James Brown, tomaram conta de uma das então maiores telas do Rio Grande do Sul, eu entendi o porquê.

Se você pudesse me ver no momento em que estou escrevendo estas palavras, notaria que estou vibrando na cadeira, porque coloquei *Cold Sweat* para tocar e esse *groove* é irresistível demais! Há uma repetição quase hipnótica da linha de baixo e bateria nessa música lançada em maio de 1967 e considerada por alguns como a primeira música *funk* gravada. É importante ressaltar essa sensação quase hipnótica que a repetição proporciona. Lembra aí de *Get up I Feel Like Being a Sex Machine*, que, junto com *I Feel Good* devem ser os maiores sucessos de James Brown. É repetição, é *groove*, é uma sensação inebriante, tocando em sentimentos primitivos da sua existência. E isto é *funk* em sua potência máxima!

Essa mesma efusividade e felicidade com que James Brown sempre me arrebata a cada vez que ouço um som seu, me atingiu em cheio na hora em que vi aquele ator em cena, dando vida ao mestre do *funk*. O nome dele: Chadwick Boseman.

Como bom cinéfilo, já vira aquele nome no pôster de um filme que ainda não havia assistido: *42 – A História de uma lenda*, sua estreia cinematográfica. Porém, minha primeira vez com Chadwick Boseman foi o vendo dando vida a um James Brown muito crível. Sua maquiagem e cabelo são realistas e impressionantes, e durante os números musicais deu para ver que Boseman fez sua lição de casa. Vê-lo se apresentar e ouvi-lo com perfeição na voz de Brown são os verdadeiros prazeres de *Get On Up*. Interpretando Brown desde adolescente, Boseman nunca deixa de ser convincente. Ele é especialmente bom nos momentos de silêncio do filme, como a cena em que a mãe de Brown visita a estrela em seu camarim, e a bela interpretação vagarosa de Boseman, marcada por sua expressividade facial que não carece de som, roubam o filme.

"Inspire e expire este momento, e agradeça a Deus pelas belezas únicas e maravilhas deste dia. Nós devemos aproveitar cada momento que podemos para aproveitar a simplicidade das criações de Deus, seja se está céu claro e sol ou nebuloso com escuridão."

Isso é apenas um trecho da última mensagem que Chadwick Boseman mandou para seu amigo, o também ator Josh Gad, que usou seu Twitter para compartilhar um longo texto que Chadwick lhe mandou, logo em seguida à morte de Boseman, no dia 28 de agosto de 2020. Os dois se tornaram amigos depois de contracenarem no filme *Marshall: Igualdade e Justiça*, de 2017, que conta a história do jurista americano Thurgood Marshall, o primeiro negro a ser ministro da Suprema Corte norte-americana.

Segundo Gad, Boseman era "brilhante, um talento daqueles que surgem apenas uma vez na vida" e que sabia "quão precioso era cada momento". "Hoje os céus receberam um dos anjos mais poderosos", foi o que o ator disse no seu tuíte.

Chadwick Boseman enfrentou quatro anos de batalha contra um câncer no cólon. Muitos dos filmes que exaltamos, como *Marshall*, até o seu penúltimo filme, *Destacamento Blood*, de Spike Lee, foram gravados em meio a incontáveis cirurgias e sessões de quimioterapia.

Hoje nós sabemos que Boseman encarnou o Rei T'Challa pela primeira vez no nono ano em que descobriu que estava doente, quando surgiu em *Capitão América: Guerra Civil*, em 2016. Mas foi uma longa batalha até enfrentar o desafio de encarar o maior herói negro da cultura mundial, mesmo nas condições em que o fez.

Chadwick Boseman nasceu em Anderson, Carolina do Sul, no dia 29 de novembro de 1976. Cresceu com dois irmãos mais velhos, sua mãe, uma enfermeira e seu pai, que trabalhava para um conglomerado agrícola e tinha um negócio de estofados. A casa da família era repleta de livros sobre cultura e história. E consta que Boseman folheava sua coleção de enciclopédias para aprender sozinho sobre pessoas negras que o inspiraram. Ele tinha 12 anos quando leu pela primeira vez a cópia de seu irmão mais velho de *The Autobiography of Malcolm X*. A família era frequentadora da biblioteca local e membros ativos da Igreja Batista do Bem-Estar. Para prepará-los para as manhãs de domingo, sua mãe, Carolyn, fazia os meninos lerem as histórias da Bíblia com antecedência.

"Tínhamos que ler, entender e ser capaz de verbalizá-lo de volta para ela com satisfação antes de irmos para a cama à noite", disse, em entrevista, seu irmão Derrick Boseman, que agora é pregador no Tennessee. "Ela meio que nos treinou para sermos contadores de histórias."

Até se tornar o contador de histórias para o qual foi destinado, Boseman cresceu como um artista, talentoso para desenhar e esculpir, e um jogador de basquete competitivo, sempre tentando vencer seu irmão mais velho, Derrick, nos esportes. Ele também idolatrava seu irmão Kevin, que dançava e atuava. Quando se sentava com sua mãe, no fundo do teatro, para assistir Kevin se apresentar, sua paixão pelo teatro tomava forma. Na ocasião da morte de um colega de time de basquete, em seu último ano, Boseman canalizou seus sentimentos em uma peça que escreveu.

A universidade escolhida por Boseman foi a tradicionalíssima Howard University, em Washington, historicamente destinada à educação dos negros norte-americanos (de onde são egressos Thurgood Marshall, que Chadwick Boseman viria a interpretar em 2017; Kamala Harris, George Washington Williams e Toni Morrison, entre outros). Em Howard, Boseman foi um aluno estrela no programa de direção. Escreveu duas peças durante seu curso, incluindo *Hieroglyphic Graffiti*, uma narrativa moderna sobre um mito antigo, inspirada no *hip-hop*.

Segundo a professora Vera Katz, que foi conselheira de Boseman, "ele sabia quem era; ele tinha uma identidade muito forte. Ele conhecia muito bem a história dos afro-americanos e da civilização africana. Ele estava muito orgulhoso de quem ele era".

Ao estudar direção cinematográfica, Boseman acabou fazendo um *workshop* em atuação com Phylicia Rashad,[2] que a teria impressionado. Ela o encorajou a fazer um teste para um programa de atuação de verão em Oxford, mas ele não tinha condições de bancar o programa. Phylicia Rashad, então, conseguiu que alguns amigos famosos pagassem para que Boseman e outros colegas pudessem ir. Foi só depois do programa que ele recebeu uma carta do beneficiário e descobriu que quem financiou seu estudo foi Denzel Washington. Boseman escreveu uma carta de agradecimento a Washington, mas não contou a ninguém sobre isso por duas décadas. Só o revelou em 2018, durante sua participação no *The Tonight Show*, de Jimmy Fallon, explicando que queria primeiro conhecer Washington pessoalmente antes de dizer publicamente qualquer coisa. Ele o fez ao encontrá-lo pessoalmente na estreia de *Pantera Negra*.

Foi a partir desse programa que Chadwick Boseman decidiu dedicar-se à atuação, o que o levou a Nova York após sua formatura. Seus pais cobriram seu aluguel enquanto ele não tinha condições naqueles primeiros dias.

---

[2] Atriz, cantora e diretora americana. Conhecida por seu papel como Clair Huxtable no seriado da NBC *The Cosby Show*, que lhe rendeu indicações ao Emmy em 1985 e 1986. Ela também interpretou Ruth Lucas em *Cosby*. Foi apelidada de "A Mãe da Comunidade Negra" no NAACP Image Awards (National Association for the Advancement of Colored People) de 2010. Em 2004, tornou-se a primeira atriz negra a ganhar o Tony Award de Melhor Atriz, por seu papel em *A Raisin in the Sun*.

A carreira de Chadwick Boseman foi uma exibição de doses elevadas de paciência. Uma das coisas mais impressionantes sobre a morte de Chadwick Boseman é o quanto parece que ele estava apostando uma corrida com ele mesmo, buscando perpetuar filmes e personagens significativos, tentando deixar um legado. É preciso deixar claro que antes do ator estrelar *Pantera Negra* ele estava há apenas dois anos fazendo os chamados grandes filmes de Hollywood. E depois desse filme, já diagnosticado com câncer, não parou de fazê-los. Parecia uma luta também contra "um tempo perdido", se podemos falar assim, sobre a falta de oportunidades que o ator teve até os 30 anos. No início da sua carreira, Chadwick Boseman apareceu principalmente em papéis únicos na televisão, em séries como *Law and Order, Third Watch*, CSI e ER. Em uma dessas séries, ele se viu escalado como um jovem que se juntou a uma gangue. Boseman se sentiu desconfortável com o que parecia ser um personagem estereotipado, então, quando os executivos da rede o procuraram para falar sobre fazer mais episódios, ele aproveitou a oportunidade para perguntar sobre a história do personagem. Ele perguntou sobre os pais do homem. Os executivos disseram a ele com naturalidade que o pai do personagem o deixou quando ele era jovem e que sua mãe era viciada em heroína. No entanto, naquela semana, Boseman foi demitido. Seu agente lhe disse que ele parecia "difícil" para os executivos. "Às vezes você precisa ser derrubado antes de realmente descobrir qual é a sua luta", disse Boseman, quando mais tarde contou a história durante um discurso de formatura de Howard, "e como você precisa lutar contra ela".

Daquele momento em diante, Boseman buscou sempre escolher personagens que tivesse orgulho de interpretar — personagens socialmente significativos; homens que fizeram a diferença. Levaria anos até que valesse a pena. O que finalmente aconteceu quando ele foi escalado, em 2013, para o papel principal no filme *42 — A História de uma Lenda*, cinebiografia da estrela de beisebol Jackie Robinson, que luta para controlar a raiva enquanto é alvo do racismo de fãs de beisebol e de outros jogadores. Praticamente desconhecido na época, Boseman impregnou o personagem de Robinson com uma profundidade multidimensional: ele era ardente e reflexivo, racional e inflexível. Boseman encarnava algo praticamente invisível na Hollywood branca, acostumada a circundar personagens negros grandiosos de salvadores negros: nesse filme, ele é o homem negro cuja libertação depende apenas da lembrança de seu próprio valor inerente. O Robinson de Boseman não precisou da ajuda de seus compatriotas brancos para encontrar a salvação; ele era um homem muito antes de eles se preocuparem em reconhecê-lo, pois sabia que a única maneira de perder era se deixasse alguém convencê-lo do contrário.

Ver esse filme, logo depois de ter descoberto Chadwick Boseman, foi importante demais para mim, na certificação da minha trajetória. Eu vinha há algum tempo, sem saber, buscando praticar esse estoicismo — me proteger de paixões e sentimentos que, por acaso, quisessem me desviar da racionalidade da minha busca. Como Boseman e Robinson, eu era também o homem negro certo de meu valor. Me circundava e me circunda, obviamente, a fúria, o medo, a impaciência, a inadequação, o sentimento de injustiça por saber que sou visto e julgado por motivos alheios à qualidade do que produzo e apresento — sou visto e julgado como um homem negro; todo sentimento subjetivo e negativo que uma pessoa não negra tenha a meu respeito pesa e têm pesado na minha trajetória de busca de crescimento profissional e pessoal, é óbvio — e lembrar, a todo momento, do meu próprio valor, inerente a esses sentimentos, é cansativo. Mas necessário e inevitável.

A partir de *42 – A História de uma Lenda*, Chadwick Boseman foi escalado para mais duas cinebiografias, interpretando dois outros negros americanos de colossal importância histórica: James Brown, em *Get On Up*, no qual o descobri, e Thurgood Marshall em *Marshall: Igualdade e Justiça*, em 2017.

Foi durante o período de promoção de *Get On Up* que Chadwick Boseman recebeu um telefonema da Marvel Studios. Eles estavam se preparando para introduzir o personagem Pantera Negra no seu universo cinematográfico.

Kevin Feige, o produtor da Marvel, disse em uma entrevista: "Você ouve as pessoas dizerem isso o tempo todo. Mas ele era a única escolha".

Já diagnosticado com o câncer no cólon em estágio 3, entre janeiro e abril de 2017 o ator encabeçou as filmagens de *Pantera Negra*, filme dirigido por Ryan Coogler, jovem prodígio do cinema que já tinha os elogiados *Fruitvale Station* e *Creed*, no seu currículo. Ambos com o mesmo Michael B. Jordan que viria a antagonizar, com seu Erik Killmonger, o T'Challa de Chadwick Boseman.

Mesmo interpretando um super-herói, Boseman lutou para tornar T'Challa humano — começando com seu sotaque. A Marvel supostamente queria que o personagem tivesse um sotaque inglês ou americano, mas Boseman insistiu que ele tivesse um sotaque africano. "Parecia para mim um rompimento de acordo", disse ele ao *The Hollywood Reporter*, "eu fiquei tipo, 'Não, isso é um fator tão importante que, se perdermos isso agora, o que mais vamos jogar fora por causa disso? De fazer as pessoas se sentirem confortáveis?'".

O filme foi um sucesso de público, com mais de US$ 1,3 bilhão arrecadados nas bilheterias ao redor do mundo. Ou seja: a maior bilheteria de filmes de super-heróis da história. Foi também um sucesso de crítica: concorreu a sete Oscars em 2019, incluindo o de Melhor Filme, levando três estatuetas para casa, o que também serviu para atacar os mitos sobre a viabilidade comercial de projetos encabeçados, produzidos e dirigidos por pessoas negras.

Para representar o Rei de Wakanda, Chadwick Boseman precisou treinar jiu-jitsu, capoeira e outras artes marciais. Mas o ator preferia não dividir sua intensa rotina de exercícios, que segundo ele demandava "força e flexibilidade". É impressionante, hoje, imaginar o tanto de esforço demandando pelo ator para conseguir cumprir a rotina tão intensa de exercícios e ensaios, durante todo esse tempo.

O lançamento de *Pantera Negra* foi como um momento marcante para o cinema *mainstream*. Foi a primeira vez que um grande estúdio investiu recursos significativos em um trabalho tão expansivo e intrinsecamente negro, com elenco e equipe de estrelas quase inteiramente negros. O filme que não se furtou a tratar de questões fundamentais da agenda negra, como colonialismo, libertação antirracista e a interconexão da diáspora africana, ao mesmo tempo em que formulava algumas das sequências de ação mais precisas de qualquer filme da franquia Marvel. Em todo o país, comunidades que normalmente eram impedidas de se verem no cinema convencional foram finalmente incluídas, e em grande parte em seus próprios termos. Grupos em todos os países organizavam suas próprias caravanas de sessões exclusivas, fechando salas de cinemas para um público inteiramente negro. Boseman era a figura de proa para aquele momento — e ele estava plenamente consciente do significado de sua posição, abraçando essa responsabilidade. E nesse momento, em 2018, eu tinha uma narrativa que era a resposta perfeita à pergunta que eu vinha me fazendo: que histórias meu filho, João, vai ouvir sobre pessoas como nós?

Se ao descobrir Chadwick Boseman eu fui um espectador solitário de sua entrada no cinema, naquela ocasião, eu e João fomos testemunhas do momento em que o mundo o descobria.

Escolher trabalhar com conteúdo e com narrativas negras envolve entender onde você irá buscar as histórias que vai contar e que histórico terá para construí-las. Eu sempre achei pífia a quantidade e a potência das narrativas negras. Então, quis fazer a minha parte, por acreditar que nós negros precisamos ser donos de nossas narrativas. Por isso, resolvi unir minhas duas paixões — cultura negra e criar narrativas — e contar a história de pessoas negras incríveis. Foi assim que nasceu meu podcast *Negro da Semana*.

Falar sobre cultura negra, em todas as plataformas, se tornou o meu propósito. E tudo ficou mais fácil a partir disso. Utilizar nossa própria história e os feitos de pessoas negras incríveis para empoderar e inspirar outras pessoas. E, a partir disso, nos mobilizarmos, tendo consciência de quão grande somos, de tudo o que já realizamos e ainda podemos e vamos realizar. Eu faço isso porque amo cultura negra e penso em ser parte atuante da necessidade de contarmos nossas histórias de maneira correta. Com isso, eu faço com que meu filho se orgulhe de ser negro, assim como as diversas outras pessoas que têm acesso ao meu conteúdo.

Pantera Negra e Chadwick Boseman estavam fazendo exatamente isso por nós, negros. Encarnando um herói que é símbolo universal de como devemos ocupar nossos tronos, pensando cada passo da sua carreira a fim de honrar e engrandecer a cultura negra. E isso diz muito para nós, negros do mundo todo.

Com o papel de T'Challa, Boseman ganhou muito mais do que aclamação e celebridade. Ele se tornou um ícone global, um símbolo poderoso e inspirador do poder negro e do progresso racial.

O filme é um fenômeno *pop* comprovado. Imediatamente se tornou uma referência para espectadores de todas as idades ao redor do mundo. É um *blockbuster* envolvente, mas também uma alegoria política com ideias impressionantes sobre poder, opressão e herança. Extremamente politizado, Chadwick Boseman sempre esteve ciente da força cultural do filme, especialmente durante esse período da história em que se renovam de maneira tão forte os apelos por justiça racial e há um impulso crescente para a diversidade na indústria do entretenimento.

Em uma entrevista ao *The Hollywood Reporter*, Boseman falou: "Espero que as pessoas assistam a este filme e vejam o herói em si mesmas. Mesmo que seja uma pessoa branca que vê, se eles puderem ver um personagem negro e se identificar com eles, isso muda um pouco sobre como a nossa sociedade é".

Quando *Pantera Negra* ganhou o Prêmio de Melhor Elenco[3] no Screen Actors Guild Awards, em janeiro de 2019, Chadwick Boseman fez um potente discurso sobre como "Ser jovem, talentoso e negro é ouvir que não há uma tela para você, e não há um palco para você se apresentar".

Mas, afinal — se ainda não ficou claro —, por que *Pantera Negra* é tão importante? Por que nós nos emocionamos tanto desde que surgiram as primeiras notícias de que o filme sobre o primeiro grande herói negro dos quadrinhos seria produzido? Por que nós nos motivamos tanto nas sessões de cinema, no mundo todo, saudando esse grande filme, repetindo "Wakanda Forever" incansavelmente?

---

[3] O elenco de *Pantera Negra* realmente impressiona pela excelência artística, reunindo um panteão de atores e atrizes negros já comprovadamente tarimbados por grandes produções anteriores. É um filme que conseguiu reunir, além dos já citados Chadwick Boseman e Michael B. Jordan, o também jovem talento Daniel Kaluuya, vencedor do Oscar de Melhor Ator Coadjuvante por *Judas e o Messias Negro*, aclamado por *Corra!*, de Jordan Peele. Há, ainda, Lupita Nyong'o, primeira atriz queniana e primeira atriz mexicana a ganhar um Oscar, na categoria de Melhor Atriz Coadjuvante, por *12 Anos de Escravidão*; Sterling K. Brown, ganhador de três Emmys, um Globo de Ouro, um Screen Actors Guild e Critic's Choice; Angela Bassett, igualmente vencedora de Globo de Ouro, Screen Actors Guild e Critic's Choice, atriz de filmes essenciais como *Boys n the Hood*, *Malcolm X* e da cinebiografia de Tina Turner; entre outros, Forest Whitaker, um dos pouquíssimos atores negros vencedores do Oscar de Melhor Ator, por *O Último Rei da Escócia*, além de Emmy, Globo de Ouro, BAFTA, Cannes, National Board of Review, Screen Actors Guild e Critic's Choice.

Para pessoas brancas, ver pessoas que se parecem com elas na mídia de massa não é algo em que se pensa com frequência. Todos os dias, a cultura reflete não apenas pessoas brancas, mas versões quase infinitas de pessoas brancas — executivos, poetas, soldados, enfermeiras, empresários, super-heróis. O mundo mostra que suas possibilidades são infinitas.

Nós, negros, temos consideravelmente mais problemas: não apenas para encontrarmos representação de nós mesmos na mídia de massa e em outras áreas da vida pública. Temos dificuldade, também, para encontrar representações que indiquem que nossa humanidade é multifacetada. Se relacionar com os personagens da tela é necessário não apenas para que nós, negros, nos sintamos vistos e compreendidos, mas também para que outras pessoas nos vejam e nos compreendam. Quando isso não acontece, ficamos todos mais pobres e mais rasos.

Essa é uma das muitas razões pelas quais *Pantera Negra* é significativo. O que parece ser apenas mais uma entrada num desfile interminável de filmes de super-heróis é na verdade algo muito maior.

Pantera Negra é um filme sobre o que significa ser negro na América e na África — e, de forma muito mais ampla, considerável e simbólica, do que é ser negro no mundo. E, como estar no mundo é se relacionar numa sociedade capitalista, na qual provas de sucesso humano são envolvidas em provas de sucesso financeiro, é importante sempre lembrar que *Pantera Negro* foi o primeiro filme, dos chamados *megabudgets*, a ter um diretor afro-americano e um elenco predominantemente negro. Hollywood nunca tinha produzido um *blockbuster* tão esplendidamente negro.

O personagem Pantera Negra — criado por Stan Lee e Jack Kirby, com primeira aparição em 1966, pouco meses antes da fundação do Partido dos Panteras Negras — surgiu para corrigir a falta de representatividade negra no mundo dos super-heróis. Seu nascimento e seu sucesso serviram para destruir a noção estereotipada de que super-heróis negros só funcionam como personagens secundários.

T'Challa, o homem sob a máscara, é o rei que governa uma nação africana que nunca foi invadida, que é a sociedade tecnologicamente mais avançada no universo Marvel. Poucos personagens da Marvel chegam perto de igualar sua inteligência, e ele trocou socos com alguns dos maiores heróis e vilões ao redor do mundo e se manteve sempre firme.

Pantera Negra não é apenas um filme sobre um super-herói negro, é muito mais um filme negro. Ele carrega um peso que nem Thor ou Capitão América poderiam levantar: servir a um público negro que há muito tempo foi sub-representado. Por muito tempo, os filmes que retratam uma realidade onde a brancura não é o padrão foram colocados em um gueto, comercializados em grande parte como entretenimento de nicho, e não como parte do *mainstream*. Esse filme consegue ser *mainstream*, um *blockbuster* e, ainda por cima, lutar de frente com as questões que afetam a vida negra moderna, ao invés de se esquivar de temas complicados sobre raça e identidade, o que seria esperado em uma franquia tão gigantesca quanto a da Marvel.

O sucesso de *Pantera Negra* e a consagração de Chadwick Boseman como representante máximo de um filme que é o suprassumo de filmes liderados por negros reforçam um argumento que persistiu muito antes de Spike Lee fazer sua estreia: filmes negros com temas negros e estrelas negras podem e devem ser comercializados como qualquer outro. Porque podem fazer sucesso com qualquer outro.

É esmagador considerar — porque poderíamos estar vendo sua produção hoje e aguardando com ansiedade seus outros trabalhos no futuro —, mas o legado de Boseman será o incrível corpo de trabalho que ele criou em apenas sete anos: um catálogo de figuras heroicas congeladas no tempo, para serem lembradas para sempre.

Quando Spike Lee estava fazendo seu filme, *Destacamento Blood*, ele centrou o enredo em um soldado negro que morreu na Guerra do Vietnã: Stormin' Norman, um sábio líder de esquadrão cujos compatriotas tentam recuperar seu corpo muitos anos depois. Lee estava adaptando um roteiro original que retratava Norman como ainda vivo, realizando incursões nas selvas, mas decidiu que o personagem fazia mais sentido como uma figura falecida e romantizada — uma perda trágica de uma época sombria da história americana.

Destacamento Blood é apenas um dos muitos filmes dos que Chadwick Boseman participou enquanto sofria de câncer de cólon, e deve ter sido um esforço inimaginável para ele, como todos os outros filmes realizados nessas condições.

A presença do ator na tela é tão fascinante quanto Spike Lee pretendia que fosse, e isso é ajudado pelo fato de que, em *flashbacks*, o personagem de Boseman é o único retratado quando jovem, enquanto os membros de seu esquadrão são interpretados por atores mais velhos que se lembram dele como ele era.

O ator partiu deixando como última lembrança o filme A *voz Suprema do Blues*, uma adaptação original da peça teatral de August Wilson sobre a cantora Ma Rainey, conhecida como a "mãe do *blues*". Denzel Washington, responsável por financiar o *workshop* de Boseman em Oxford décadas atrás, é o produtor. O filme se passa em Chicago, em 1927, e acompanha a relação conturbada da artista com a indústria da música, principalmente com os seus empresários brancos que tentam controlá-la a todo custo. Boseman interpreta Levee Green, trompetista ambicioso da banda de Ma Rainey que negocia suas composições com o mesmo empresário ardiloso da artista. Isso tudo porque ele deseja ter a sua própria banda e, nesse caminho, em que não esconde suas ambições dos seus colegas de banda, ele acaba incitando uma série de conversas reveladoras sobre suas vidas naquele ambiente de turnê que é mais de espera do que de acontecimentos. Chadwick Boseman foi indicado ao Oscar de Melhor Ator por esse filme — e para ele, é uma dupla demonstração de talento. Porque não é só se destacar em um filme, é destacar-se em um filme protagonizado por Viola Davis. Sem ofuscá-la, lidando com sensibilidade com seu personagem repleto de camadas, sonhos e ambições. Isso é algo muito grandioso.

Chadwick Boseman foi um ator que precisou esconder a dor para *hackear* o sistema poderoso que é Hollywood, porque é óbvio que ele não seria contratado pela Marvel para viver Pantera Negra se o estúdio soubesse que ele tinha câncer.

Entre sessões de quimioterapia e cirurgias, foram períodos intermináveis, incluindo uma cirurgia de 16 horas. Em março de 2020, no início das quarentenas em razão da covid-19, sua família embarcou em aviões quase vazios para estar com ele. À medida que se recuperava, Boseman tinha uma coisa em mente: um manifesto de 25 páginas que passou dias escrevendo e editando e chamou de "Lista de Mercearia". Era para sua família. Uma lista do que ele achava que eram ordens de Deus sobre como eles precisavam comer e estar preparados durante a pandemia. Ele passou dias escrevendo esse texto, disposto a enviar dinheiro para familiares que não tivessem meios para se preparar, editando e fazendo telefonemas para membros da família, para que todos pudessem estar prontos para a época que se desenhava.

Mesmo debilitado pela doença, Boseman continuou a defender causas com as quais se importava. No final de junho de 2020, ele foi uma das mais de 300 figuras negras de Hollywood a assinar uma carta iniciada pelo ator Kendrick Sampson exigindo que a indústria do entretenimento se desfizesse da polícia — uma resposta aos assassinatos policiais de George Floyd e Breonna Taylor e ao movimento *Black Lives Matter*. E quando seu amigo, o produtor de cinema Thomas Tull, lhe disse que queria, em homenagem ao dia de Jackie Robinson, arrecadar dinheiro para as comunidades afro-americanas mais atingidas pela covid-19, Boseman se ofereceu para ser o rosto dos esforços, gravando um vídeo postado no Instagram.

Chadwick Boseman, em sua carreira, deixou diversos roteiros não filmados e filmes não produzidos. Seu parceiro de produção, Logan Coles, os define como "histórias para contar sobre os negros que queremos que o mundo veja".

Esse grande artista, ao fazer escolhas muito conscientes, que diziam respeito não apenas a si, mas a uma comunidade gigantesca, usou o seu poder para sanar uma dor e deixar um legado que ficará marcado para sempre nas pessoas negras do mundo inteiro.

Como um criador de conteúdo que faz intercâmbio com a cultura *pop* e seus signos, buscando apresentar os ícones que representam e engrandecem a cultura negra, eu vivo em busca constante de personagens representativos e de formas de como deixar clara a importância de contar suas histórias.

No livro *A Cultura da Mídia*, de Douglas Kellner, há uma passagem do autor que diz: "a cultura veiculada pela mídia, cujas imagens, sons e espetáculos ajudam a urdir o tecido da vida cotidiana, modelando opiniões políticas e comportamentos sociais, e fornecendo o material com que as pessoas forjam sua identidade".

Ou seja, a identidade de uma nação também é forjada pelas mídias, plataformas de conteúdo e representações imagéticas capazes de fornecer os modelos daquilo que significa ser uma pessoa negra. É por meio dessa cultura de mídia que também é construído nosso senso de classe, etnia, justiça e igualdade.

Não é preciso ser um gênio para entender como o cinema é fundamental para isso.

Vivemos em um país tão errado que, apesar de constituído por mais de 56% de pessoas negras, temos que nos felicitar por cada bom conteúdo e cada peça de mídia que nos represente da maneira correta. Nossa presença e nossa normalização nessas peças representativas é fundamental para desejarmos ser aquilo o que nem sabíamos que era possível. E, como disse Marian Wright Edelman, ativista pelos direitos civis nos Estados Unidos, "você não pode ser aquilo que não pode ver."

Só ocupando nossos tronos e escolhendo nossas narrativas nos empoderamos e empoderamos aos outros.

Chadwick Boseman foi muito grande ao construir um legado gigante, feito de esperança, para todas as pessoas negras. Um verdadeiro guerreiro, Boseman perseverou, apesar de tudo, e nos trouxe muitos filmes que tanto amamos. E, sem dúvida, a honra de sua carreira foi poder dar vida ao rei T'Challa em *Pantera Negra*. Por isso, Chadwick Boseman é, para sempre, nosso Pantera Negra.

Boseman, um homem que tinha tantas histórias para contar e não teve tempo para fazê-lo, mas que por meio das suas atuações engrandeceu as pessoas negras em cada um dos papéis que protagonizou. Ele ocupou seu trono. E, por isso, ele transformou estas palavras em imagens — para o mundo, para mim: se não ocuparmos os nossos tronos, nós nunca poderemos empoderar a nossa comunidade.

EXCELÊNCIA

"Se escrevo tanto sobre a condição do negro, não é por achar que não tenho outro assunto, mas só porque foi esse o portão que me vi obrigado a destrancar para que pudesse escrever sobre qualquer outra coisa".

James Baldwin me inspira e me empodera de muitas formas. Mas, certamente, temos motivos díspares para escrever e falar a respeito de negritude.

Diferentemente de muitas pessoas negras, eu cresci com uma grande autoestima. Em um bairro eminentemente negro, cercado de livros e discos que me deram a convicção, desde cedo, do quão grandes nós, negros, somos. Ao conhecer o mundo, no entanto, logo me dei conta do quão pífia é nossa representatividade comparada à nossa potência. Então quis colocar em prática a certeza de que nós precisamos ser donos de nossas narrativas. Uni minhas duas paixões — cultura negra e narrativas —, e me questionei sobre que histórias meu filho, João, iria ouvir sobre pessoas como nós. Estes foram os motivadores para que eu passasse a contar as histórias destas pessoas negras incríveis, uma por semana: nascia o podcast *Negro da Semana*.

O podcast se tornou meu propósito. E este propósito logo se tornou tão grande, que passei a falar sobre cultura negra em todas as plataformas, buscando empoderar e inspirar outras pessoas, assim como eu sempre me empoderei e me inspirei pela trajetória incrível dos que vieram antes de mim.

A forma como a cultura afro é subestimada me entristece muito, assim como a consequência óbvia disso: o pouco conhecimento que os negros têm de sua própria história. Nós somos pilar fundamental da cultura brasileira. E muitas pessoas não têm noção da grandiosidade das nossas contribuições científicas, políticas, arquitetônicas, literárias, artísticas.

Ao contrário de James Baldwin, eu não escrevo sobre cultura negra para destrancar a possibilidade de escrever sobre qualquer coisa. Eu escrevo sobre negritude porque é transcendente para mim. Eu me dou conta disso a cada segundo, emocionado com nossas conquistas e realizações. E o que motiva a criar mais um podcast, mais uma série de vídeos, mais um livro, é que você também sinta esta transcendência. Ela pode estar em um verso de Leci Brandão, num *flow* do Mano Brown, em um parágrafo da Conceição Evaristo ou em um solo de sax de John Coltrane. Não se acanhe de nomear as manifestações destes negros gigantes da maneira correta: o nome disso é excelência suprema.

AGRADECIMENTOS

Aqueles que acreditam em nós fortalecem nosso desejo de ir adiante e nos fazem crer que podemos realizar o que quisermos.

Felizmente, na minha trajetória, me deparei com pessoas assim. E para elas não poderia faltar a minha mais profunda gratidão. Marianna Teixeira Soares, minha agente: muito obrigado por acreditar, valorizar, me impulsionar e estar junto, desde o início de tudo. Rodrigo Taquatiá, meu irmão, sua amizade sempre fortalecedora é uma grande felicidade. Mari Ferreira, obrigado por me indicar e por me conectar a esta possibilidade que se tornou real. Julio Beltrão, muito obrigado por me ajudar a crescer, por acreditar no meu talento, por me levar à maior agência do Brasil e por sua aposta em projetos que, sabemos, são fundamentais a todos nós, irmãos. Pai e mãe, obrigado pelos primeiros livros e discos. Lu Thomé, sua edição primorosa do meu primeiro livro me levou a uma indicação jamais imaginada e a uma carreira que se torna mais forte a cada dia. Paulo Scott, obrigado por ser inspiração e um gigante em generosidade: é uma felicidade ter o prefácio do meu ficcionista brasileiro preferido neste livro. Gus Lanzetta, sua crença no *Negro da Semana* foi fundamental para ele se tornar o que se tornou e chegar aqui. Rodrigo França, você ser multitalento é empoderador, e ser tão gentil é transformador. Fred Cabral, obrigado por dividirmos a paixão pela ficção e sonharmos narrativas. Thiago Limón, por sua sensibilidade artística e por tornar visível o que só existia em lembranças, muito obrigado. Marcia Alves e Marco Garcia, muito obrigado por acreditarem e me ajudarem a tornar este sonho real.

Nani e João, minhas razões de ser, obrigado sempre: amo vocês.

SUA OPINIÃO É MUITO IMPORTANTE

Mande um e-mail para opiniao@vreditoras.com.br
com o título deste livro no campo "Assunto".

1ª edição, jul. 2022

FONTES Electra LT Std 12/16,1pt;
   Filson Pro 11/12pt;
   New Beginnings 18/21,6pt
PAPEL Ivory cold 65g/m²
IMPRESSÃO Geográfica
LOTE GEO070622